本书获得国家自然科学基金项目资助

国家自然科学基金项目最终成果（编号：71463016）

Research on Governance of Regional Tourism
Cooperation and Conflict Based on Evolutionary Game:
A Case of Wuling Mountain

基于演化博弈的 区域旅游合作与冲突治理

——以武陵山片区为例

鲁明勇 李付坤 谌爱文◎著

中国财经出版传媒集团

经济科学出版社
Economic Science Press

图书在版编目（CIP）数据

基于演化博弈的区域旅游合作与冲突治理：以武陵
山片区为例 / 鲁明勇，李付坤，谌爱文著 . —北京：
经济科学出版社，2018.11

ISBN 978 - 7 - 5141 - 8452 - 5

Ⅰ. ①基… Ⅱ. ①鲁… ②李… ③谌… Ⅲ. ①区域旅
游—旅游经济—经济合作—研究—中国 Ⅳ. ①F592.3

中国版本图书馆 CIP 数据核字（2018）第 288050 号

责任编辑：范　莹
责任校对：刘　昕
技术编辑：李　鹏

基于演化博弈的区域旅游合作与冲突治理

——以武陵山片区为例

鲁明勇　李付坤　谌爱文　著
经济科学出版社出版、发行　新华书店经销
社址：北京市海淀区阜成路甲 28 号　邮编：100142
总编部电话：010 - 88191217　发行部电话：010 - 88191522
网址：www. esp. com. cn
电子邮箱：esp@ esp. com. cn
天猫网店：经济科学出版社旗舰店
网址：http://jjkxcbs. tmall. com
北京季蜂印刷有限公司印装
710×1000　16 开　14.75 印张　240000 字
2018 年 11 月第 1 版　2018 年 11 月第 1 次印刷
ISBN 978 - 7 - 5141 - 8452 - 5　定价：52.00 元

目录

第一章

导　论

第一节　问题的提出

近年来，我国旅游业飞速发展带来良好经济社会效应的同时，引发一系列尖锐矛盾和冲突，有些一直没有得到有效地解决，从空间关系角度来看，主要表现在以下三个方面：一是区域间同类旅游资源恶性争抢开发冲突，层不出穷，花样翻新，如香格里拉、名人故里、夜郎国，以及端午节、中医药针灸申报世界遗产，等等，恶化了区域关系，增加了协作障碍，重复开发浪费资源，破坏了资源品牌价值和社会整体福利，致使整个旅游资源和产业市场低效率。二是区域旅游产业链合作冲突，如业界一直存在的旅行社间零负团费竞争，致使大量低劣景点涌现，购物消费严重泛滥，损害了游客利益，引发诸多冲突纠纷。这类冲突表面上看似是旅行社与游客及景区的利益矛盾关系，深层次上是旅游客源地与旅游目的地的空间协作利益机制不协调。三是中西部欠发达或不发达地区的"旅游飞地"（又称"旅游孤岛"）与当地社区矛盾冲突。中西部许多地区有丰富的旅游资源，但缺乏资金和专业化产业运作水平和管理能力，初期只有通过卖断旅游资源经营权招商，引进发达地区外部资金和管理。建设到一定程度之后，就形成了富裕景区与穷困社区的巨大落差，景区旅游人数收入增长与当地居民收入和就业不匹配，挫伤了城乡社区居民发展旅游的积极性，出现当地居民破坏阻挠行为和群体性事件。这些冲突看似纷繁复杂，又发生在旅游业的不同层面不同环节，应不是偶然突发的，有深层原因和复杂的演化过程，是空间区域中多利益相关者（政府、旅游企业、旅游者、社区居民）长期演化博弈的结果，呈现明显演化阶段性特征，似乎与当前旅游业进入门槛较低，专业化程度不高，旅游经济主体过度竞争、极端竞争，缺乏有效市场规范和合作治理有很大关系,因此,通过协调利益各方有效合作,寻求这类矛盾与冲突的治理策略,是当前区域旅游发展与管理的重大课题。

解决区域旅游发展合作中的冲突矛盾,事关"将旅游业打造成为战略性支柱产业和人民群众更加满意的现代服务业""国民休闲规划"目标实现。2009 年国务院印发《关于加快发展旅游业的意见》中提出,"将旅游业打造成为战略性支柱产业和人民群众更加满意的现代服务业";2013 年初,国务院印发的《国民旅游休闲纲要(2013 - 2020 年)》提出,落实职工带薪年休假制度和建成小康社会相适应的现代国民旅游休闲体系的目标。一个恶性争抢地域资源的旅游业,难成"战略性支柱产业";一个恶宰游客的旅游业,难让"人民群众更加满意";一个不发达地区景区与当地社区有巨大落差的旅游业,国民旅游休闲目标也难以实现。2013 年 10 月,国家颁布实施新《中华人民共和国旅游法》用法律规范了一些利益冲突,但区域旅游合作中仍存在一些领域尚未涉及和仅靠法律手段无法协调解决的。因此,解决当前区域旅游业的主要冲突与矛盾,是党和政府及人民群众十分关注的热点焦点问题,也是学术界不容回避的难点问题。

与全国重要旅游合作区相比,案例地武陵山区旅游合作冲突矛盾暴露得比较充分和典型,合作绩效差,研究这一案例,可为促进集中连片区扶贫国家战略目标实现提供政策建议,也为解决其他旅游合作区提供示范。武陵山区地处湘鄂渝黔 4 省份毗邻,是我国 18 个集中连片贫困区之一,但张家界、凤凰古城、梵净山等大批优质旅游资源在此扎堆。国家高度重视这一区域发展,已于 2011 年 9 月启动武陵山片区发展与扶贫国家战略。党的十八届三中全会前夕,习近平调研了凤凰苗寨和矮寨苗寨,指出山区扶贫在于发展生态旅游业。但四省毗邻区及景区内部争抢旅游资源、零负团费和社区景区冲突十分严重。鲁明勇(2011)以联系密度、效应强度和信息量度等三大指标综合评价分析,发现武陵山区旅游合作绩效倒数第二,见图 1 - 1。通过武陵山案例地研究,提升省际边界地带旅游合作绩效,并以此示范,提升中国重要旅游合作区整体绩效。

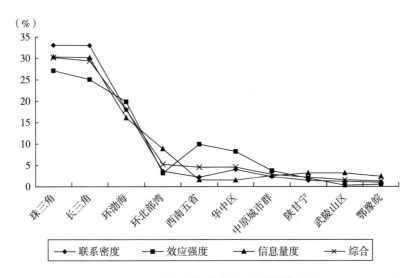

图 1-1　中国主要旅游合作区合作绩效分析

以演化博弈论工具探索区域旅游合作与冲突，既可以从旅游空间关系角度为博弈论增加新材料、新案例，同时对于丰富区域发展管理理论、旅游管理学、演化经济地理学等具有重要意义。区域旅游合作与冲突的治理问题，长期以来一直困扰理论界和实际工作部门，除了问题本身比较复杂棘手之外，其中一个重要的原因是基础理论研究不深入。一些理论工具如区域协同理论、共生理论、集群理论、利益相关者理论等，在解释和解决旅游合作与冲突这种具有区域对抗性质的复杂问题时，缺陷比较明显。本课题以演化博弈论工具，研究基于旅游行为的空间关系，着力于博弈参与方的空间属性及动态演化过程，对博弈策略选择及纳什均衡的影响研究，弥补当前演化演弈论只重视时间过程，而对空间关系以及时间过程与空间关系相关联的研究不足；弥补区域空间关系研究较少用博弈论分析其参与主体决策机制不足，拓展博弈论应用于区域发展与管理研究领域。黄凯南（2009）认为演化博弈论与演化经济学存在关联，本课题基于旅游区域竞合关系，在创新机制、扩散机制和选择机制上利用演化博弈工具进行分析，以推动演化经济学分析范式转变。

通过对区域旅游冲突现实问题观察和对问题共性把握，以演化博弈论为主要工具，根据主体在区域旅游行为中的不同形式及原因，从空间关系协调合作、产业链环节协调合作和微观利益相关者协调合作等三个层面上，探索当前区域旅游发展过程中矛盾与冲突的合作治理策略，既为博弈论发展提供空间演化博弈分析新视角，丰富拓展区域管理理论，又为当前政府和人民普遍关心和迫切需要解决的旅游冲突寻求破局之策，具有重要的理论和现实意义。

第二节　文献综述

一、区域旅游合作研究进展

（一）国外区域旅游合作研究进展

近年来，伴随着高速交通立体网络大力度扩张、网络与信息技术深度应用、中国倡导的"一带一路"国际合作战略深入推进，旅游合作的交通流、信息流等瓶颈大大缓解，旅游合作的行为、路径和机制发生了深刻变化。旅游合作行动和旅游合作研究一直受到国内学者高度关注。在旅游合作研究中，有哪些学者与研究机构对旅游合作研究作出了贡献？产生了哪些学术贡献？关注的焦点问题是什么？回答这些问题，有利于把握旅游合作研究热点，对总结与展望旅游合作研究领域的研究前沿及未来发展趋势具有重要意义。尹贻梅、邢相勤、刘志高（2002）对我国旅游空间合作研究进行了研究；薛莹（2003）、马晓冬和司绪华等（2007）分别对20世纪八九十年代到21世纪初的区域旅游合作研究进行了综述；史春云和张捷等（2005）对区域旅游竞合研究进展进行了回顾；张烨（2005）对旅游企业合作研究进行了综述；陈浩和陆林（2010）对旅游合作关系进行了综述；鲁明勇（2011）对区域旅游合作行动与理论研究的关联及演化进行了探索。现在看来，这些研究在当时过于超前，最近的综述文献也是2011年作出的，缺乏对近8年来研究成果的归纳，受当时文献检索技术和分析方法制约，这些研究掌握的文献数量有限，范围单一，分类简单，大多是简单描述性回顾和主观定性分析，无法全面客观真实反映旅游合作研究的全貌和演进过程。目前可视化文献计量工具已经成为信息情报学、图书馆学、医学、管理学、教育学、经济学、环境科学、地理学等诸多领域的应用热点,李成和赵军(2014)、张洪和孙雨茜等(2017)、关晶和张朝枝(2017)、卢世菊和张咪(2017)、田里和田媛(2018)、邓爱民和张馨方(2018)等用 CiteSpace 计量工具分别研究了旅游管理信息、生态旅游、遗产旅游、乡村旅游、高铁旅游、旅游本真性等,但对旅游合作这一主题的研究尚未见到。因此,本研究选取 1999~2018 年科学网(Web of Science,WOS)数据库的 1046 篇关于旅游合作的文献为研究对象,借助 CiteSpace 数据可视化软件展开统计分析,进行引文内容挖掘,对旅游合作研究的主要国家(地区)、研究机构分布、关键节点文献、关键词共现、作者共被引、学科共现图谱分析等基础上,对过去 20 年旅游合作研究进行可视化图谱化呈现,从而明确旅游合作研究的变动路径与演化规律,基本完整地呈现旅游合作研究的全景,了解掌握难点、热点和前沿研究问题。

1. 研究方法与数据来源

随着全球科研实力不断提升,科研文献数量呈几何级数增长,研究学者们期望更加快速、准确、智能地获取研究所需要的信息,为此,2012 年 Google 提出知识图谱概念,即借助信可视化软件,将海量而复杂的文献按特定研究主题进行统计,通过数据挖掘、信息处理、知识计量和图形绘制而直观地显示,呈现出一系列完整的分析图表。CiteSpace 是美国德雷塞尔大学(Drexel University)信息科学与技术学院终身教授陈超美(Chaomei Chen)开发的一款可视化软件,应用于科学文献中识别并显示科学发展新趋势和新动态。CiteSpace 能呈现某主题领域知识信息全景,识别关键文献、热点和前沿方向,有助于认清复杂科研信息中的未知领域,辅助学者们分析挖掘知识实体、知识生产和知识关联,并通过设置参数,将作者共被引、关键词共现、关键节点文献、研究机构、学科领域等信息,用可视化图形直观呈现出来,使研究者快速掌握所研究对象的同行研究全貌。本文运用最新版 CiteSpace5.1. R8 绘制出直观、易识别的可视化的知识图谱,以全新的方法和视角探索旅游合作领域的研究前沿、焦点与方向。

本研究所使用的文献来源于 WOS。WOS 是世界上有影响的多学科的学术文献文摘索引数据库,核心数据库包含 5 个子库,其中 3 个是期刊引文子数据库,分别是科学引文索引库(Science Citation Index Expanded,SCIE)、社会科学引文索引库（Social Sciences Citation Index，SSCI）和艺术与人文引文索引库（Arts & Humanities Citation Index，A&HCI），数据来源于自然科学、社会科学、艺术及人文科学等多学科领域的超过 1.2 万种期刊；另两个是会议论文引文子数据库，分别是会议记录引文索引——科学（Conference Proceedings Citation Index-Science，CPCI-S）、会议记录引文索引——人文社会科学（Conference Proceedings Citation Index-Social Science & Humanities，CPCI-SSH），数据来源于自然科学、社会科学及人文科学等多学科领域的国际会议记录。WOS 涵盖旅游学类研究论文的国际学术期刊，具有较好的代表性和权威性。数据采集时间为 2018 年 4 月 12 日，时间跨度选择 1999 年 1 月至 2018 年 3 月，检索主题为"旅游合作"，共得到 1046 条文献数据。从文献发表时间上，WOS 所收录的每年发表旅游合作的文献量增减不多，波动幅度不大，一直处于稳定状态。这从一定程度上说明近 20 年来全球学者对旅游合作的关注度一直没有衰减，研究成果丰硕，旅游合作研究成熟而稳定。

2. 结果分析

国家（地区）及研究机构分析。图 1 - 2 是运用 CiteSpace5.1.R8，分析检索出的 1046 条文献数据，得到的旅游合作研究领域国家（地区）综合分析知识图谱，不同国家（地区）有关旅游合作的文献引文数量及引用时间以年轮的形式直观地展示，图中圆圈节点的大小代表国家或地区发文量的多少，年轮大小代表文献引用量，年轮越厚，则表示该年轮对应的年份的文献被引用率越高，而不同节点间的连线则代表各个国家（地区）发表文章的合作关系。引文年轮的大小、颜色能判断出该文献在旅游合作研究发展过程中的学术贡献度。

在图 1 - 2 的图谱中，节点十分明显的依次是中国、西班牙、美国、德国、澳大利亚、意大利、英国等国家，表示在旅游合作领域研究名列前茅，特别是中国在旅游合作研究领域的文献量最多，关注度最高，体现了中国改革开放四十年来区域旅游从封闭走向开放，从隔离走向联系，从独立走向合作的大趋势，也体现了中国地大物博，旅游资源丰富，生态文化多彩，各地差异性很大，重视旅游合作研究，促进区域协调发展极其重要，有众多学者展开旅游合作研究。不同国家（地区）文献中心度的强弱可以通过图中年轮外部圆圈的

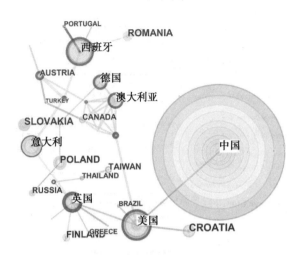

图 1 - 2 旅游合作研究领域国家（地区）共现

厚度判断，节点的中心度越高外部圆圈越厚，由此可以看出西班牙、美国、英国、德国、澳大利亚 5 个国家年轮外圈厚度较为明显，说明这些国家关于旅游合作的文献在被引网络中处于核心位置，是旅游合作的研究重点。其中英格兰外部圆圈最厚，则中心度最高，意味着英格兰在旅游合作领域中的中介作用明显，澳大利亚年轮外的节点较多，呈现网状结构，则表明该国关于旅游合作展开的研究最多，影响力最强，而中国虽然发文量最多，但中心度低，在旅游合作研究领域里影响较弱。

图 1 - 3 是利用 CiteSpace 生成的研究机构图谱，反映旅游合作研究领域中各机构之间合作情况。图 1 - 3 中，各研究机构发文数量的多少与字体的大小成正相关，连线表示研究机构间的学术合作情况。中国科技大学（Univ Sci & Technol China）、厦门大学（Xiamen Univ）、天津财经大学（Tian jin Univ Finance & Econ）、四川大学（Sichuan Univ）、山东工商学院（Shandong Inst Business & Technol）、斯洛伐克大学（Slovak Univ Agr）、瓦伦西亚理工大学（Univ Politecn Valencia）、格丁尼亚海事大学（Gdynia Maritime Univ）等机构对旅游合作领域的研究较多，各机构之间的连线则表明旅游合作研究领域机构间的合作关系，一些机构间已经形成出具规模的合作网络。

图1-3 旅游合作领域研究机构图谱

（1）关键词共现分析。研究领域文献中反复出现某些关键词则是该领域研究的重点与热点。图1-4是使用CiteSpace5.1.R8对文献数据进行共引关键词分析，得到旅游合作研究领域关键词共现知识图谱。图1-4中的关键词是旅游合作研究领域的学者在其论文中标引出来的能够反映文章内容并值得信赖的指标。在学者标引关键词时，通常也会受其他学者的影响，而在论文中使用相同或类似的关键词标引自己的论文。因此，这些使用度与共引频次越高的关键词则是旅游合作研究领域的核心。图中的每一个关键词以节点表示，字体的大小表明了出现频次，而节点间的连线表明这些词间的共现关系，含有关键词的文献被引次数越多年轮越厚，通过分析关键词的出现频次和中心性数值可以判断该词的核心程度。在旅游合作领域关键词共现知识图谱中去除"tourism""cooperation"这两个主题词，结合关键词出现频次和中心性可以发现，模式（model）、管理（management）、互联网（network）这三个词处于国外旅游合作研究的核心位置，这三个词的中心性和共引频次高，也表明了该领域的研究核心与此相关。研究热点则围绕创新（innovation）、目标（destination）、策略（strategy）、可持续发展（sustainable development）、乡村旅游（tourism development）、协作（collaboration）、集群（cluster）、保护（conservation）等词展开，这些词是国外旅游合作研究领域的热点，也是旅游合作领域学者研究的重点话题，对于该领域展开更深入详细的研究具有重要作用。

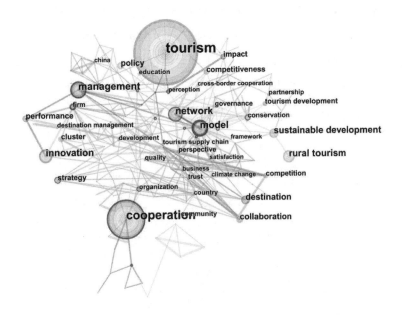

图 1－4　旅游合作领域关键词共现知识图谱

（2）作者共被引分析。两个或两个以上的作者发表的文献同时被第三个作者的文献引用，则称这两个或以上的作者存在共被引关系，共被引频次越高，作者间的学术关系越紧密，在研究领域、概念、理论、内容和方法上具有较强关联性，极可能是这个领域的学术共同体。在研究旅游合作的共被引关系中，许多作者产生合作关系，在观点、方法、文献上产生学术关联性，这些学者的研究方向与内容则是旅游合作领域研究的主要问题，易于从海量的文献资料里找出该领域的核心文献与杰出学者。图 1－5 是运行 CiteSpace 软件后得到作者共被引知识图谱。可以看出，学者布拉姆韦尔（Bramwell B.）与其他学者的研究关联度强，中心性达 0.13，共被引关系最高（见表 1－1），Bramwell B. 致力于乡村旅游、欧洲旅游和可持续发展的研究，在涉及旅游与社区反应、可持续发展、环境政治和政策以及成长管理的关系等方面研究突出，这些研究成果被广泛关注。霍尔（Hall C. M.）在旅游业的政治边界与区域合作旅游开发上做出了贡献，探索了许多不同形式的旅游迁移关系，边境的跨界合作、区域化和目的地建设，这些研究方向与旅游合作研究有十分紧密的关系，因而，Hall C. M. 与其他学者之间的共被引频次也较高。布哈利斯（Buhalis D.）对旅游合作管理、市场营销和围绕旅游业实施 ICT 应用的研究影响深远，研究理论被引率较高。波特（Porter M. E.）关于旅游业经济竞争与合作模式的研究、诺韦利（Novelli M.）关于通过刺激当地经济、保护环境和改变生活，使旅游合作能够在可持续发展中发挥关键作用的研究被引频次都较高。此外还有许多学者的研究成果丰富，但共被引关系较低。

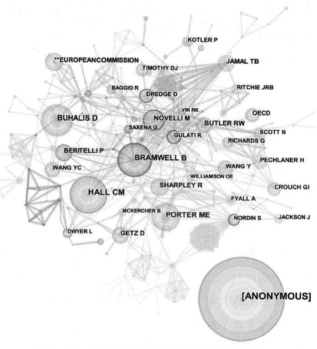

图1-5　旅游合作领域作者共被引知识图谱

表1-1　　　　　　　　　旅游合作领域作者共被引频次

作者	频次	中心性
Hall C. M.	52	0.06
Bramwell B.	45	0.13
Buhalis D.	45	0.02

续表

作者	频次	中心性
Porter M. E.	39	0.05
Novelli M.	27	0.12
European commission	25	0.02
Sharpley R.	25	0.01

（3）学科共现分析。旅游研究涉及面广，每个学科的研究者所掌握的专业知识对旅游发展的研究作用巨大，而学科多种多样，所涉及知识丰富，为了研究复杂的旅游现象需要采取一种更为科学的方式，通过学科共现分析可以了解到旅游合作研究在不同学科领域的研究成果，分析这些研究成果的产生背景、发展概况可以揭示出旅游合作研究的规律性内涵。使用 citespace 的学科共现分析功能可以看到在旅游合作领域中各个学科之间的研究关系。从图 1 - 6 中可以了解到社会科学、商业与经济、环境科学与生态学、历史学、经济学、工程学、管理学等学科都参与了旅游合作领域的研究，这些学科之间相互联系、彼此渗透。其中共现频次最高的学科是社会科学，可见社会科学在旅游合作领域中研究成果丰富，与其他学科间的联系性强。环境科学与生态学、商业与经济、管理学这三门学科的共现频次高，从各自学科的专业方向出发深入研究了旅游合作的发展。特别是环境科学与生态学的中心性最高（0.63），表明该学科与其他学科渗透度高，依托这个学科产生的旅游合作研究成果实用价值高，对旅游研究贡献大。

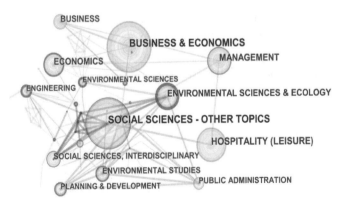

图 1 - 6　旅游合作领域学科共现知识图谱

（4）文献共被引分析。通过分析所选取的文献数据，绘制出文献共被引知识图谱，以此分析国外旅游合作研究的知识群组。图1-7中的每一个节点表示每一个分析的文献，文献被引频次与节点的大小成正比，节点间的连线表示共被引强度，联系越密切的文献间连线越粗。节点的中心性数值越大表明围绕该文献中心展开的研究越多，这些文献中提出的理论观点往往是在旅游合作领域具有代表性的经典文献，对该领域的研究影响深远。通过可视化软件计算出的中心性数值可以发现，2005～2013年，旅游合作研究领域重要节点文献有12篇（中心性≥0.10），见表1-2，其中有6篇文献都发表在Tourism Management期刊上，可见这些文献既是旅游合作研究的核心文献，同时也是旅游合作研究发展脉络上的重要转折点，在旅游合作研究领域中占据重要地位。

表1-2　　　　　　　　　　　旅游合作研究领域关键节点文献

节点作者	文献题目	发表刊物	中心性	发表时间
Lemmetyinen A.	The key capabilities required for managing tourism business networks.	Tourism Management	0.24	2009
Dredge D.	Policy networks and the local organisation of tourism.	Tourism Management	0.2	2006
Beritelli P.	Cooperation among prominent actors in a tourist destination.	Annals of Tourism Research	0.19	2011
Bornhorst T.	Determinants of tourism success for DMOs & destinations: An empirical examination of stakeholders' perspectives.	Tourism Management	0.17	2010
Luthe T.	Network governance and regional resilience to climate change: empirical evidence from mountain tourism communities in the Swiss Gotthard region.	Regional Environmental Change	0.16	2012
Beritelli P.	Interlocking directorships against community closure: a trade-off for development in tourist destinations.	Tourism Review	0.13	2013
Wang Y. C.	Collaborative destination marketing: A case study of Elkhart county, Indiana.	Tourism Management	0.13	2007
Novelli M.	Networks, clusters and innovation in tourism: A UK experience.	Tourism Management	0.12	2006

续表

节点作者	文献题目	发表刊物	中心性	发表时间
Kelliher F.	From Facilitated to Independent Tourism Learning Networks：Connecting the Dots.	Tourism Planning & Development	0.11	2011
Denicolai S.	Resource-based local development and networked core-competencies for tourism excellence.	Tourism Management	0.11	2010
Boschma R.	Proximity and Innovation：A Critical Assessment.	Regional Studies	0.11	2005

由表 1 - 2 可以看出 Novelli M、莱米蒂尼（Lemmetyinen A.）、贝雷特利（Beritelli P.）、王（Wang Y. C.）、Dredge D. 这些学者的文献共被引频次高，这些文献中提出的理论是旅游合作研究领域里的核心观点，对旅游合作研究的发展影响巨大。Novelli M 对旅游业中网络和集群的发展以及中小企业如何在竞争激烈的旅游环境中创新进行了研究，并重点探讨了健康生活方式旅游的具体问题，其研究角度对旅游合作研究影响深远。Lemmetyinen A. 探究了管理旅游合作网络所需的关键能力，采用 IMP（工业营销和采购）小组的方法来分析旅游合作活动的协调，挑战了"操纵"需求方法的可持续性，有利于旅游业务网络中的价值系统连续性，这种研究方法具有很高的参考价值。Beritelli P. 选取阿尔卑斯山作为旅游目的地案例，探讨了影响旅游目的地的原因和旅游合作利益相关者的经验证据，有助于理解在旅游中不同个人和利益相关者对旅游目的地的选取。Wang Y. C. 以印第安纳州埃尔克哈特县为案例，研究了旅游业的零散性和目的地营销中各种不同参与者之间进行相当程度的协调与合作，其研究的理论角度为旅游合作提供了一个更综合的理论框架，试图更好地描述和解释旅游合作的本质和活力。Dredge D. 提出了跨越公共和私营部门的网络在塑造旅游规划和发展方面越来越重要的观点，研究结果表明，营造一个创新的公共—私人伙伴关系的环境，需要在国家和社会优势之间进行细致的管理，并且也需要积极营造更广泛的旅游网络环境，与时俱进，以此促进旅游合作的可持续发展。

研究结论。使用 CiteSpace5.1.R8 信息可视化分析软件，对 WOS 收录的 1999～2018 年共 20 年旅游合作研究的论文进行了计量分析和可视化呈现，绘制出旅游合作领域主要国家（地区）、研究机构合作关系、关键词共现、作者共被引、学科共现知识、文献共被引知识图谱，全面梳理和分析了国外期刊旅游合作研究领域动态。分析结果表明：（1）从主要研究国家（地区）来看，中国、西班牙、美国、英格兰、德国、澳大利亚这六个国家对旅游合作研究领域的贡献较多，影响力强。其中英格兰中心度最高，在旅游合作领域中的中介作用明显；澳大利亚知识图谱中网状节点最多，旅游合作研究学术共同体联系紧密，影响力强；中国虽然发文量最多，但中心度低，在旅游合作研究领域里影响较弱。（2）在该领域的研究机构中国内的中国科技大学、厦门大学、天津财经大学等机构对旅游合作研究的关注度高，研究成果也较为全面；国外的斯洛伐克大学、瓦伦西亚理工大学、格丁尼亚海事大学等机构对旅游合作领域的研究较多。（3）通过分析旅游合作研究的关键词发现，模式、管理、互联网这三个词处于国外旅游合作研究的核心，可见该领域国外期刊研究重点是旅游合作模式探索、管理制度创新与互联网所带来的影响。（4）从作者共现和文献共被引图谱来看，Bramwell B.，Hall C. M.，Novelli M.，Lemmetyinen A.，Beritelli P. 等学者对旅游合作研究做出的贡献十分突出，这些学者研究的主题、内容相互关联性强，他们之间的共被引频次也比较高。（5）从学科领域来看，多个学科都参与到旅游合作研究之中，共现频次最高的学科是社会科学，其次是环境科学与生态学、商业与经济、管理学，特别是环境科学与生态学的中心性最高（0.63），表明该学科与其他学科的渗透度很高。

通过绘制 20 年长时距的旅游合作研究知识图谱，不仅摸清了国外学术共同体及精英学者们对旅游合作研究的贡献，也梳理了中国学者在 WOS 数据库中对旅游合作研究的贡献以及与世界其他国家研究对比，还揭示了旅游合作学术研究前沿、热点和主要关注点等动态问题，为进一步深化旅游合作研究提供了跟踪对象、重要信息和突破方向。

（二）国内区域旅游合作研究进展

现以国内 CNKI 数据库中 1999 年 1 月至 2018 年 6 月的 CSSCI 期刊和 CSCD 期刊为文献源，检索旅游合作研究文献，再借助科学知识图谱绘制工具 Cite

Space 软件，探索中国近 20 年旅游合作研究的演化网络，对旅游合作研究趋势与热点进行可视化呈现，从而明确旅游合作研究的发展路径，呈现较为完整的旅游合作研究的基本图景。

1. 研究工具与数据来源

数据来自中国知网（CNKI），在中国知网核心期刊数据库中，将高级检索条件设置主题为"旅游合作"，时间跨度为 1999 年 1 月至 2018 年 6 月度，来源类别为 CSSCI 期刊与 CSCD 期刊①，检索结果显示共有 540 篇。对这 540 篇文献所载期刊与研究关键词进行整理统计，发现"旅游合作"相关文献所载数量最多的是旅游学刊，载文前 15 位期刊如图 1 - 7 所示。

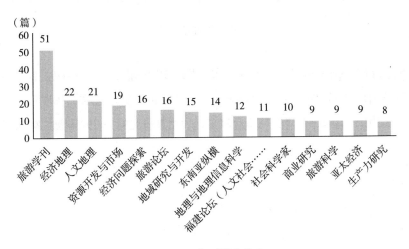

图 1 - 7 期刊载文分布

2. 结果分析

（1）作者共现知识图谱分析。CiteSpace 的作者分析功能依据中心性和被引频次共同确定重要作者。根据普赖斯定律 m≈0.749（nmax 1/2），nmax 指发表论文最多的学者所发论文数，m 表示核心论文著作者的最低发文量，由此公式计算得出 m≈2.12，说明该领域发文 3 篇及以上的作者在旅游合作研究方面的贡献较为突出。对 540 篇文献作者发文量 3 篇及以上的作者进行检索，得

———————————

① 由于入选的 CSSCI 期刊与 CSCD 期刊每年有变动，本书选取的是入选 CSSCI 与 CSCD 时的期刊文献，没入选的年份则不计入。

到名列前 30 位的作者列表，见图 1 - 8。

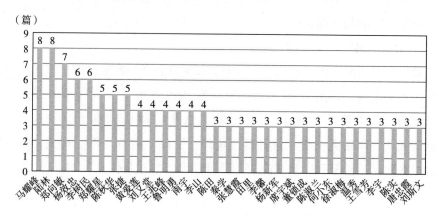

图 1-8 作者发文分布

在运行 CiteSpace 软件后得到这些作者共现知识图谱，见图 1 - 10。结合图1 - 8 和图 1 - 9 可以了解到旅游合作领域里重要学者们的研究成果和其关联度。在作者 共现知识图谱中如果某学者关联节点较多，表明其研究的关注度和被引频次高。

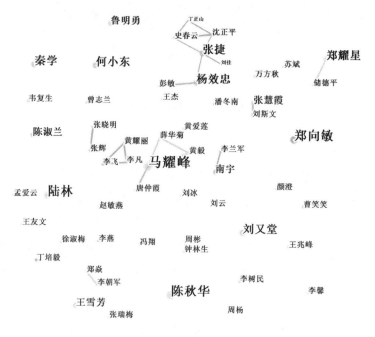

图 1-9 文献作者共现知识图谱

　　马耀峰与陆林在该领域的研究硕果最为丰富，分别发表了8篇论文。马耀峰（2006，2015）的研究集中于对跨国丝绸之路旅游合作模式以及青藏地区入境旅游合作进行研究。在研究丝绸之路旅游合作时，马耀峰从国际和区际旅游合作开发的视角，提出遗产廊道型资源的概念，构建遗产廊道型资源的旅游合作开发体系，以实现遗产廊道型资源的合理开发利用，并以"丝绸之路"多国联合申请世界遗产为案例，强调了"丝绸之路"旅游开发要重视其特殊文化内涵、尊重历史价值，构建"丝绸之路"国际旅游区经济利益共同体，打造遗产廊道型旅游精品；在研究青藏地区入境旅游合作方面，马耀峰以共生理论定量评估了青藏地区的共生关系，发现青海和西藏两个共生单元具有较强的正向非对称共生关系，青海入境旅游对西藏影响较大，而西藏入境旅游对青海影响却较弱，说明地理邻近和历史关系结构邻近的青藏文化地理单元入境旅游紧密相关。陆林（2013）对中国都市圈旅游发展的生态过程、竞争与合作等研究非常系统深入，意义重大。他以系统论定义了都市圈旅游系统，认为都市圈旅游系统是具有开放性、动态性、整体性的特定地理单元的旅游地域综合体，其内涵包括物质基础（区域城镇体系和生态空间）、集聚中心（一个或多个中心城市）、结构体系（多类型旅游吸引物、区域旅游目的地、一体化旅游设施、网络化旅游媒介和旅游交通体系）、基本特征（文化同源性、规模层次性、产业关联性、空间圈层性），分析了形成原因（经济全球化、信息化、交通条件改善等外部因素），指出了推动城市圈旅游空间演化的四种力量（地理邻近结构力、产业链辐射力、行政协调力和文化结构力）。

　　郑向敏（2006，2011）发文量较高的有7篇，主要关注海峡两岸旅游合作关系进展以及"一带一路"背景下区域旅游合作的机遇与挑战，重点研究了旅游区与行政区的矛盾与融合，阐述了旅游区与行政区的本质与差异，分析了旅游区与行政区在区域旅游发展中的矛盾，研究了如何消除这些矛盾，强调了旅游安全是旅游业的生命线，是区域旅游合作的重要基础和内容，还认为名人旅游资源是海峡两岸旅游合作的重要基础。

　　杨效忠（2009，2011）与李树民（2005）分别发表了6篇论文。杨效忠、张捷在该领域的研究合作较为密切，关联度高，重点关注跨界旅游区的合作模式与特征，分别以环态湖地区、巢湖旅游区、皖江一线、大别山为研究案例，从宏观、中观和微观三个层面考虑了跨界旅游区合作的复杂性与必要性，指出跨界旅游区的经济联系、网络特征、合作模型和影响机制。李树民研究了旅游合作行为模式、动力机制与动力系统等基础问题，并以丝绸之路经济带为案例，探索了丝绸之路经济带的合作潜力、挑战、障碍、合作路径与对策。

郑耀星（1999）、陈秋华（2011）、张捷（2014）分别发表了 5 篇论文。郑耀星主要是以闽台海峡两岸旅游合作为案例，提出了"五缘"（血缘、商缘、地缘、文缘、法缘）、"三力"（内动力、外扩力、保障力）模型推动闽台旅游合作构想，并对区域旅游合作评价、模式、共同市场的建设进行了研究。陈秋华主要研究了闽南地区区域合作的共生模式以及旅游共同市场的内涵。张捷与杨效忠在知识图谱上显示具有紧密的关联关系，对跨界旅游区合作和区域旅游竞合进行了深度研究，从空间属性、功能属性、供需属性、边界属性、合作内容、组织属性等方面总结出跨界旅游区合作的特征。

王兆峰（2018）、鲁明勇（2011）、黄爱莲（2017）等学者分别从不同的角度对旅游合作研究作出了贡献。王兆峰主要是以武陵山旅游合作区为案例，基于交通网络视角研究跨界旅游合作和微观机制、合作格局、合作效率与差异、合作营销，研究发现交通网络优化对旅游合作条件、旅游合作意识有显著正向影响，对旅游合作行为有间接影响作用，且通过旅游合作条件和合作意识两条路径对合作行为产生正向影响。鲁明勇对旅游合作的主体、绩效评价和改进路径等基础问题进行了研究，并对我国旅游合作行动和理论研究的演化阶段进行重新划分，分析了两者的关联性和紧密度。黄爱莲主要集中于跨界旅游合作的空间正义、社会网络对跨境旅游合作者的行为、边界效应及有效性的研究，涉及的案例主要有中越跨境合作、亚太经济合作组织（APEC）、东南亚国家联盟（ASEAN）、大湄公河次区域合作（GMS）等旅游合作组织。上述学者研究内容涉及面较广，为旅游合作的前沿问题提供了丰富的理论依据、典型案例和实证分析。

（2）研究机构共现知识图谱分析。使用 CiteSpace5.1.R8 软件生成研究机构共现知识图谱，从该图谱中可以了解到我国旅游合作领域中各研究机构间的合作情况。从图 1 - 10 可以看出，中国科学院地理科学与资源研究所、安徽师范大学国土资源与旅游学院、华侨大学旅游学院、陕西师范大学旅游与环境学院、吉首大学商学院、上海师范大学旅游学院、云南大学工商管理与旅游管理学院、西北大学经济管理学院、中国科学院大学、广西大学商学院等机构对旅游合作领域的研究较多。且从各机构间的连线可以看出，中国科学院地理科学与资源研究所、安徽师范大学国土资源与旅游学院、陕西师范大学旅游与环境学院这几个机构之间的节点与连线较多，形成了初具规模的网状结构，表明这 3 家机构间存在较为密切的研究合作关系。华侨大学旅游学院、广西民族大学管理学院、广西大学商学院等机构间也出现了合作关系，但还有一些机构处于独立分布的状态，与其他机构间的研究合作少，基本上是根据自己的研究方向与理论基础进行相关探索，尚未出现初具规模的合作网络。

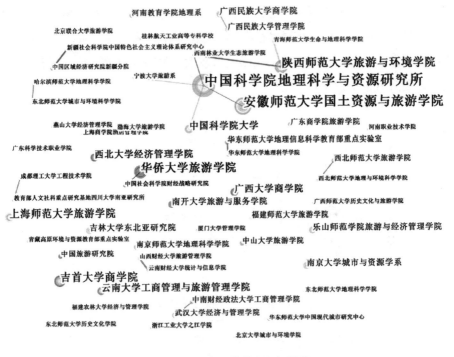

图 1-10　研究机构共现知识图谱

（3）关键词共现知识图谱分析。一个领域研究主题的不同表明了该时期研究的热点问题、切入面及探索方法的不同。关键词是文献核心内容的精确表达，能够反映出研究领域的主题，倘若某些关键词在研究领域中多次出现，那么这些关键词则是该研究领域的热点问题。使用 CiteSpace 的共引关键词分析功能对收集数据进行整理分析，绘制出旅游合作研究的关键词共现知识图谱。

在图 1-11 中，每个节点表示一个关键词，节点之间的连线表明该词之间的共现关系，年轮的厚度代表了含有该关键词的文献被引次数。以被引次数和中心性数值为标准可以判断该关键词的重要程度以及不用学者对其的关注度。中国旅游合作研究以区域旅游合作、旅游合作、区域旅游为核心，并围绕旅游产业、区域合作、旅游资源、合作模式、对策、中国、"一带一路"、区域旅游一体化、京津冀、可持续发展、区域旅游协作等热点展开。这些关键词在图谱中处于年轮外的节点位置，是旅游合作研究核心的热点话题。如果剔除"区域旅游合作、旅游合作、区域旅游、旅游、合作、区域合作、对策"等一般性表达，依据关键词的频次、中心性数值、出现年份可以发现，"一带一路"、对策、边境旅游这三个词处于旅游合作研究的核心位置，其共引频次和中心性皆在前列，见表 1-3。通常情况下，频次值越高的关键词其重要性越强，而中心性超过 0.1 的关键词，认为其影响力较大，说明通过该关键词展开的研究更多，更具有重要意义。

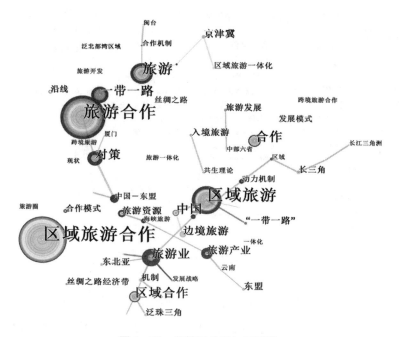

图 1-11　关键词共现知识图谱

表 1 - 3 中国旅游合作领域关键词中心性排名

排序	频次	中心性	年份	关键词
1	19	0.52	2016	"一带一路"
2	16	0.67	2007	对策
3	12	0	2005	边境旅游
4	10	0.8	1999	旅游产业
5	9	0.08	2006	京津冀
6	8	0	2007	东盟
7	8	0.22	2007	旅游资源
8	7	0	2011	入境旅游
9	7	0.04	2008	东北亚
10	6	0.15	2006	合作模式
11	6	0.08	2008	长三角
12	6	0	2014	丝绸之路经济带

（4）突现词分析。在旅游合作领域的主要研究议题和前沿研究领域分析中突现词较于传统的高频词更适合研究前沿的主题识别与趋势分析。通过对关键词突变性的分析，可以得出特定时间里该领域的研究动向。使用 citespace 突现词检测算法，整理出我国近 20 年旅游合作研究领域的突现词信息，见表 1 - 4。

表 1 - 4 旅游合作研究领域突现词情况

关键词	频次	开始年	末尾年	1999 ~ 2018 年
区域旅游	4.1999	2003	2007	
机制	2.5244	2005	2008	
合作	3.0803	2008	2013	
边境旅游	3.7815	2011	2016	
京津冀	2.9952	2014	2016	
丝绸之路经济带	2.8188	2015	2018	
"一带一路"	8.9427	2015	2018	

由表 1 - 4 可知，我国近年旅游合作领域研究前沿主要分为三个阶段：第一阶段 1999 ~ 2002 年，没有出现突现词，旅游合作研究正处于研究初期，主

要研究内容是旅游业的概念界定和合作模式探讨。第二阶段 2003～2013 年，突现词数量增多，产生突现词"区域旅游""机制""合作"边境旅游，以"合作"为关键词的研究呈现了较高的突现度，表明了该时期的研究前沿在基于区域旅游基础上的研究更重视旅游合作机制的探析，对于旅游合作的主体、路径、模式的研究更为深入透彻。不同区域间通力合作，共同发展需要考虑到合作机制的因地制宜性，区域间旅游资源、市场需求、地理位置、经济流向等方面有着较强的互补性，因而对旅游合作机制的研究影响着该时期旅游业的发展。而"边境旅游"一词在该时期呈现出较高的突现度，表明了边境旅游的出现是该时期旅游合作的研究分支，不同区域间的核心资源、经济水平以及区位条件等变化影响了边境旅游，这是中国边境地区与相邻国家的边临城市的旅游合作活动。第三阶段 2014～2018 年，突现词权重变化较小，研究前沿进入了区域旅游的分支拓展阶段，"京津冀""丝绸之路经济带""一带一路"是该时期的研究前沿热点，该时期的研究更加侧重于不同区域间旅游合作的协同发展，旅游合作的深入发展需要打造新的经济圈、推进区域发展体制创新、积极发展与沿线国家的合作关系、实现资源优劣互补，以达到旅游经济的可持续发展。在旅游合作研究前沿的三个阶段中，"一带一路"是突现度最高的关键词，说明国家政策方针对旅游的影响是研究前沿的重点。"一带一路"为旅游发展带来诸多挑战与机遇，这是旅游合作的新时期，它赋予了区域旅游、边境旅游等旅游合作新的研究方向。政策方针对旅游合作的影响研究促进了旅游合作研究从理论研究向实践性应用的进一步发展。

研究结论。使用 CiteSpace5.1.R8 信息可视化分析软件，对中国知网（CNKI）收录的 CSSCI 和 CSCD 期刊文献中，我国近 20 年旅游合作研究的论文进行了计量分析和可视化呈现，绘制出作者共现知识、研究机构共现知识、关键词共现知识、突现词分析知识图谱，研究结果表明：第一，从学者共现关系来看，马耀峰、陆林、杨效忠、李树民、陈秋华、郑向敏等学者在旅游合作领域的贡献突出，这些学者的研究为旅游合作研究形成广泛的研究脉络与完整的研究体系提供了基础。第二，分析研究机构共现知识发现，影响最大的是中国科学院地理科学与资源研究所，研究聚焦区域旅游合作的发展模式与区域经济差异，其发文量较多，研究成果较为全面科学。接下来是安徽师范大学国土资源与旅游学院、华侨大学旅游学院、陕西师范大学旅游与环境学院，这 4 个机构与其他机构的合作较为紧密，旅游研究的互补性较强。第三，通过分析关键词共现知识发现，我国近 20 年的旅游合作研究从对经济发达地区特别是沿海地区的旅游业发展的研究逐渐转向区域间旅游产业、旅游资源、旅游市场、旅游战略构想的研究以及区域合作的研究。在这些研究中，"区域旅游合作""旅游合作""区域旅游"是旅游合作领域的主要研究议题。本领域的关键文献大部分都与"区域旅游合作"有关，这些文献构成了旅游合作研究领域的重要知识基础。"一带一路""对策""边境旅游"这三个词处于旅游合作研究的核心位置。第四，从突现词分析结果来看，旅游合作的研究已经从对旅游业的概念界定和合作模式探讨的理论研究逐渐转向区域旅游协同发展的研究，研究方向更为具体、微观。旅游合作研究的核心以及研究前沿集中在"一带一路"倡议下的旅游合作路径、合作空间格局与合作机制的研究。

以 CNKI 数据库的 CSSCI 和 CSCD 期刊为数据源，绘制了近 20 年长时距的旅游合作研究知识图谱，摸清了国内学术精英们对旅游合作研究的学术贡献，梳理了国内学术共同体的研究攻关和合作情况，明确了旅游合作研究的现状，揭示了旅游合作学术研究前沿、热点和主要关注点等动态问题，为进一步深化旅游合作研究提供了跟踪对象、重要信息和突破方向，为开拓新的前沿热点提供了科学数据支撑与借鉴。

二、博弈论应用于旅游合作与冲突的研究进展

（一）研究取得的主要成就回顾

博弈论是研究决策主体行为发生直接相互作用时候的决策以及这种决策的均衡问题，是研究合作与冲突问题的利器，使用它有利于揭示区域旅游开发合作与冲突的在内机理，因此得到国内外学术界的大力关注。

1. 国内方面

研究内容主要集中在对区域旅游合作基本博弈模型的构建、合作协议的达成和利益的分配、旅游联盟、旅游合作中公共品的供给、旅游营销市场"搭便车"行为、区域旅游地位不对称条件下的合作问题。初期用非合作博弈方法建构简单模型，解释旅游的一些现象和行为。如熊元斌和李红（2007）、舒

小林和王爱忠等（2007）、方世敏和周荃（2007）、罗富民和郑元同（2008）、曹华盛（2008）、郑燕萍和罗敏（2008）、柳春锋（2008）等。陈志刚和蔡泽辉（2006）构建了二阶博弈模型来研究两景区之间关于客源市场搭便车的行为。颜醒华和郑中（2007）通过旅游项目合作监督、约束的博弈模型，分析了合作方企业的收益和监督惩罚之间的关系。稍后在博弈模型中加入了一些影响旅游因素，如高明（2008）研究了拥有 N 个子区域的旅游竞合问题，在构建博弈模型时，引进了一个额外成本，求博弈均衡；廖艳丽（2008）加进了时间因素，分析了在每一阶段选择合作或不合作时，参与者的得益。李付娥（2009）用库诺特（Cournot）寡头竞争模型为基础，分析认为有持续足够的时间和耐心，就一定能够将合作维持在稳定状态。近期合作博弈逐渐用来构建区域旅游合作模型，朱静（2007）将区域旅游合作看成是政府力量在各地区间的一个合作博弈；岳晓娜和毕静（2008）以两个实力相当的景区面临近郊和远距离市场开拓为假设，建立了一个的矩阵形分析模型；张河清（2009）用合作博弈模型构建了局中人用联盟带来的增值比例来分配合作带来的收益；刘慧宏（2009）从区域旅游合作主体的竞争出发，计算系统中各成员 Shapley 值，从合作结构判断系统有效性；郑鹏（2010）以声誉理论为研究方法，从旅游合作的深层发生机理出发，针对在旅游合作博弈中"合而不作"、违约情况进行探讨；郑世卿（2010）撇开游客这个"外生变量"，具体到旅游开发的微观层面，分析利益相关者在开发过程中的博弈；吕兴洋（2010）利用渠道权力理论建立新模型，对旅游供应链企业合作中的策略选择进行博弈分析，寻求供应商与中间商单次博弈与无限次博弈的最佳策略；王永刚（2011）认为长三角旅游一体化进程，实际上是各行政区之间的利益博弈过程，最终博弈的均衡解就是能够实现各方利益的动态平衡；鲁明勇（2011）基于"公地悲剧"概念，对同质化资源进行博弈分析，利用合并行政区、区域合作、差异化开发决策治理；汤静（2011）指出需要以博弈方式提供旅游业开放的平台，只有依靠博弈，方能制定出保证旅游业平稳、可持续发展的旅游法；杨春宇（2011）以"地方政府"经营旅游业原动力为出发点，从时空角度动态审视我国旅游业博弈主体关系演进轨迹、逻辑内涵与实质；张凌云（2012）运用了少数民族旅游区和居民区相隔离的战略，分析了少数民族旅游区与居民区分离规划战略实施过程中利益相关方的利益博弈；罗文智（2012）对区域旅游系统非线性成长基本形态、动态演化博弈以及成长经济效应三个方面进行实证分析，从而为旅游系统的非线性成长机制提供有效的客观理论基础；罗浩（2012）结合旅游业中市场行为的特殊性，引入博弈论中的伯特兰德均衡和智猪博弈模型，研究处于寡头垄断条件下的旅游景区的竞合策略；陈永昶（2013）指出满意均衡的实现强调的应该是合作博弈，博弈各方从联合理性的角度出发，采用对大家都有利的策略，供应链上的任何一方在追求自身满意的同时应当考虑让其他各方也满意；周大庆（2013）提出旅游景区治理是多个利益相关者多重利益均衡的动态博弈过程，利益相关者利益均衡是实现景区绩效的关键；邹光勇（2013）基于 Salop 圆周城市模型，在区域旅游产品特征及区域旅游合作方式分类的基础上，引入二阶段博弈法，研究区域旅游一体化的最佳合作方式及实现条件；单婷婷（2013）以演化博弈模型为分析框架，论证了区域旅游深度协作中的各种经济效用；姚国荣（2014）从蜈蚣博弈模型及其蜈蚣悖论着手，进行旅行社联盟形成博弈分析，表明预先合作小项目、感知公平收益和建立惩罚机制有助于旅行社联盟形成；张捷（2014）通过乡村旅游规划中共性和多样性之间的博弈，阐明乡村旅游发展需要从多样化的角度出发研制相应旅游规划的规范；李金保（2014）采用主观博弈理论分析旅游产业合作过程，明确旅游产业合作的微观机制，提升决策的针对性；罗章（2015）构建混合博弈模型分析利益冲突问题产生的内在机理，认为交往理性的缺乏是产生利益冲突问题的原因；赵黎明（2015）通过构建地方政府和旅游企业在低碳背景下的演化博弈模型，探讨政府激励对旅游业低碳发展的推进效果；张环宙（2015）以博弈理论为基础，探讨滨海文化旅游业游客（消费者）和当地社区（供给者）两大主体之间存在的内在竞合关系；费巍（2015）利用博弈理论与演化博弈方法，构建生态旅游开发过程中旅游企业、当地政府相关部门、原住民等利益相关者之间的利益博弈模型，并从演化视觉分析了各个利益相关者的博弈行为和策略选择；左冰（2016）分析和强调权利平等基础上的"官—商—民"三者之间的旅游合作博弈并由此最终增进整个社会的利益；陈喆芝（2016）借鉴供应链管理思想分析低碳旅游发展中景区与旅行社之间的合作与竞争关系，尝试引用微分对策这一重要的动态博弈分析法，构建景区与旅行社的低碳合作微分模型，探讨低碳景区体验价值提升与旅游需求增长规律；苏洁（2016）拟运用共生理论及合作博弈模型，构建区域内旅游竞合发展模式，引入惩罚机制，分析区域内各旅游地的最优策略和利益均衡；孙九霞（2017）对民族遗产旅游区域中居民如何运用不同空间实践策略进行利益博弈的问题进行探讨；杨瑜婷（2018）利用演化博弈理论构建了居民—开发商演化博弈模型，探究了合作双方在乡村旅游资源开发过程中的合作路径演化问题；祁凯（2018）提出的旅游公共危机环境下对政府、旅游企业、旅游者三者行为策略的选择进行演化博弈。

2. 国外方面

利用博弈论研究区域旅游合作是根据参与主体（酒店、旅行社、交通企业、游客）相互竞争与合作的行为而展开的。在旅游酒店合作与冲突方面，钟（Chung，2000）使用矩阵博弈模型分析了韩国首尔豪华酒店的竞争定价策略，指出首尔的豪华酒店市场属于寡头垄断竞争市场，同时价格战并不能使酒店获得更高的市场份额；加西亚和图戈里斯（Garcia and Tugores，2006）使用两阶段博弈模型分析一个高服务质量和一个低服务质量的酒店之间的价格和质量竞争决策；宾尼哥和席尔瓦（Piniassilgu and Silva，2007）通过构建酒店之间的纳什博弈模型，发现酒店的扩张导致了经济和环境过度开发的"公共地悲剧"。在旅行社合作与冲突方面，可可木和苏乌耐（Caccomo and Solonandrasana，2001）建立了考虑不同地理位置和顾客具有不完美信息的旅行社价格竞争模型，发现如果价格不能被所有顾客所观察，那么一部分不具备信息的游客具有价格差异；在旅游交通企业合作与冲突方面，有尉（Wie，2004，2005）使用动态非合作博弈模型分析观光邮轮之间的寡头垄断竞争，通过结果仿真数据分析指出，观光邮轮公司应该在行业增长期全力扩展自身的运营能力，而在市场成熟阶段通过对运营能力的微调来保持市场份额。在异质性旅游企业合作竞争方面，有巴斯塔基斯、布哈利斯和巴特勒（Bastakis，Buhalis and Butler，2004）使用非对称信息的讨价还价模型来描述大型旅行社和中小酒店之间的竞争关系，发现大型旅行社的市场地位使其在和中小酒店的协商中占有巨大的优势，并使它们能够不断地影响甚至控制中小酒店的经营运作。瓦克斯曼（Wachsman，2006）使用纳什博弈模型分析了旅游目的地酒店和航空公司之间的价格战略，发现通过代理使两者之间相互合作能够降低它们的价格，使游客受益。多个旅游目的地之间竞争方面，有坎德兰和切里尼（Candela and Cellini，2006）使用微分博弈研究了多个旅游目的地之间旅游产品竞争，发现博弈的均衡开环战略取决于旅游目的地所提供旅游产品的差异化是外生的还是内生的。将游客作为博弈的参与者进行研究的文献比较多，有泰勒（Taylor，1998）建立旅行社和游客两阶段斯坦伯格博弈模型：旅行社首先设置其包价游价格，随后游客收集信息制定购买决策；翰等（Han et al.，2003）建立了两阶段斯坦伯格博弈模型来分析游客之间，以及游客和城市旅游信息署之间的相互关系；阿克内力等（Accinelli et al.，2006b）使用演进博弈对游客和当地居民关系进行时间趋势分析，发现个体有两个可选择的战略：对资源的保守战略和掠夺战略；潘（Pan，2006）建立了酒店和游客之间的讨价还价博弈模型。比蒙特和旁佐（Bimonte and Punzo，2007）使用演进博弈模型探讨游客和本地居民之间的相互关系，两者对于旅游目的地运载能力的影响，其主要探讨了游客和本地居民种群的结构特征，以及旅游目的地运载能力的政策价值；摩根和特里维迪（Morgan and Trivedi，2007）建立了包含酒店、旅行代理商和游客的纳什博弈模型，发现当服务的价格上升的时候，旅游代理更加倾向于夸大酒店的服务质量。法里亚（Faria，2008）使用微分博弈框架研究了旅游目的地人口增长和技术进步对旅游市场的作用，发现多个旅游目的地提供差异化的旅游产品，它们之间存在寡头垄断竞争。在政府（中心决策者）作为博弈的参与者的研究方面，有彼加（Piga，2003）使用斯坦伯格差分博弈研究本地政府和酒店开发者之间的相互关系，发现在多个酒店开发商竞争情况下，单靠税收不能产生最优土地使用，还要依靠其他的政策支持。阿克内力、布雷达和加雷拉（Accinelli，Brida and Garrera，2006a）通过多阶段扩展式博弈分析中心决策者如何选择合理战略来避免自然资源的过度使用。

梁智（2006）试图从博弈论角度，对我国的旅行社行业挂靠经营现象的旅游市场监管不力的原因进行理论上的剖析，并提出一些应对建议，供相关管理部门参考；龚永辉（2007）针对我国西部地区旅游业发展的实际情况，提出了西部地区地方政府间跨区域旅游合作的设想，探讨了有助于西部地区地方政府间跨区域旅游合作的一些途径；杨晓霞（2008）在借鉴市场经济发达国家经验的同时，紧密联系我国的政治制度、旅游业发展的水平等实际情况，对现阶段我国政府在旅游业发展中的职能究竟如何界定进行较为全面的分析；王兆峰（2008）分析了旅游产业集群与政府的关系，并从研究旅游集群企业与消费者的博弈分析入手，研究旅游集群与政府的博弈情况；章尚正（2009）

探讨地方政府、投资与经营方、原居民、旅游者、旅游从业者、社会组织的制衡力冲突与政府在制衡机制中的规划作用优化；崔峰（2009）引入经济学中的寻租理论及相关模型，并从经济主体间理性博弈的视角，试图分析出旅行社恶性竞争的政府规制失灵之深层原因；赵蜀蓉（2010）通过对政府行为的研究，确定由政府主导旅游危机管理的优势；吴三忙（2011）指出政府应在旅游业融合发展中发挥积极的宏观管理作用，通过规范市场行为和规范市场秩序，维护旅游业竞争活动的公平、公正；张帆（2012）探讨了政府在负责任旅游管理中的行为，包括制定负责任旅游伦理规范、政策以及负责任旅游认证制度建设等；刘德光（2013）通过分析政府在旅游目的地营销中的行为，可以更好的了解政府与旅游目的地营销的关系，促使政府在旅游目的地营销中做出正确的行为决策；宋慧琳（2015）针对政府旅游公共营销的路径选择这一变量范畴进行研究，试图探索影响政府旅游公共营销路径选择的关键性因素；庄晓平（2018）对旅游发展中影响着旅游地居民对政府的信任因素分析，为旅游地政府的善政良治提供理论支持，从而实现旅游业的可持续发展。

国内外在用博弈论研究区域旅游合作方面的探索性工作，成效显著，已走出在既有博弈论基本概念基础上寻找旅游方面与之对应的事实进行简单解释的困境。为推动这一研究的深入，还有必要从以下方面努力：一是消除对博弈论基本概念和方法有一些误解。将合作博弈与合作行为（态度）进行混同性误解在许多研究旅游合作的文献中都存在，如"非合作博弈不仅导致市场秩序的混乱，资源的浪费和效率的损失"，这里的"非合作博弈"其实是非合作行动而不是非合作博弈；"如果能采取措施将京津冀旅游产业集群发展中各理性人所采取的非合作博弈策略转化为合作博弈策略"，这里的"非合作博弈策略"和"合作博弈策略"其实是指合作行动或态度。熟悉并精通博弈论工具，才能在区域旅游合作研究中得心应手的应用。二是避免过于笼统设定博弈参与人的弊端，增强模型与实际符合性。许多模型在设定博弈参与人时，几乎都是按照"政府与政府""政府与企业""企业与企业"之类的博弈参与人展开的，对博弈参与人的设定过于笼统和粗糙，例如，对"政府"这个博弈参与人，是维护大局公共利益的"福利型"政府？还是只讲区域小利益的"理性人"政府？是指地方政府党政机构？还是地方政府下属的部门？很明显，不同假设条件下的政府参与人，对同一个博弈策略，其得益计算就不一样，如果不做事先的假设,只笼统一概而论地讨论政府参与人博弈,无法保证分析模型科学和符合现实的。三是避免主观设定博弈参与人支付,增强模型的严谨性。如设定参与人当对手选择合作自己合作时得益为数字 8,当对手不合作时自己合作得益为数字 −2,这种设定显得粗糙,与实际情况相距甚远,欠缺模型的真实数据实证。

(二) 演化博弈论研究趋势

尽管博弈论在过去的几十年内取得了很大的进展,但其假设条件、解的概念和多重均衡博弈模型无法确定均衡选择的一些缺陷,演化博弈思想被引入博弈论研究中弥补这些缺陷。演化博弈论是把博弈理论分析与动态演化过程分析结合起来的一种新理论,它起源于行为生态学和生物进化论,是研究区域旅游合作与冲突问题最有力的工具。

演化博弈的动态演化机制研究。演化博弈的复制动态模型最早是在 1978 年由泰勒和琼克(Taylor and Jonker)提出,后在格纳德、魏布尔、霍夫鲍尔和西格蒙德(Maynard, Weibull, Hofbauer and Sigmund)的专著中用常微分方程来描述策略的演化。当个体策略的演化不仅与时间有关,也与空间有关时,复制动态模型就需要用偏微分方程来描述。哈森、维克斯和克雷斯曼(Hutson, Vickers and Cressman)通过引入一维空间变量,利用偏微分方程模型讨论了 2×2 对称博弈的演化稳定策略。1990 年福斯特和扬(Foster and Young)将随机性引入复制动态模型之中,提出了用随机微分方程来描述策略演化。随后,考虑实际系统中的不同噪音形式,出现了各种基于随机微分方程的动态模型,如最优反应动态、Logit 动态、Smith 动态、BNN 动态。基于随机过程的演化动态,1993 年堪道等(Kandori et al.)利用随机过程首次建立了离散时间的随机演化博弈模型;1996 年阿米尔和贝宁豪斯(Amir and Berninghaus)将 Kandori 等的模型推广到连续时间的情形;2004 年诺瓦克等(Nowak et al.)人首次将种群遗传学中的 Moran 过程;随后特劳森等(Traulsen et al.)分析了有限群体中的 Moran 过程和无限种群中的复制动态模型之间的联系。

演化博弈的决策学习机制。基于智能优化算法的学习机制主要是将遗传算法、蚁群算法和粒子群算法等引入演化博弈中。埃沃克(Arifovic)首先将遗传算法用于竞争企业的策略调整上;巴肯哈尔等(Birchenhall et al.)提出改进的遗传算法来模拟学习过程；瑞克曼（Riechmann）用基于遗传算法的学习机制分析了一般博弈的演化稳定均衡；泰克尔和阿坎（Tekol and Acan）提出了基于蚁群算法的学习机制；刘和王（Liu and wang）提出了改进粒子群优化算法。梅塞施密特和恩格尔布里特（Messersehmidt and Engelbreeht）将粒子群优化算法用于博弈学习中。瑞肯和恩格尔布里特（Ranken and Engelbrecht）提出了一种基于粒子群优化算法的演化博弈决策方法。演化博弈中的其他学习机制还有强化学习、信念学习、老练学习、贝叶斯学习（Bayesian learning）、经验加权学习。这些机制已被用于描述有限理性的博弈人的学习过程。

演化博弈框架下合作的进化及合作机制研究。特别是 Nowak 提出的演化博弈中合作的五类合作进化机制：亲缘选择，即通过基因的相似性来解释合作现象；直接互惠，即通过引入折现因子和惩罚度来解释重复博弈中的合作现象；间接互惠，即通过引入一个声誉信号来解释合作现象；网络互惠，即通过群体互联的网络结构来解释合作现象；群组选择，即通过在种群中引入多个群组，假设群组内的个体和不同群组之间同时存在竞争关系来解释合作现象，对区域旅游合作与冲突的研究有直接意义。

演化博弈研究的趋势和前景。演化博弈在旅游研究中还处于起步阶段，国内仅有高燕和郑焱（2007）、杨春宇（2009）分别用演化博弈研究了旅游线路开发和旅游地适应性管理模式。王先甲和全吉（2011）分析了演化博弈研究的五大方向：一是对有限理性的进一步描述和建立更为一般的博弈学习机制仍然是重要课题。二是对于复杂网络上的博弈，缺乏数学工具，只能通过仿真的方法得到，缺乏理论依据。因此寻求有效的数学工具是今后发展的方向。三是利用演化博弈而形成的均衡网络来解释现实中的一些复杂系统文献很少，这个问题具有很大研究潜力和实际价值。四是博弈和网络的互演化问题也有许多工作待做，这也将是个非常有前景的研究方向。五是在演化博弈的框架下，继续提出一些更实际的合作机制来解释自私合体间所涌现出的自发合作现象，是演化博弈所研究的前沿问题。杨春宇（2009，2011）从动态博弈演化的角度初步探讨了旅游地适应性管理模式的概念和基本理论框架，提出以旅游地演化理论为指导，从时空角度动态审视旅游地利益主体博弈关系的演化，在此基础上构建了旅游地利益主体博弈关系演化理论研究框架；胡大江（2011）运用演化博弈理论，构建三峡旅游区域合作的博弈模型，探讨出影响其合作的各影响因素，以期更好地促进长江三峡旅游区域间的合作，以最大化各旅游区域的收益；吴文智（2012）对区域旅游系统非线性成长基本形态、动态演化博弈以及成长经济效应三个方面进行实证分析，从而为旅游系统的非线性成长机制提供有效的客观理论基础；赵黎明（2015）运用演化博弈模型去剖析地方政府与旅游企业内部及相互之间策略选择规律、动态演化路径、稳定状态获得等行为特点，为低碳旅游发展中的政企双方协调互动提供有效分析工具；黄晓杏（2015）从演化博弈这一新的视角，分析生态旅游的三个主要利益相关者—政府、旅游企业、社区之间的关系，构建"政府—旅游企业""旅游企业—社区"两组动态演化博弈模型；费巍（2015）从博弈论（即对策论）与演化博弈的视觉，研究历史文化名镇名村生态旅游开发与管理中旅游企业、原住民（或居民）、当地政府相关部门等利益相关者的博弈行为和策略选择；周辉（2016）改变过去研究仅仅将旅游企业和政府作为博弈主体的做法，首次尝试将旅游企业、游客、政府三者同时作为博弈主体，运用演化博弈的基本原理构建出"旅游企业—游客—政府"三者之间的博弈模型，讨论了各参与主体的演化稳定策略及促进各主体决策达到理想状态的稳定条件以期实现对旅游市场的有效监管；胡亚光（2016）从旅游商品及导游雇佣两大市场入手，利用不完全信息条件下的动态博弈模型以及演进动态博弈模型分别对"游客—导游"以及"导游—旅行社"间的行为关系进行分析；杨瑜婷（2018）利用演化博弈理论，来探讨乡村旅游资源开发过程中的利益分配机制以及合作稳定性，为解决乡村旅游中利益分配不均、资源开发不完善等困境提供一种新的思路；祁凯（2018）引入演化博弈理论和方法，研究旅游公共危机事件的产生和演化机理；王维艳（2018）运用竞合理论、价值链理论、演化博弈论等，通过构建双重演化博弈模型，揭示了社区参与下旅游景区竞合关系的演变机理。

演化博弈论本身就是国内外研究的前沿问题，研究突破点集中于博弈学习机制、复杂网络博弈如何由仿真到真实数据实证、网络演化均衡以及演化博弈框架下更符合实际的合作机制。因此，本研究以演化博弈论为建模工具，以武陵山旅游合作区为案例，采用仿真数据和真实数据相结合的实证方法，同时辅之以谱系图法、关系网络分析法、历史比较法侧面印证博弈模型解释可信度，揭示区域旅游合作参与主体动态演化的决策机制及影响因素，检测区域旅游合作与冲突原有治理策略的有效性，提出有针对性新策略，不仅为治理旅游冲突提供对策，还能完善和拓展演化博弈论和区域发展与管理理论做出贡献。

第三节　研究方案

一、研究内容、研究目标和拟解决的关键问题

（一）研究内容

对区域旅游合作的博弈约束条件及研究假设，区域旅游合作的演化博弈模型，区域旅游冲突的演化博弈模型，区域旅游合作与冲突演化博弈模型数值验证与参数分析，区域旅游合作与冲突治理策略的评价检验与创新。

（二）研究目标

构建区域旅游合作的演化博弈模型体系。基于选择和变异机制构建区域旅游合作的连续型综合演化动态模型，将个体学习机制引入演化博弈中，建立无意识、模仿、强意识信念等学习模型，形成互为关联的演化博弈体系，描述和展示区域旅游合作中五大特殊的进化机制：亲缘选择（区域基因的特殊性）、直接互惠（折现因子和弱惩罚度的特殊性）、间接互惠（引入信号的特殊性）、网络互惠（旅游网络结构的特殊性）、群组选择（旅游合作中个体与群组的特殊性），从而把握区域旅游合作的演化规律。

揭示区域旅游合作与冲突的深层原因。根据构建演化博弈框架结构，有针对性的探索当前区域旅游合作中三个突出问题的深层原因：从分析同类质旅游资源属"准公共资源"开发的演化过程中，解释同类质旅游资源抢夺开发冲突的原因；从分析横向一体化和纵向一体化及旅游集团和旅游战略联盟的演化过程中，解释零负团费冲突问题的原因；从分析旅游产权制度变迁过程中，解释旅游经济飞地与社区的冲突原因。

检验区域合作与冲突治理策略的有效性和探索新策略。以上述建立的区域旅游合作与冲突演化博弈的分析框架，对已采用过的治理策略和已经有学者提出但还没有实际采用的治理策略，以数据模拟或案例实证，进行全面评价与检

验，分析参数变化与治理绩效之间的相互关系。如果参数与治理绩效具有对应关系，那么就要探索治理策略推出的有效时间点和推出强度，达到最佳治理效果；如果参数与治理绩效没有对应关系，根据参数所隐含的管理因素，提出新治理策略。

（三） 拟解决的关键问题

区域旅游合作与冲突演化博弈模型适应度函数的确定问题。根据主体异质性假设，区域旅游合作参与者不同，其行动演化过程中的策略选择不同，影响其支付函数也就不一样，那么构建的演化博弈适应度函数结构也是不同的，最终会影响演化稳定结构分析。因此，根据不同的区域旅游合作参与者，及面对不同的约束条件，采用适当的数学工具（常微分方程或偏微分方程），确定区域旅游合作的演化博弈适度函数，是进行演化博弈分析最首要、最关键的问题。适度函数合理性、严谨性和与区域旅游合作演化过程现实问题结合紧密程度，事关演化博弈稳定性均衡性分析是否能真实模拟现实、是否具有强解释力。

区域旅游合作参与者个体学习过程引入演化博弈模型问题。参与旅游合作的主体，其策略选择是在何种机制下作出的？是随机决策的？是通过观察分析对方决策的基础上的选择？还是通过观察研究已有的合作或冲突案例，然后结合自己的利益取向和约束条件下的决策？这些问题决定了适应度函数和分析演化博弈稳定性和进行数值模拟等演化博弈分析每个环节。经验观察来看，随机决策的可能性比较小，而观察预期对方的决策并反应和从已有的合作冲突案例中学习行为方式比较普遍。因此，研究区域旅游合作参与者决策的个体学习过程及机制，将其引入演化博弈模型，构建基于不同学习机制下的合作冲突演化博弈模型，极其重要，是本课题研究的重点。

二、研究方法与技术路线

（一） 研究方法

本课题核心研究方法是以演化博弈论建模。根据区域旅游合作与冲突演化发展呈现的不同机制，选择不同的建模方法：在基于福利型中央政府与基于理性人假设的地方政府关于区域旅游合作的政策演化博弈方面，本课题采用变异机制下的合作演化综合模型进行分析；基于理性人假设的地方政府之间的演化博弈，采用复制者—变异者模型进行分析；对于异质性旅游企业，如景区、旅行社（包括地接社与组团社之间）、酒店、旅游交通企业之间基于横向和纵向产业链的演化博弈，则引进与现实一致性、相关性强学习机制，来描述其动态决策过程和策略选择空间。与社区居民（分城市社区和农村居民）进行演化博弈分析时，则采用无意识、强意识及模仿学习模型。

（二）技术路线

根据当前管理学主流研究范式，采用"问题—建模—实证—政策建议"的技术路线，主要包括以下几个步骤：一是现实问题剖析，利用演绎与归纳逻辑方法，以武陵山旅游合作区为案例地，分析区域旅游合作的历史过程，再与其他旅游合作区对比分析，总结提炼出旅游合作区基本演化发展路径规律，以及当前旅游合作产生冲突行为的主要形式和初始逻辑起因和演化发展特征。二是建模假设，基于旅游合作与冲突的演化发展路径规律，确定合作与冲突决策主体的有限理性和异质性假设。三是建构演化博弈模型体系，构建区域旅游合作的演化博弈的一般框架模型，包括基于选择变异机制的合作演化综合模型、基于策略随机变动的复制者—变异者模型；基于个体学习机制的智能优化、神经网络、无意识学习、模仿学习、强意识学习、网络演化和合作进化机制模型，形成一个分析区域旅游合作内在演化机制的模型整体。在一般框架模型分析的基础上，针对演化过程中产生的三类冲突（同质资源抢夺、客源市场争夺、飞地与社区冲突）进行特殊分析。四是参数分析与治理策略，对当前理论界和实际中提出的治理策略的绩效进行一一验证评价，并有针对性地提出新策略，见图1-12。

三、案例选择：武陵山旅游合作区

本研究选择武陵山旅游合作区为案例地并与中国其他区域旅游合作区进行比较分析，主要基于四点理由：一是武陵山片区区域发展与扶贫已被确立为国

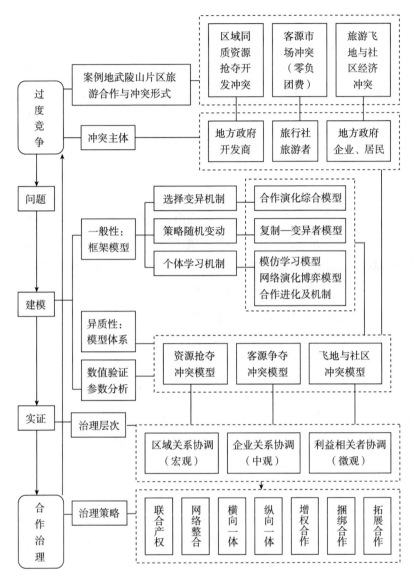

图1-12　技术路线演示

家发展战略,在国家制定的片区发展规划中首推区域旅游合作。武陵山片区包括湖北(恩施土家族苗族自治州等)、湖南(湘西土家族苗族自治州、怀化市、张家界市等)、重庆(黔江等7个县区)、贵州(铜仁市等)四省市交界地区的71个县(市、区),集革命老区、民族地区和贫困地区于一体,是跨省交界面大、少数民族聚集多、贫困人口分布广的连片特困地区，也是重要的经济协作区。2009 年《国务院关于推进重庆市统筹城乡改革和发展的若干意见》提出成立国家战略层面的武陵山经济协作区，2011 年 11 月正式启动"武陵山片区区域发展与扶贫攻坚试点"工作。由于片区内聚集有世界著名自然遗产地张家界、历史文化名城凤凰古城、佛教圣地铜仁梵净山、风景名胜黔江小南海等丰富旅游资源，旅游发展对当地扶贫带动效应很大，因此，推动这一片区进行旅游合作，成为这一片区国家战略的核心工作。二是武陵山片区的经济合作特别是旅游合作虽然推进了多年，但合作绩效欠佳，各种合作冲突与矛盾暴露得比较充分，且具有典型性，可为其他旅游合作区冲突的解决作示范。早在 1986 年，就成立了"湘鄂川黔渝武陵山区县市区政府经济技术协作"发展规划；1990 年 12 月市湘鄂川黔四省市边区地方政府又成立了"湘桂黔渝毗邻地区经济技术协作区"政府联席会，一直延续到 2010 年，10 年中总召开 16 次联席会，商讨和解决包括旅游合作在内的经济合作问题。武陵山区各省市内部也强化区域合作，如 2003 年湖南省实施了怀化市、湘西州、张家界市的大湘西合作开发战略，2009 年又推出"大湘西旅游经济协作区合作联盟"。但由于行政区经济割裂、各地旅游发展不平衡、基础设施差、经济发展底子薄弱，区域旅游合作成效一直不理想，反而是旅游资源抢夺性开发、客源市场争夺、旅游经济飞地与社区的矛盾冲突接连暴露，影响区域关系，不利于经济发展和社会稳定，因此，值得理论界和实际工作部门高度重视。三是选择研究武陵山旅游合作与冲突这一问题具有地域优势和人脉优势。课题申请人地工作单位吉首大学，位于武陵山腹地吉首市，课题主持人和成员都是学成归来的本地出生学者，熟悉当地土家族、苗族等多民族语言和风俗习惯，访谈、调查搜集信息资料不存在沟通障碍，且多年来长期关注当地的旅游合作与产业发展动态，并展开理论研究，一直与当地政府和旅游企业保持密切联系，容易得到当地政府、企业和普通群众的大力支持，有助于课题调研。四是选择武陵山典型的旅游区调研，以点带面，既降低调研的成本和难度，又能整体把握。

四、研究的可行性分析

由于不完全信息与有限理性条件的短视行为，区域旅游合作与冲突决策的参与主体之间的策略反应是一个不断试错、不断调整的动态过程，因而表现出生物进化学的特征，采用演化博弈工具来研究更符合现实情况，具体原因有四：一是演化博弈的理论假设和策略选择机制与区域旅游合作、冲突演化机制符合性极高。区域旅游合作与冲突本身就是演化博弈的特殊观察案例，其特殊性主要在于决策主体的空间属性影响博弈决策分布，将空间属性作为加入演化博弈一般分析模型，是本课题研究的基本任务。二是演化博弈论的动态演化机制研究，为区域旅游合作与冲突的研究提供了很好的分析基础。当前演化博弈基本形成了较为成熟的分析体系，可以选择与区域旅游合作与冲突高度相关的模型，加入区域旅游合作特殊问题的变量，进行演化博弈分析，建模工作量减少很多，也容易突出其特殊模型的特殊用途。三是演化博弈论基于智能优化算法和神经网络学习机制、个体学习机制等方面的研究模型，能较好的模拟区域旅游合作与冲突参与方决策学习机制。四是演化博弈框架下合作的进化及合作机制研究，为区域旅游合作与冲突研究直接提供模型样本和参照系。如亲缘选择、直接互惠、间接互惠、网络互惠、群组选择等进化机制，对区域旅游合作与冲突的研究有直接意义。

本研究利用演绎与归纳逻辑方法，总结提炼当前旅游合作产生冲突行为的主要形式和初始逻辑起因和演化发展特征，并在合作与冲突决策主体的有限理性和异质性假设下，构建区域旅游合作的演化博弈的一般框架模型，引进特殊解释变量，模拟区域旅游合作与冲突的真实场景，进行演化博弈的稳定性和参数分析。本课题研究目的明确、研究内容翔实、技术路线符合当前管理学主流研究范式、成果形式可观、对研究内容的重点难点问题有充分把握，解决方案兼顾了科学性和可行性。

| 第 二 章 |

区域旅游合作与冲突的演化博弈分析框架

进行区域旅游合作的博弈分析，需要一个总的分析框架。本章先分析区域旅游合作的博弈论定义，然后讨论确定博弈论分析模型的基本约束条件，最后构建一个总的分析模型，为后续章节做准备。

第一节　区域旅游合作概念的多视角多维度认知

科学研究的起点，是从理清基本概念开始的。不同的视角，理论基础不同、研究工具不同、研究方法不同，对学术概念的认知是不一样的；在同一视角中，认知维度的不同对同一概念的认识存在着差别。

一、区域旅游合作概念的多视角表达

对于"区域旅游合作"概念认识的视角是多维和动态演变的。薛莹（2001）认为区域旅游合作是指区域范围内不同地区之间的旅游经济主体，依据一定的章程、协议或合同，将资源在地区之间重新配置、组合，以获取最大的经济效益、社会效益和生态效益的旅游经济活动。薛莹这一定义被广泛引用。梁艺桦和杨新军（2004）从系统学视角为区域旅游合作定义，即区域旅游合作是具有区域性相互联系、相互作用、相互依赖的各个旅游主体单元与在它们之间流动的各种旅游资源要素形成有机运行系统，并不断促使系统"整合功能"日趋增强和发展的演化过程。莫帮洪和史本凤（2005）认为区域旅游合作是在一定区域范围内，旅游经济主体打破行政体制和区划的限制，据契约整合和优化旅游系统各个要素的配置，从而提高该区域范围内旅游产品的整体质量，以便获取最大综合效益的旅游经济行为。卢亮（2005）从区域旅游适度整合的角度认为，即在保持原有

的经济、社会、生态效益不被破坏的前提下，对区域内各个旅游单体的人、财、物等资源以及相关要素进行合理、系统地规划与配置，以期互惠共赢，并在达到临界规模之前实现整体效益最大化的行为。吴军（2007）认为，区域旅游合作是基于某种利益，不同区域主体之间，采用一定的约束形式，在旅游经济活动范围内进行的各种合作。乌兰（2007）认为，区域旅游合作是指不同区域旅游主体（政府、旅游企业）为适应旅游经济全球化的发展需要，以旅游资源有效整合为主要手段的合作关系。王雪芳（2008）认为区域旅游合作是从旅游的经营规律和特点出发，跨越不同社会制度、不同国家、不同省份等的行政区划间的限制，充分发挥各地区旅游的优势、特色，精心组织旅游线路和产品组合，共享客源市场，逐步形成相对发达的旅游协作区域。何小东（2009）区域旅游合作是以区域优势互补为基础，解决旅游资源的不可转移性和旅游者选择性之间矛盾的一种区域旅游发展格局。崔晓明（2010）认为区域旅游合作是可打破地域壁垒，合理配置和利用旅游资源，以丰富合理的旅游产品供给满足旅游市场多样化需求，获得合作区域旅游发展的双赢；形成由不同行为主体和不同类型的产业要素等在区域范围内相互联系和作用，并在合作过程中不断调整、演化而趋向各项资源得到最优配置利用、获得最佳综合效益的有机系统。王兆峰（2018）从跨界旅游的角度分析，区域旅游合作是指跨不同行政边界的区域间的旅游经济主体，根据相关政策、协议以及达成的共识在不同的地区将旅游相关资源进行合理的再分配，以提高区域旅游绩效水平、实现旅游产业的全面可持续发展。贺小荣（2018）区域旅游合作是通过资源共享、市场共建、营销合作等多种新兴的合作形式，将区域内的旅游资源、资金、业态等要素整合在一起，发挥其资源优势和市场优势，从而实现资源互补、市场互动，形成区域性的特色旅游产业集群。这些定义，可用图2－1进行比较。

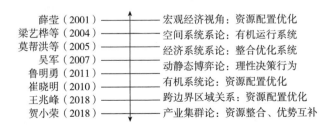

图2－1 区域旅游合作的多视角认知

二、区域旅游合作内涵的多维度认知

深入分析上述学者的定义，发现学者们对区域旅游合作是从区域、主体、前提、行动和目的等维度进行定义的。在合作区域界定维度方面，区域旅游合作发生在区域范围之内、发生在区域范围之间或包括它们两者三种观点，而这种观点目前存在争论。宋子千（2008）从研究认可度、历史发展、比较交流角度，论证了区域旅游合作应该是区域间的合作。在合作主体维度方面，虽然表述各不相同，有"旅游经济主体""旅游主体""区域主体"，但其具体所指已基本统一，认为是政府、企业、非政府组织，主要的分歧是主体在合作中所处的地位和关系。有合作依据维度，有契约论和系统论两种，契约论认为旅游合作形成要遵守一定的约束条件（共同遵守的章程、协议、合同、契约）；系统论认为主体和要素间相互联系、相互作用、相互依赖。系统论的观点与前述契约论观点并不形成竞争关系。在合作行动维度方面，合理的整合、优化区域旅游资源或系统，基本达成为共识。在合作目的界定方面，获得综合性的最大化的效益成为共识。如图 2 – 2 所示。

薛莹（2001）	区域范围内	旅游经济主体	章程、协议或合同	资源配置	最大化效益
梁艺桦（2004）	区域系统	旅游主体；旅游资源要素	相互联系、相互作用、相互依赖	形成有机运行系统	系统整合功能增强和演化
莫帮洪（2005）	区域范围内	旅游经济主体	打破行政区划的限制；契约	整合优化旅游系统	获取综合效益
吴军（2007）	区域之间	区域主体	一定的约束形式	旅游经济合作	提升产业竞争力
崔晓明（2010）	区域范围内	不同行为主体	打破壁垒、合理配置和利用	调整、演化趋向	最优利用、最佳效益
鲁明勇（2011）	旅游区域	决策主体	对方决策为变量	有理性行动	决策利益最大化
王兆峰（2018）	区域间	经济主体	达成共识	资源再分配	提升旅游绩效、实现可持续发展
	区域界定	主体界定	依据界定	行动界定	目的界定

图 2 – 2 区域旅游合作定义的视角与维度

（一）区域空间维度

区域旅游合作，是区域之间的一种关系，而区域作为空间概念，本身并不存在合作问题，合作是区域旅游发展中的利益主体之间进行的合力协作行为，因此，应从主体的区域归属来对区域旅游合作进行区域界定。具有区域归属的主体只要具有现实的或潜在的利益冲突，有可能合作或竞争，无论它们是归属于某个区域的内部，还是归属于两个或多个区域之间，都属于区域旅游合作的主体。进而从现实来观察，旅游合作行为在经济区域、行政区域、自然地理区域等各种不同区域均有发生，在连续区域或间断（间隔）区域之间、连续或间断（间隔）区域内部均有发生，这样看来，把区域旅游合作局限于区域内部或区域之间，都是有失偏颇的。

需要特别指出的是，"区域旅游合作"和"旅游合作"具有外延上的区别。主体围绕旅游而产生的合作行为，属旅游合作，包括具有区域空间距离的主体间旅游合作（区域旅游合作）和区域空间很小甚至没有空间距离的主体间旅游合作（非区域旅游合作）。严格来说，主体间都是有距离的，没有任何空间距离的主体是不存在的，在一座楼内紧挨一起的两家旅行社，还是有一墙之隔。但一墙之隔的旅行社进行合作可视为"区域旅游合作"吗？显然不对。这说明属于区域旅游合作的主体，应该保持一定的空间距离，那么到底要多远的距离，才属于区域旅游合作呢？同一座城市不同分区不同街道的旅行社合作算不算？目前很少有学者指出区域旅游合作的主体间应该保持的基本距离，这里可以参照对"旅游"的空间定义来确定区域旅游合作的主体空间距离。旅游的技术性定义对距离的认定通常以"常住环境"范围为依据，世界旅游组织建议的距离是以离开常住环境 160 千米。可参照这一标准，区域旅游合作主体的空间距离也确定为 160 千米，即从统计上看，凡是超过 160 千米距离的主体之间存在合作，就属区域旅游合作（库伯，2006）。

（二）合作主体维度

学界对区域旅游合作的决策主体是政府、企业和非政府组织的认识基本达成一致，主要的分歧在于决策主体在合作中所处的地位和关系。从理论与实践的矛盾角度，薛莹（2001）认为从理论上讲企业应该是区域旅游合作的主体，但在旅游合作中长期起主导作用的是政府，政府是合作的第一主体，企业是第二主体。从市场主导的角度，朱彬和刘谨（2005）认为政府主导模式会从三个方面制约旅游开发区域合作：一是政府主导必然以行政区域分割为主要特征；二是导致旅游开发往往依赖地方政府领导的个人喜好；三是容易将旅游开发异化为政绩工程，因此应当确立市场主导开发的新模式，通过市场这只"看不见的手"来整合资源，促进旅游的区域联合协作，以寻求产业效益最大化；葛立诚等（2007）从主体合作中不同功能的角度认为政府、企业和非政府组织是三个不同层面上的合作主体，政府是规划、调控和规范层面上的主体，企业是旅游经济运行层面上的主体，非政府组织是在政府和市场失灵层面上的合作主体，它们在不同时点上，地位和作用不尽相同。当潜在的区域旅游合作的收益无法在现有的制度安排内实现时，政府层面的合作是最为关键的；反之，则企业层面的合作往往具有更为重要的意义。在既定的制度条件下，合作利益难以实现或其帕累托改进难以有效时，政府及其合作往往具有主导性的作用；反之，则企业及其合作应成为推动区域旅游合作的基本力量；宋子千（2008）从旅游合作的推动角度，举出了消除体制障碍、旅游业共同性质、合作的区域性特征等几个方面的因素，都体现政府第一主体地位；罗洁（2009）从合作主体的关系来看，区域旅游经济发展不是由单一主体或其单一行为所决定的，而是多种主体及其"合力"作用的结果，指出政府是区域旅游合作的重要主体，却并非唯一主体，企业和非政府组织同样是不可或缺的；刘晗（2009）基于区域旅游合作的市场化进程的不断深入，认为随着市场合作机制的不断完善，政府的主导地位逐渐弱化，企业的主导地位不断增强，从长远看来企业才是区域旅游合作的核心主体。

上述相异认识由于角度不同，结论也不一样。要在政府、企业和非政府组织之间硬性排定一个第一、第二的地位，应无必要。无论是推动合作的角度、理论与实践矛盾角度、市场角度还是主体功能角度，都得观察合作的实际效果。

如果从合作行动最终实现或具有合作实质效用的角度来看，企业是实质性合作的关键性主体；政府和非政府组织是合作的引导、规划、支持、促进、规范、指导、管理、咨询的辅助性主体。因为企业是经济活动中资源配置的执行主体，经济合作行为是需要通过企业来实施的，政府签订再多的协议合约、给再多的政策，非政府组织再热心的倡导和推动，也需要企业去落实。企业是求利的，企业认为区域之间合作有利可图，政府不给政策甚至阻碍，也会想方设法冲破障碍谋求合作；如果无利可图，政府再给政策、再推动，非政府组织再热心地倡导，企业只会采用应付式或敷衍式的合作，不会有实质性的合作行动。这就是有些地区的政府和非政府组织倡导旅游合作多年，但合作的实际绩效很差的原因，北方 10 个省份的合作 12 年来仍然停滞在交易会阶段就是明证。

（三）合作依据维度

合作行为重要的一环就是合作各方要达成一个协议，并在合作过程中遵守协议，这是区域旅游合作的基本依据。这个协议可以是正式的，也可以是非正式的。协议中，要明确合作各方的分工和权利义务，包括行动任务、目标、利益和风险分享比例。

从博弈论的角度来看，区域旅游合作协议是否达成，是区分合作博弈和非合作博弈的关键。张维迎认为："合作博弈和非合作博弈之间的区别主要在于人们的行为相互作用时，当事人能否达成一个具有约束力的协议。如果有，就是合作博弈；反之，则是非合作博弈。合作博弈强调的是团体理性，强调的是效率、公正、公平。非合作博弈强调的是个人理性、个人最优决策，其结果可能是有效率的，也可能是无效率的"。由此看来，将合作博弈简单地理解为合作行动，将非合作博弈理解为竞争行动，显然是不妥当的。

合作博弈与非合作博弈并不是根据主体对于合作的态度来划分的。因此，并不是说非合作博弈中主体之间就不合作，也不是说非合作博弈不能解释人们之间的合作行为。恰恰相反，非合作博弈要回答的是当无法达成有约束力的合作协议时，参与人之间如何通过理性行为的相互作用达成合作的目的。

（四）合作行动维度

从区域旅游合作的过程来看，合作行动的决策包括两个阶段，如图 2-3 所示。

第一个阶段是合作协议达成前阶段，这时，区域决策主体需要作出合作还是不合作的决策，即在约束条件下以对方的行动为变量判断是合作还是不合作，如果各方都选择合作，当然很容易达成一个协议；如果有一方选择不合作，则无法达成协议。在这一阶段，主体进行区域关系决策时的行为选项共有两种：合作或不合作，需要强调的是，不合作不一定就是对抗性竞争。合作和

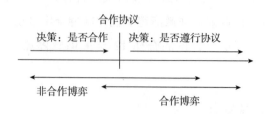

图 2 - 3　合作行动的决策过程与博弈论工具

竞争是区域关系的两种极端行为，它们之间还存在第三种状态：既不竞争也不合作。黄少安（2000）把这种现象根据其差异程度分别归于竞争或合作中，再在竞争与合作中，细分为"强竞争""弱竞争""强合作""弱合作"等。当然，如果把合作行为作为基准分析点，则可以将"非竞争、不合作"这种中间状态和竞争行为都归为"不合作"。

第二个阶段是合作协议达成后的阶段，区域决策主体需要完全遵行协议、部分遵行协议或不遵行协议的决策。各方都遵行协议，合作则有可能成功；各方没有完全遵行协议、一方或几方不遵行协议，对合作成功都有极大影响甚至导致合作失败。根据博弈论思想，第一阶段，用非合作博弈工具研究可能要多一些；第二阶段，用合作博弈工具研究得要多一些。特别需要指出，并不是说非合作博弈就不能研究合作问题，或合作博弈就不能研究不合作问题。

（五）合作目标界定

从主体视角来看，区域旅游合作的目标，无疑是合作决策主体纯收益的最大化。然而仅从团体理性的角度上分析区域旅游合作是不够的，这需要从个体理性和团体理性两个方面来分析。

当个体理性与团体理性一致时，合作主体各方的得益取决于合作协议规定的份额，合作也能取得较高的效率。许多学者分析研究旅游区域关系时，把各个区域看作一个组合的整体，然后在"集体理性"的基础上，得出区域旅游合作是区域关系的优势选项结论，即旅游区域之间通过合作能带来最大化利益或效用，如涂人猛（1994）认为合作有三种效应：共生效应、互补效应、整体效应；尹贻梅（2003）认为有五个好处：一是提高整体实力，实现全局共赢；二是资源共享，获得成本优势；三是市场互换，保证稳定客流量；四是增强抗风险能力；五是营造适宜的"旅游空间"迎合旅游需求发展趋势。

但政府和企业等合作主体的"个体理性"不一定与上述旅游地的"集体理性"一致，政府和企业更多是从自身利益的角度来决定合作或竞争的决策选项，从而造成"集体理性"和"个体理性"的矛盾，使合作主体陷入"囚徒困境"。换言之，区域旅游合作带来的良好整体效用，并不一定能成为政府或企业选择合作行为的决定因素或激励因素，追求自身利益最大化的个体理性也应该是决策主体选择合作行为时不可忽视的重要因素。

当个体理性与团体理性不一致时，博弈各方将处于纳什均衡状态，即在甲方无论采用哪一种策略的条件下，乙方的策略都是最优的。这时，合作的结果可能是有效率的，也可能是无效率的。

三、区域旅游合作的博弈论定义

在博弈论视角上，根据旅游合作内涵的五个维度，本课题认为区域旅游合作是区域旅游利益相关的决策主体（政府、旅游企业、非政府组织、社区居民、旅游者），在约束条件下，相互把对方决策选项作为变量，作出是否达成合作协议或达成合作协议之后是否履行协议的决策，实现利益最大化。首先，这里的"合作"定义为决策选项序列，即恶性竞争（冲突）、良性竞争（弱对抗）、不合作（不相往来）、消极合作、积极合作；其次，这里的"区域"定义为"凡超过160千米距离的主体之间存在的合作就属区域旅游合作"，依据是世界旅游组织（World Tourism Organization）认为离开常住环境160千米才属于旅游。很明显，从博弈论角度来看，区域旅游合作被视为主体决定区域关系的决策选项。

第二节　区域旅游合作的属性及约束条件

一、区域旅游合作的属性

根据区域旅游合作概念的界定中可以发现，空间及其关系是区域旅游合作的基本属性。从博弈论来看，协调空间竞争与合作关系，核心问题是解决空间个体理性和集体理性的矛盾，而且这一矛盾协调解决绩效优劣，主要受制于区域旅游合作的约束条件。

（一）空间地缘关系属性

人类个体或个体组织的力量是相当有限的。远古时代，人类为了生存，结成群体，展开合作，以群体力量对抗大自然和竞争者。从个人到结成家庭合作，从家庭结成氏族群体合作，从氏族群形成大的民族和国家，不断地以群体力量求得生存和发展，不断提高劳动生产力，人类社会也在不断进步。合作是群体成员为了实现各自的目标，在充分认识到彼此目标间差异的基础上，"异中求同"进行广泛的、全面的协同工作行为。它有四个基本要件：一致的目标、共同认可的社会规范和群体规范、相互信赖、物质基础（包括合作沟通方式，空间上的最佳配合距离，时间上的准时、有序）。

按合作双方的地理距离可将合作分为空间合作和非空间合作。区域旅游合作显然属于空间合作。空间经济合作除了具有一般经济合作的特性之外，空间属性是区域经济合作行为的基本属性，是区别于其他经济合作行为的主要特征。由于空间的存在，合作各方会在合作过程产生非空间合作所不存在的空间合作成本。例如，在某工厂流水线上的两个工人之间，合作的空间成本几乎为零；但两个地区旅行社的导游要合作，他们的合作空间成本至少在交流沟通方面就需要通讯费。区域旅游合作的空间成本，至少包括空间经济距离成本和空间文化差异成本。空间经济距离成本会影响合作的四个基本要件里的物质基础要件，包括人员往来运输成本、通讯成本、滞时成本等方面；空间文化差异成本会影响合作四个要件里的"一致目标"的达成、是否能形成"共同认可的社会规范和群体规范"、建立"相互信赖"的情感基础。这两种成本都会影响合作参与人的博弈结构，见表2-1。

表2-1　　　　东西方文化差异影响合作参与人博弈结构的典型因素

区域	东方	西方
情感与理性	重情感	重理性
冲突态度	设法回避冲突	勇于面对冲突

续表

区域	东方	西方
表达方式	表达委婉，面子观强	表达直接，实话实说
目标	企求绝对平均	追求相对平均，强调机会均等
惯性	习惯按特殊提供方便	习惯按规则规范行为
规则	正式规则装点门面，行事往往用潜规则	按正式规则行事
解决方式	讲集中多一些	讲民主多一些
诉求	找政府官员解决冲突多一些	找法官解决冲突多一些

　　一般的区域经济合作，可以加速合作区域之间的资金价值流、产品物流、知识技术流、各种人流。要素在区域间的快速流通，引起要素增量，发生规模效应，就会促进区域经济的增量发展。区域旅游除一般区域经济合作的要素之外，其主要特点是通过区域旅游合作制造旅游人流增量。旅游人流增量是区域旅游合作的目标，也是合作成功的标志。为了增量旅游客流，才会产生资金价值流（投资增量）、产品物流（消费增量）、知识技术流（管理增量），或发生了旅游客流增量之后，产生资金价值流、产品物流等。旅游行为受时间稀缺资源、空间稀缺资源和用于旅游的可支配收入三个因素的约束。在时间和用于旅游的可支配收入一定的条件下，旅游者产生对稀缺的空间资源（旅游产品）的需求，而这些空间资源（旅游产品）分布在各个不同的区域，这就要求满足需求供给者，将这些资源组合起来，提供给旅游者。区域旅游资源的组合，就需要区域主体进行合作，这就是区域旅游合作的动因。

（二）个体理性与集体理性

　　很明显，区域旅游合作属于群体合作的博弈问题，这要涉及群体、非完全共同利益群体、博弈、非完全共同利益群体合作博弈等概念。所谓群体，就是具有个别利益要求的存在某种联系的个体集合；张朋柱等（2006）认为，非完全共同利益群体就是在一个由多个利益主体构成的群体内，群体成员既存在共同利益，也存在相互冲突的各自利益目标。非完全共同利益群体合作博弈是在非完全共同利益群体中，存在促进群体成员合作的具有约束性机的博弈，即在合作大前提下的博弈。图2-4罗列出了区域旅游合作主体差异。

图 2 - 4　区域旅游合作主体的利益比较

　　区域旅游合作主体的共同利益或公共目标是存在的。如果各方通力合作，可以预期各旅游区域会产生增量游客，增量游客可以带来增量收益，政府获得了税收，企业获得利润、当地居民获得收入。合作带来的增量游客和增量收入就是共有利益。区域旅游合作主体的利益并非完全相同。政府和企业在个体理性下决策获得的效用结构是各不相同的。理论上看政府应是社会群体利益的代表，可是政府是由官员执行行政权力的，政府的理性行为绝大部分表现为官员的理性，而政府官员在"个体理性"下追求的是合作决策带来政绩①，即决策产生良好的效应从而增加政治晋升的可能性。政绩又来源于对地方利益和全局利益的增进。政府在对待地方利益和全局利益的处理上，往往重视地方利益而不愿意选择有助于全局利益提升的合作，这是因为在决策相互影响的条件下，政府官员担心合作行动增加了合作另一方政府的收益，在政治晋升博弈中处于不利地位，危及自身晋升的机会。在区域旅游合作决策上，政府官员首先在权衡合作决策能否比不合作带来更多地区利益的时候，还要权衡合作是否会增加另一方的政绩而危及自身的晋升机会。因此，我们看到在不同的时间、区域和合作地位条件之下，政府会在合作与不合作的选择中不断"摇摆"。企业在"个体理性"下追求的是合作决策带来经济利益，如合作增加的旅游收入、节约的成本和增加的利润等，当然企业也关心合作给自身带来的社会整体效用，如增加了良好社会声誉、增加税收、促进合作企业发展等，然而企业的个体理性决定了在经济利益和社会利益（全局利益）之间排序，经济利益是第一位，

---

　　① 关于政府在区域经济合作中首先考虑政绩因素，许多学者有过深入分析，具有代表性的有周黎安（2004）、徐现祥（2007）等，他们认为，当中央政府按照经济绩效（政绩）晋升地方政府官员的情况下，当地方政府官员的努力具有正外部性或正溢出效应时，地方政府会理性的选择区域一体化（即区域合作），从而将正溢出效应内部化，获得更快的经济增长；反之，当存在负外部性或负溢出效应时，地方政府官员会理性选择市场分割（不合作），从而将负溢出效应外部化，以免殃及自身经济增长及相应晋升的可能性。

全局利益被企业视为旅游合作行为的"外部性"来对待，处于第二位。

　　旅游合作的集体理性和个体理性，并不是完全相容的，有时是一致的，有时是不一致的。从相容性的方面看，虽然政府关心的是政绩，如果合作产生的全局利益能带来更多的政绩，而不危及政府官员在政治晋升博弈中的地位之时，政府会选择合作并积极倡导推动；从企业的角度来看，如果合作带来的社会效用能很好地增进企业的直接效益，企业同样会选择合作行为。从不相容性的方面看，合作即使有很高的整体效应，但追求政绩的政府官员如果认为合作会提升另一方政府的政绩而危及自身的晋升机会，政府官员毫无疑问地拒绝合作；从企业的角度看，合作的整体效用再多，但如果企业自身的利益提升得很少，或者在合作整体效用中分配不公，也不会作出合作决策。因此，主体进行合作决策时，是在集体理性下的整体效用与在个体理性下的个体效用之间进行权衡。区域旅游合作的实现也应该是政府和企业等主体进行合作决策带来的整体效用和个体效用相一致时的均衡结果。主体认为两者具有一致性，则选择合作，相反，如果认为不一致，则选择不合作。针对区域旅游合作的这一属性，首先要从群体合作的可能性出发来识别群体的共同利益目标，然后确定合作的利益公平分配方法，以便有利于区域旅游合作过程的顺利发展。

二、区域旅游合作的约束条件

　　区域旅游合作受约束条件的限制，区域之间不同的条件，不仅决定形成合作合作结构与形态，还决定合作的推进效率和可持续性，没有充分分析合作的约束条件，是导致当前旅游合作效率不高的重要原因。

（一）区域通达性

　　区域通达性（交通）是区域旅游发展的关键，区域旅游合作与区域的通达性之间存在着极强的相关性。我国有很大一部分区域旅游合作，发生在毗邻区域之间，一般来说，毗邻地区由于地理位置邻近，空间相距不远，通达性较好，容易形成合作关系；而空间距离较远的区域之间，增加交通成本，合作难度增加。但是这里要强调的是，空间地理距离并不完全决定合作的可能性，而是通达性决定合作的可能性，或者说空间的经济距离决定合作的可能性。现实中，可以看到许多区域虽然毗邻，但通达性不好，交通条件差，区域间的经济联系很少，"鸡犬之声相闻，老死不相往来"虽然是一种极端行为，但说明地理距离并不完全决定合作。相反，有些区域虽然并非毗邻，但通达性好，具备合作的通达性条件，跨区域旅游合作变成可能。宋玉蓉（2009）运用空间网络分析方法，对四川省14各国家历史文化名镇的空间分布形态以及空间网络结构的连接性、通达性等进行分析。认为连接紧密、通达度高的交通网络是区域合作的保障和推动力。汪珠（2010）通过对区域通达性的分析，指出区域通达性的短期改变会放大区域扩展率差异。而长期的、逐步的改善因伴随区域整体发展水平的提高，反而会缩小区域扩展率差异。黄晓燕（2011）选取最短空间距离、最短时间距离、人口加权平均出行时间、经济加权平均出行时间等指标，运用时空距离模型及网络分析方法计算区域的通达性。曹芳东（2012）以长江三角洲城市为研究对象，引入通达度指数，定量分析了城市间交通通达度的便捷程度，在此基础上，借助城市旅游经济联系测度模型，测算了基于交通可达性视域下的城市旅游经济联系强度（总量）和隶属度。钟少颖（2013）采用基于图论的可达性测量方法，试图全面系统地分析高速公路建设对中国城市通达性的总体影响、分阶段影响以及分区域影响。刘承良（2013）以武汉城市圈为例，构建加权时空距离通达性模型，从中心—外围节点通达性和城乡节点与节点通达性两个方面，定量分析武汉城市圈城乡通达性演化及其空间格局。潘彦江（2014）综合考虑交通状态日变化规律、区际联系出入口等级及高速公路、过江大桥和隧道等对通达性的影响，引入路网饱和度模型分析南昌市区区际联系通达性的时空分布特征。李乐乐（2014）以西安市交通网络为实证对象，运用道路密度模型、道路服务指数模型、路网连接度模型和可达性模型构建综合通达性评价指标，从道路体系、节点体系到网络体系三层角度，定量分析西安市交通网络综合通达指标。段德忠（2015）以荆州市112个乡镇为研究区，基于城市腹地范围建立乡镇通达性评价体系，自上而下揭示了2000～2011年荆州市乡镇通达性的时空演化格局。刘建军（2016）以广州市地铁网络和公路网络为对象，运用重力度量模型、道路核密度模型、地铁站服务指数模型和最短距离模型来构建综合通达性，分析广州市中心区和周边区综合通达性的空间特征。殷江滨（2016）在新古典增长模型基础上，构建城市增长趋同的空间计量分析模型框架，利用1990～2012年中国 273 个地级以上城市数据，探讨城市间通达性和口岸通达性的改善对城市经济趋同的影响。刘承良（2017）基于 2000～2014 年荆州市道路网空间数据库，重构最短通行时间通达性模型，定量刻画荆州市乡镇综合通达性的时空演化格局。申怀飞（2017）利用 GIS 空间分析工具，选取最短时间矩阵、最短路径矩阵、路网密度及通达性系数等指标，对中原经济区干线公路路网通达性进行分析。杨春华（2018）以京津冀和长三角两个地区为研究对象，通过对比铁路通达性变化及其对旅游业的影响，进一步证实铁路通达性水平的提高深刻影响着区域旅游业的繁荣与发展，并且这种影响作用还将在未来继续显现。

通达性受区域内和区域间交通网络结构的影响。在研究交通网络时，一般用运网密度衡量地区交通运输发达状况，运网密度是地区各类交通线路的总长度与地区总面积之比值，因此运网密度越大，地区交通运输通达性越强；反之，地区交通运输通达性越差。但运网密度只能用来概略比较地域间运输水平的差异，不能回答运网中点的连接状况和它们的通达性。美国经济学家伦斯基（R. J. Ransk）用交通图中点与点之间连线的数目（e）与点（v）的数目之比值来衡量运网连接程度，这个简单的指数叫 B 指数（即连接率），其公式为：

$$\beta = \frac{e}{v}$$

在交通网络中，β 指数越大，连接情况越好，交通运输越发达。当 β 在 0 与 1 之间时，线路数目小于点的数目；β 为 1 时代表一个以单一回路连接的网络；当网络包含几个回路时，它的 β 指数必然大于 1，表示出高度通达性。

η 指数用来衡量网络的伸展程度，它是网络总里程（k）与网络中线路数（e）的比值，当一个网络发展时，随着节点间的平均距离的减少，该指数会相应变小。

$$\eta = \frac{k}{e}$$

衡量网络连接水平的指标还可以用环路指数 μ，它反映了网络中环路数，其值越大，网络中回路越多，网络越完善。其公式如下：

$$\mu = e - v + p$$

其中 p 表示网络个数。实际成环率 α，实际结合度 γ 分别反映了网络的实际成环水平和线路的实际结合水平，α 越大，说明现阶段网络回路越多，网络越发达，γ 相反，其值越小，说明网络结合潜力越大。

$$\alpha = \frac{\mu}{2v - 5p}$$

$$\gamma = \frac{e}{3\ (v-2)}$$

运网中某一点的通达性是指网络中该点到其他各点最短径道所经过的线路长度的总和（时间），其表达式为：

$$A_i = \sum_{j=1}^{n} D_{ij}$$

其中 A_i 表示 i 点的通达性，其值越小，通达性越好；代表交通网络中 i 点以外的其他点的数目，其值等于 1，2，…，n，D_{ij} 表示 i 点到 j 点最短径道所经过的交通线路长度（时间）。很显然，运网的连接程度越低，通达性越差；连接程度越好，通达性越好。

（二）资源禀赋

区域之间的旅游资源性质是影响旅游合作的重要因素之一，旅游资源丰度和旅游资源的差异度是从旅游资源性质角度决定区域旅游合作成败的核心指标。旅游资源越丰富，提供的旅游产品品种和类别就越多，旅游合作的条件就越好，合作成功的可能性就越大；旅游资源的差异度对旅游合作具有极其重要的影响，一般认为区域间同质性旅游资源开发容易引起激烈竞争，而异质性资源开发则可以形成互补的合作关系。

1. 旅游资源丰度

许多学者研究了旅游资源丰度的数量测定，如王凯（1998）选择国家级风景名胜区、自然保护区、森林公园、历史文化名城、重点文物保护单位5类指标，定量分析了中国的31个省（自治区、直辖市）旅游资源的绝对丰度、相对丰度、组合指数和整体优势度。吴殿廷（2002）按世界自然文化遗产名录、国家级风景名胜区、自然保护区、森林公园、历史文化名城、中国旅游胜地40佳、中国绝奇美胜35景、全国重点文物保护单位等10个指标，归纳整理了西部12个省份的旅游资源，定性评价了西部各省份旅游资源丰度。孙根年和冯茂娥（2003）利用国家旅游局2000年推出的全国旅游景区（点）质量4个等级（4A，3A，2A，A）评定，进行加权综合，确定旅游资源丰度，其模型为：

$$R = 2.5X_1 + 1.5X_2 + 0.75X_3 + 0.25X_4$$

其中，X_1，X_2，X_3，X_4 分别为 4A，3A，2A，A 景点数；2.5，1.5，0.75，0.25 分别为 4A，3A，2A，A 景点的权数；李连璞（2008）以国内的 31 个省份为单位，采用旅游资源丰度、接待国内游客数量及国内旅游收入三项指标对区域内要素进行比较分析，试图发现区域内各指标之间的组合特点；进而按"旅游资源—游客数—旅游收入"组合关系对区域进行类型划分。刘丽梅（2009）根据野外调查和查阅相关文献资料，从资源丰度、品质、空间分布以及特色定位上分别对杭棉旗旅游资源进行评价分析。孙根年（2013）采用提出的加权模型计算各地级市旅游资源丰度的基础上，以国家旅游局公布的 A 级旅游资源为准，定量分析各地市旅游资源丰度。程晓丽（2015）选取国内旅游收入、3A 级以上旅游景区及典型乡村旅游资源数量、3 级以上各类公路通车里程数作为衡量 16 个地级市旅游收入、资源丰度和旅游区位水平的指标，利用上述数据计算出各市的资源丰度指数。程晓丽（2017）以皖南国际文化旅游示范区为研究对象，从文化与旅游融合发展的视角，通过构建区域文化资源丰度评价指标体系，对示范区各地市文化资源丰度进行测度；我们认为孙根年、冯茂娥的测定模型使区域旅游资源丰度的测评具有统一性和可比性，同时简化计算、避免重复，是较为科学的一种评价模型。

2. 旅游资源空间差异度

旅游资源差异度与区域旅游合作密切相关。一般认为，旅游资源差异度①大的区域之间，容易形成合作，即互补性合作；而资源差异度小或同质资源的区域，形成合作难度大，更多的是竞争，既使存在合作，也往往是竞争性合作。这是否表明，异质性旅游资源区域之间就一定会合作，而同质性旅游资源区域之间就一定会竞争呢？这不一定。其实旅游资源的差异度与区域旅游合作之间的关系还受空间距离的影响。区域间"远交近攻"的态势在现实里非常普遍，即旅游资源和产品如果离得近，虽然是异质性的，也会造成激烈竞争；如果近距离同质，则竞争更激烈。如果旅游资源和产品离得远，虽然是同质的，反倒会形成合作关系。由此看来，区域旅游合作可能性、旅游资源差异度、空间距离三者之间存在着内在的关系。描述旅游资源空间集中度的有空间

---

① 一般用"接近律"与"接近替代"、"相似律"与"相似替代"来衡量旅游资源的差异度或同质性。

基尼系数，是地理学中用来描述离散区域空间分布的重要方法，它可以用于刻画空间要素的分布。理论上，基尼系数介于 0 和 1 之间，某空间要素的基尼系数越大表明其集中程度越高，基尼系数的测算公式如下：

$$Gini = -\frac{\sum P_i \ln P_i}{\ln N}$$

$$C = 1 - Gini$$

其中，$Gini$ 为基尼系数；C 为分布均匀度；P_i 为空间要素在个分区所占的百分比；N 为分区个数；N 为区域个数。

由于对旅游资源的空间相似度的研究目前还比较薄弱，我们提出旅游资源空间相似度指标，以定量分析资源相似度与旅游合作的关系。基本方法是这样的：先把各个区域的旅游资源，依据国家标准《旅游资源分类、调查与评价》（GB/T18972—2003）的主类、亚类、细类中的细类法，进行分类，然后把这些细类在不同地区间比较，找出细类相同项，再按下述公式计算出相似度指标：

$$XS = \frac{\sum_{j=0}^{m} S_j j}{\sum_{i=2}^{n} N_i}$$

其中，XS 为旅游资源空间相似度；N_i 为第 i 个区域旅游细类资源个数；S_j 为 $\sum_{i=2}^{n} N_i$ 个细类总和中有 j 个相同细类资源的个数。

（三）经济因素

区域之间的旅游合作涉及基础设施建设、客源地居民的可支配收入、目的地的产品和服务条件等，这一切与区域经济的发展具有重要联系。区域的综合经济实力是决定区域合作各方作出合作决策、在合作团队中的地位及合作利益分配的重要决定因素，既是旅游合作实际行动展开的基础，也是旅游合作得以持续保障的必要条件。区域经济差异、区域旅游资源丰度和同质程度之间相互配合，决定了区域旅游的合作形态，即决定了到底是客源地与目的地合作，还是客源地与客源地合作、目的地与目的地合作；或是强强合作、弱弱合作、强弱合作。

1. 区域经济差异

以人均 GDP 数据为区域经济差异的衡量指标比较常见，如魏后凯早在 1992 年就分析、研究过我国 1949 年后的区域差异。采用多指标综合来研究地区间经济差异的研究越来越多，如熊鹰（2004）等采用主成分分析方法、并选取 14 个经济指标综合评价湖南省各地级市之间的经济差异。张红梅等（2005）构建了一套 5 类 29 项指标体系，用来评价江苏各市县经济发展水平。潘安娥等（2005）构建了武汉市经济社会指标体系，并用主成分分析方法综合评价了武汉市经济发展情况。谢守红（2008）选取 6 项核心指标，采用主成分分析方法，对长江三角洲 15 个城市的旅游经济发展水平进行测算和分类，接着对旅游经济空间差异的形成原因进行分析。韩春鲜（2009）以旅游资源相对丰富的新疆为研究区，通过对 15 个地、州、市的旅游资源禀赋水平分别与旅游经济水平、旅游经济增长速度的对比分析，揭示新疆不同旅游资源优势区的旅游经济发展空间差异水平。宋慧林（2010）以空间关联测度为核心的探索性空间数据分析方法，对我国省域旅游经济差异的变化规律进行分析，以此来探寻影响我国省域旅游经济差异的空间机制。齐邦锋（2010）以 17 地市为研究单位，运用加权变异系数、基尼系数、泰尔指数等方法分析了山东省 2000～2007 年旅游经济差异的时空演变，并对旅游经济差异进行了分解。林水富（2011）以福建省 9 个设区市作为旅游区域差异的分析单元，选取旅游外汇收入作为测度福建省旅游区域经济差异的变量，运用标准差、变异系数等定量指标，分析福建省旅游经济发展的区域差异性。方叶林（2013）在对现有中国市域行政区划略做调整的基础上，选择中国内地各市级行政单元旅游发展相关数据，利用相关软件对 2005 年、2010 年两个时间截面的原始数据进行主成分分析，对市域旅游经济的空间差异进行综合评价。李朝军（2013）指出大量利益相关者群体目标、角色和需求不同，是区域旅游合作的重要障碍性经济因素。不同的成分收益分析方法造成旅游公共部门和私人部门合作的困难。胡文海（2015）分析安徽省区域旅游发展模式，以各市 2001～2013 年的旅游总收入、入境旅游收入和国内旅游收入为基础数据，从时间变化和空间演变两个方面分析安徽省区域旅游经济差异。赵梦元（2016）选取陕西 10 个地级市作为研究单元，依据经济地理学与旅游学相关理论，使用经典区域经济学研究方法标准系数与变异系数，同时运用现代空间数据分析方法，以时间变化为切入点，研究陕西省旅游经济发展的时空差异。彭睿娟（2017）运用 ESDA 方法结合 GIS 软件，以甘肃省 14 个市州作为研究单元，选取人均旅游收入作为评价指标，利用空间分析方法对 2003~2014 年甘肃省旅游经济的空间差异进行了分析。詹军（2018）选取长三角城市群 26 个城市为研究对象，从时空角度分析了旅游经济差异的演化特征和影响因素。乔花芳（2018）利用湖北省 17 个市（州）2001~2016 年的面板数据，综合运用地理空间分析和多元回归分析方法探索区域旅游经济的空间非均衡性演化特征及其影响因素。这些研究为我们分析区域经济差异对旅游合作的影响提供了方法基础。

2. 经济差异与旅游资源的空间组合关系

合作参与各方的强弱势影响合作效果。合作的强弱势包括两个方面的强弱势，一是经济强弱势，区域内强大的经济实力可以提供高端客源和投资资金，形成优良的客源地和招商引资地；二是旅游资源强弱势，区域内有丰富的高品质的旅游资源，来吸引游客，可以形成高品质的旅游目的地和回报率较高的投资项目区。旅游资源丰歉度与经济因素是区域旅游合作形态的决定因素。区域旅游合作的形态有旅游目的地与旅游目的地合作、旅游目的地与客源地合作、客源地与客源地合作三种形态。某区域旅游合作到底属于哪一种形态，或即将开展的合作属于哪一种形态决定于旅游资源禀赋与经济条件。经济强势和资源强势还可以相互转化。

图 2-5 反映了区域旅游合作形态的结构决定。显然，资源优势区形成旅游目的地，经济优势区形成旅游客源地。在第一象限中，I_i（$i=1, 2, \cdots, n$）个区域中某两个或两个以上的区域进行合作，无论是客源地之间还是目的地之间，抑或是客源地与目的地之间，都属于强强合作；第二象限中，II_i（$i=1, 2, \cdots, n$）个区域中个区域中某两个或两个以上的区域进行合作，强旅游目的地和弱客源地的区域旅游合作形态；第三象限则相反，III_i（$i=1, 2, \cdots, n$）个区域属强客源地与弱目的地的合作；第四象限 IV_i（$i=1, 2, \cdots, n$）个区域则属于与第一象限相反的弱弱合作。上述四个象限的合作形式，都可以在实际中找到相应的案例，任何一种区域旅游合作，也都能在上述象限中找到属于自己的位置。资源和经济强弱程度不同，不仅形成不同的合作形态，而且对合作的推进及合作成功，起到非常重要的影响作用。强强合作或弱弱合作，往往能够成功；而强弱合作，往往发生博弈论中所说的"智猪博弈"，弱者会"搭便车"，结果合作无法实现预期效果。

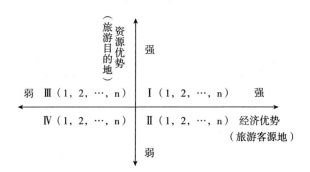

图 2 - 5　区域旅游合作约束条件

（四）文化因素

区域旅游合作空间属性中的文化差异，对区域旅游合作的影响很大，表 2 - 2 中列出了东西方文化差异影响合作参与人的博弈结构的一些典型因素。国内而言，中国通过历史上的历次民族融合大事件，现存 56 个民族，各民族间由于历史沿革、居住条件、宗教信仰不同等多种因素的影响，形成了具有差异性的绚丽多姿的民族文化，这些文化既是旅游发展的基础，同时也会对旅游合作造成积极促进影响和消极障碍影响。但文化差异对区域旅游合作的影响很难度量，特别是要量化文化差异比较困难，张宏伟（2009）对文化差异效应对旅游业的影响进行了量化测度，建立了文化差异与中国入境旅游的基本模型：

$$TR_{jc} = \beta_0 GDP_c^{\beta_1} \left(\frac{GNI}{N}\right)_j^{\beta_2} GD_{ju}^{\beta_3} CD_{ju}^{\beta_4} \varepsilon$$

其中，TR_{jc} 为其他国家以中国为目的地的入境旅游人数；GDP_c 代表中国的国民生产总值；$\left(\frac{GNI}{N}\right)_j$ 为外国的人均国民收入；GD_{ju} 是其他国家与中国之间的地理距离；CD_{ju} 表示其他国家与中国的文化差异，用文化距离来表示。

但上述模型中的 CD_{ju} 较难确定。对区域旅游合作来说，我们假设民族成分越复杂（以民族个数和民族人数）合作行为越难以协调，而单一民族之间，则较容易合作，那么可以确定民族文化差异对区域旅游合作的影响公式如下：

$$WF = \frac{\sum w}{56} \text{ 或 } WF = \frac{\sum Z}{\sum N}$$

其中，WF 为文化差异度；$\sum w$ 表示合作区内少数民族的个数；56 是指我国少数民族的总数；N 为合作区总人口数；$\sum Z$ 表示合作区内少数民族总人口数。

第三节　区域旅游合作的博弈分析基本模型

确定博弈参与人的最终得益（支付），影响支付函数的主要因素及函数结构，是构造博弈模型的要点。我们先对区域旅游合作进行一般均衡分析，然后再根据区域旅游合作的特点，构建博弈论分析基本框架。

一、区域旅游合作的一般均衡模型

从经济学的角度分析区域旅游合作，有两种方法：一种是一般均衡的微观经济学传统分析工具。一般均衡工具分析合作主体的决策时，不考虑与自身有利益冲突的主体的行动，如一个地区的旅行社在分析与另一地旅行社合作时，只考虑在给定的收益和成本的前提下，最大化自己的效用。在这里，旅行社的效用函数是自己的偏好决定的，并不取决于另一家旅行社的偏好与选择。另一种就是博弈论分析工具。博弈论分析合作主体的决策时，主要以自身有利益冲突的其他主体的行动作为决策依据。如上例旅行社决策合作时，取决于另一家旅行社的偏好与选择。

追求利益的理性，促使政府或企业等主体进行是否合作的决策，但合作收益、合作形式，合作结构、合作方式和合作模式等，则取决于各自的约束因素的多少及其组合形式，即约束条件。这些约束条件包括市场需求（即市场因素）、资源的差异性或相似性或同质性，区位条件（交通便捷性）、区域经济背景等。有学者把旅游合作的约束条件当成合作的动力是欠妥当的。区域旅游合作的动力是作用于区域旅游合作主体，使其采用合作行为的力量，而这种力量应该是内在的、内生的，是主体为适应外部环境变化而内在生成的核心动力，而不是外部施加的后方推力、前方拉力或多方向综合形成"矢量力"①。

---

① 区域旅游合作的"矢量力"是勒成等（2006）提出的概念，他们认为区域旅游合作的演化动力是政府调控力、空间生长力、市场作用力三种力量的综合作用而构成的"矢量力"。

内力是区域合作的核心动力，外力是可以凭借的条件，内力决定是否进行区域旅游合作，外力决定合作的方向、程度和绩效。而这种内力就是合作主体的利益，即合作主体在约束条件下的最大化的决策效用。

合作的约束条件对合作效用的影响是非常复杂的，既有单一因素影响也有多种因素互为条件的综合影响。在不考虑主体决策相互影响的条件之下，区域旅游合作行为选择决定于主体能够预期的合作剩余。黄少安（2000）的经济合作剩余决策模型，是作为一般的经济合作决策模型提出的，本文将其进行改造，用以构造不考虑主体决策相互影响下的区域旅游合作决策模型。合作剩余是指合作主体通过合作所得到的纯收益即扣除合作成本后的收益（包括减少的损失额）与如果不合作得到的纯收益即扣除竞争成本后的收益（也包括减少的损失额）之间的差额。对于任何一个主体来说，合作剩余必须大于或至少等于零，否则不参与合作。

市场需求、资源的差异性或相似性或同质性，区位条件（即交通便捷性）、区域经济背景等因素，它们通过影响游客量和影响旅客人均消费水平来影响合作的收益。用 Q 表示游客量；P 表示单位游客消费金额；R 表示收益；U 表示收益减去成本后的纯收益；用 B 表示合作；用 D 表示不合作，可得：

主体选择合作的收益函数：$R_B = P_B Q_B$ （2－1）

主体选择不合作的收益函数：$R_D = P_D Q_D$ （2－2）

式（2－1）的旅游合作收益函数可看作在一定市场需求、资源禀赋、区位条件、区域经济背景等因素约束之下，选择合作而增加的旅游人数而增加的旅游收入。区域旅游合作成本是合作全过程中由合作方承担的成本，包括寻找合作伙伴、谈判、签约（包括非正式契约）、履行等一系列行为的成本。由于合作是多个主体的联合行动，因此合作成本由"共同成本"与"个别成本"两部分组成。合作成本中的共同成本（如旅游区域之间的基础设施建设、旅游线路产品的共同营销费用等）分摊，是区域旅游合作谈判的重要问题，有些情况下可能因为共同成本分摊无法达成协议而影响合作。一个让合作各方都能接受的原则是按各方在合作总收益的所占比例大小进行共同成本分摊，即总成本等于分摊的共有成本加上个别成本，设 C 为总成本，分摊的共有成本为 G，个别成本为 F，则：

合作的成本函数为：$C_B = G + F$ （2－3）

式（2-1）减去式（2-3）可得合作的纯收益为：

$$U_B = R_B - C_B = P_B Q_B - G - F \qquad (2-4)$$

式（2-2）的不合作收益函数也可以看作在一定市场需求、资源禀赋、区位条件、区域经济背景等因素约束之下，选择不合作所获得的旅游收入。不合作时，则主体不存在合作成本问题，但其个别成本还是存在的，因此，不合作的纯收益为：

$$U_D = R_D - F_D = P_D Q_D - F \qquad (2-5)$$

式（2-4）减去式（2-5）得到区域旅游合作剩余：

$$U_B - U_D = P_B Q_B - P_D Q_D - G \qquad (2-6)$$

以上分析是在不考虑主体决策相互影响之下，主体间仅仅是通过市场机制（成本收益机制）进行间接互动，而没有微观层次的直接互动，主体的决策过程被视为一个"黑箱"。这时，合作决策决定于主体对合作剩余 $U_B - U_D$ 的判断，至少 $U_B - U_D \geq 0$，主体才选择合作，否则将不合作。其实从式（2-6）中还可以看出，区域旅游合作剩余由合作和不合作的收益之差、合作分摊的共有成本两个因素决定，收益之差大于合作分摊的共有成本，选择合作，否则不合作。由于一般均衡分析工具无法观察到区域旅游合作主体的决策过程，也就无从观察到区域旅游合作实际绩效不佳的真实原因。而博弈论是研究个体的微观决策是如何作出的，这一决策过程如何受到其他参与人的决策的影响和作用，博弈论中的个体效用函数不仅取决于自己的决策和偏好，还取决于其他参与人的决策和偏好，打开了个体决策的"黑箱"。也就是说用博弈论工具可以观察到区域旅游合作主体的决策过程，从而找到区域旅游合作实际绩效不佳的真实原因，为促进区域旅游合作提供有针对性的措施。

二、决策交互影响下区域旅游合作的博弈模型

（一）区域旅游合作的策略型博弈模型

设有两个区域（用1和2表示），它们的主体（可以是政府、企业、非政府组织）需要在是否在旅游发展方面进行合作还是不合作的决策，两个决策主体有相同的策略集合：$S_1 = S_2 = (B, D)$，其中 B 代表合作，D 代表不合

作。G 为合作共有成本，G_i（$i=1$，2）为两区域分摊合作共有成本，$G=G_1+G_2$。博弈的支付矩阵见图 2-6

根据本节公式（2-4）至公式（2-5）建立的纯收益函数，可知，如果两个区域的主体选择合作，则它们可以分担合作成本，可得支付：

$$U_{iB}=P_{iB}Q_{iB}-G_i-F_i, \quad i=1, 2$$

如果两区域主体不合作，则它们可得支付：

$$U_{iD}=P_{iD}Q_{iD}-F_i, \quad i=1, 2$$

如果一方合作，而另一方不合作，则合作的一方将承担全部的合作共有成本，其支付为：

$$U_{iD}-G=P_{iD}Q_{iD}-F_i-G, \quad i=1, 2$$

一方合作另一方不合作，不合作的一方，无需承担合作共有成本，而且享受由合作带来的收益，其支付为：

$$U_{iB}+G_i=P_{iB}Q_{iB}-F_i, \quad i=1, 2$$

现可得区域旅游合作的策略型组合 $S=(S_1, S_2)$，$s_i \in S$，$i=1$，2 两个局中人的支付函数如下：

$$U_1(s_1, s_2)=\begin{cases} P_{1B}Q_{1B}-G_1-F_1 & s_1=s_2=B \\ P_{1D}Q_{1D}-F_1-G & s_1=B, s_2=D \\ P_{1B}Q_{1B}-F_1 & s_1=D, s_2=B \\ P_{1D}Q_{1D}-F_1 & s_1=s_2=D \end{cases}$$

$$U_2(s_1, s_2)=\begin{cases} P_{2B}Q_{2B}-G_2-F_2 & s_1=s_2=B \\ P_{2D}Q_{2D}-F_2-G & s_1=B, s_2=D \\ P_{2B}Q_{2B}-F_2 & s_1=D, s_2=B \\ P_{2D}Q_{2D}-F_2 & s_1=s_2=D \end{cases}$$

		区域2	
		合作	不合作
区域1	合作	U_{1B}, U_{2B}	$U_{1D}-G$, $U_{2B}+G_2$
	不合作	$U_{1B}+G_1$, $U_{2D}-G$	U_{1D}, U_{2D}

图 2-6　区域旅游合作的支付矩阵

（二）区域旅游合作的扩展型博弈模型

如果分析区域旅游合作主体决策的先后顺序，再假设选择合作与不合作的概率都等于 0.5，则将上述策略型博弈模型，转化为扩展型博弈模型，如图 2-7 所示[①]

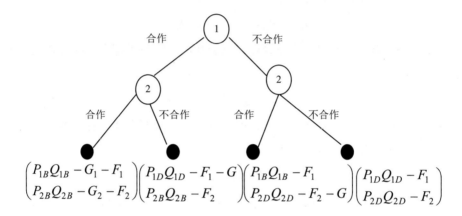

$$\begin{pmatrix} P_{1B}Q_{1B} - G_1 - F_1 \\ P_{2B}Q_{2B} - G_2 - F_2 \end{pmatrix} \begin{pmatrix} P_{1D}Q_{1D} - F_1 - G \\ P_{2B}Q_{2B} - F_2 \end{pmatrix} \begin{pmatrix} P_{1B}Q_{1B} - F_1 \\ P_{2D}Q_{2D} - F_2 - G \end{pmatrix} \begin{pmatrix} P_{1D}Q_{1D} - F_1 \\ P_{2D}Q_{2D} - F_2 \end{pmatrix}$$

图 2-7　区域旅游合作的扩展型博弈模型

由于两区域的合作得益要大于或至少等于非合作得益，则有 $U_{iB} \geqslant U_{iD}$。很明显 $U_{iB} + G_i \geqslant U_{iB} \geqslant U_{iD}$，可得上述博弈的纳什均衡 (U_{1B}, U_{2B})，(U_{1D}, U_{2D})，即（合作，合作）和（不合作，不合作）是纳什均衡。

国内众多学者，如苏斌和张河清（2006）、熊元斌和李红（2007）、舒小林和王爱忠等（2007）、方世敏和周垄等（2007）、罗富民和郑元同（2008）、曹华盛（2008）、郑燕萍和罗敏（2008）、柳春锋（2008）等，在分析区域旅游合作一般模型时，都借用囚徒困境模型，假设选择合作时，两区域有相同的得益（设定一个字母如 m，或设定一个数字如 8）；在假设选择合作时，两区域也有相同的得益（设定一个字母如 n，或设定一个数字如 2），这样的分析过于粗糙。如果两区域选择合作或不合作，有相同的得益，其实是基于条件完全同一的两区域进行合作或不合作，其实现实中条件完全同一的两区域几乎是不存在的。由于条件不同，实施合作时，带给合作双方的得益不可能完全相

---

①　维生，朴正爱. 博弈论及其在经济管理中的应用［M］. 北京：清华大学出版社，2005。

等。即大多数情况下 $U_{1B} \neq U_{2B}$，$U_{1B} \neq U_{2B}$，只有极为特殊的情况下，它们才相等。因此，上述模型从不同的条件分析参与人不同的得益，更符合现实。

（三）考虑时间因素的区域旅游合作重复博弈

在表 2 - 3 的支付矩阵中，如果这个博弈只是一个阶段的完全信息静态博弈，那么其纳什均衡有（U_{1B}，U_{2B}），（U_{1D}，U_{2D}）两个。现在讨论这种情况：如果双方都选择合作，则永远合作下去；如果一旦其中一方选择不合作，则另一方从下一阶段开始，总是选择不合作。且每一个参与者在重复博弈中得到的收益等于各自在所有阶段博弈中得到的收益现值，贴现因子设为 δ（$0 < \delta < 1$）。这里的贴现因子以旅游业对区域经济的平均贡献率为依据。

当一直合作时，双方的收益现值为：

$$\prod_i = U_{iB} + \delta U_{iB} + \delta^2 U_{iB} + \cdots + \delta^j U_{iB} = U_{iB}\sum_{j=1}^{\infty}\delta^{j-1} = \frac{U_{iB}}{1-\delta} \quad (i = 1,\ 2;\ j = 1,$$

$$2,\ \cdots,\ n) \qquad\qquad 式（2-7）$$

当一方在第 t 阶段选择不合作时，双方收益现值为：

$$\prod_B = U_{iB} + \delta U_{iB} + \delta^2 U_{iB} + \cdots + \delta^{t-1} U_{iB} + \delta^t(U_{iD} - G) + \delta^{t+1} U_{iD} + \delta^{t+2} U_{iD}$$

$$= U_{iB}\sum_{r=1}^{t}\delta^{r-1} + U_{iD}\sum_{r=t}^{\infty}\delta^r - \delta^t G$$

$$= \frac{1-\delta^{t-1}}{1-\delta}U_{iB} + \frac{1}{1-\delta}U_{iD} - \delta^t G \quad t \in (1,2,\cdots) \qquad （式 2-8）$$

$$\prod_D = U_{iB} + \delta U_{iB} + \delta^2 U_{iB} + \cdots + \delta^{t-1} U_{iB} + \delta^t(U_{iB} + G_i) + \delta^{t+1} U_{iD} + \delta^{t+2} U_{iD}$$

$$= U_{iB}\sum_{r=1}^{t}\delta^{r-1} + U_{iD}\sum_{r=t}^{n}\delta^r + \delta^t G_i$$

$$= \frac{1-\delta^{t-1}}{1-\delta}U_{iB} + \frac{1}{1-\delta}U_{iD} + \delta^t G_i \quad t \in (1,2,\cdots) \qquad 式（2-9）$$

其中，$\prod_B$ 表示在 t 阶段选择合作的一方的收益现值；$\prod_D$ 表示在 t 阶段选择不合作的一方的收益现值。

要保证双方一直合作下去，则前提条件是式（2-9）的值小于式（2-7），即：

$$\frac{1-\delta^{t-1}}{1-\delta}U_{iB} + \frac{1}{1-\delta}U_{iD} + \delta^t G_i \leqslant \frac{U_{iB}}{1-\delta}$$

化简该不等式，可得：$\delta > 1 - \dfrac{U_{iB} - U_{iD}}{U_{iB} + U_{iD} + G_i}$

其中 $U_{iB} + G_i \geqslant U_{iB} \geqslant U_{iD} \geqslant 0$，故 $0 < 1 - \dfrac{U_{iB} - U_{iD}}{U_{iB} + U_{iD} + G_i} < 1$。因此：

只要 $1 - \dfrac{U_{iB} - U_{iD}}{U_{iB} + U_{iD} + G_i} < \delta < 1$，即可保证该不等式成立，此时，参与博弈的双方都会一直选择合作策略。也就是说只要贴现因子 δ 足够大，就可以保证双方一直合作下去。这说明区域旅游合作双方在重复博弈时，选择合作策略的决定因素在于旅游业对区域经济的平均贡献率，如果旅游业对区域经济的平均贡献率足够大，就可以保证双方一直合作下去。

双方合作所得收益 U_{iB} 值的变化会使 δ 的取值发生变化，当 U_{iB} 增大时，相应的 δ 会在更大取值范围内取值，以满足区域旅游合作的要求，当 $U_{iB} \to \infty$ 时，δ 的取值范围为（0，1）；当 U_{iB} 减少时，满足合作要求 δ 取值范围也相应缩小，直到 $\delta \to 1$。这说明，双方合作所得收益，会促进旅游业对区域经济的平均贡献率增加，从而合作持续性起保障作用。

双方不合作所得的收益 U_{iD} 变化，也会使 δ 的取值发生变化，U_{iD} 增加时，δ 值域缩小，直到 $U_{iD} \to U_{iB}$ 时，$\delta \to 1$；U_{iD} 缩小时，δ 值域变大，直到 $U_{iD} \to 0$ 时，δ 的值域为（$1 - \dfrac{U_{iB}}{U_{iB} + G_i}$，1）。这说明，如果双方不合作的得益影响旅游业对区域经济的平均贡献率，应在一定的值域范围内才能保证合作决策的选择；如果双方不合作得益影响旅游业对区域经济的平均贡献率突破值域范围，则双方合作决策的选择将无法保证。

三、区域旅游合作的演化博弈模型

根据"演化博弈结构与规则—适应度函数—综合演化博弈（复制者/变异者）模型—演化稳定均衡"，程序，假设区域旅游合作参与方个数为 N，参与方都具有相同的纯策略集或行动集 $S_k = \{s_1, s_2, \cdots, s_k\}$，那么，区域旅游合作的演化博弈一般模型如下：

$$W(s_i) = \sum_j p_i E(s_i, f_j),$$

$$W = \sum_j p_i W(s_i),$$

$$p_i = \frac{p_i(W(s_i) - W)}{W}$$

其中，p_i 区域旅游合作参与方选择纯策略 s_i 的概率；$E(s_i, f_j)$ 表示对手采用策略 s_j 时的收益；$W(s_i)$ 表示区域旅游合作参与方采用策略 s_i 的适应度函数。画出相图进行分析，如果某一策略是演化稳定策略，则参与方采用它的适应度函数就会大于采用任何可能突变策略的适应度函数。这一模型在本课题研究对象中要解决以下几个关键性问题：

第一，区域旅游合作演化博弈结构与规则确定。一是从博弈参与主体来看，区域旅游合作参与各方是异质的，有政府、旅游企业、社区居民、旅游者、非政府组织等；同一个参与方内部组成也是异质的。具有异质性的参与者，其演化博弈规则、支持函数（演化博弈中是适应度函数）、演化过程中的选择和变异机制都不一样，演化博弈的稳定性也不一样。因此，确定区域旅游合作演化博弈结构与规则时，必须区分合作参与者的异质性特点，使模型更接近现实的真实情景。二是从纯策略选择来看，区域旅游合作参与主体不能仅限于"合作、不合作"两种特殊情形，至少应包括"恶性竞争、良性竞争、不合作、消极合作、积极合作、一体化合作"等选项。三是纯策略选择的概率，本书不采用主观概率，而以区域特性（区域的历史文化和风俗习惯）对纯策略选择概率的影响因素进行定量测度。

第二，区域旅游合作演化博弈适应度函数确定。本书在确定适应度函数时，不仅仅考虑参与方在博弈中获取的支付，还考虑其参与主体的区域特性（即特定空间社会文化背景下人们对该策略的主观道德评价）、参与者个体对策略的学习能力、个体间的社会互动模式。

第三，区域旅游合作演化博弈演化过程。选择机制和变异机制分析。利用微分方程，建立一个基于选择机制的确定性和非线性的区域旅游合作演化博弈模型。加入策略的随机变动，构建一个包含选择机制和变异机制的连续型综合演化博弈模型（区域旅游合作的复制者—变异者模型）。在此基础上进一步拓展演化动态模型，将区域旅游合作参与者的个体学习过程引入演化博弈中，建立区域旅游合作演化的无意识学习模型、模仿学习模型、强意识的信念学习模型等。

第四，区域旅游合作演化博弈稳定均衡分析。采用 Jaconbian 矩阵，对平衡点进行局部稳定性分析，确定区域旅游合作的演化稳定策略（ESS），作出复制动态相位图，揭示其收敛规律。讨论参数（区域旅游合作演化博弈长期稳定的影响因素）变化，如合作的初始状态、初始成本、合作产生的超额利润、外部干预（如政府的政策支持及惩罚机制）、贴现因子对区域旅游合作演化行为的影响，以得出合作冲突的治理策略。

|第三章|

同类质旅游资源合作开发与争夺冲突分析

第一节　旅游资源与产品同质化问题

一、同类质旅游资源悲剧

随着旅游业快速发展，对同类质旅游资源与产品的争夺也越来越激烈，旅游开发中资源与产品同质化问题越来越严重。早先有云南、四川两省对"香格里拉"的争夺。河南南阳、湖北襄阳、山东临沂三地对诸葛亮故里的争夺已持续多年。还有老子，三国人物诸葛亮、曹操、赵云、二乔，诗仙李白，曹雪芹，朱元璋，甚至连西门庆故里都被当作文化旅游资源争来抢去。自2003年开始，湖南新晃县和贵州桐梓县就开始了一场关于"夜郎国"旅游资源开发的争夺战，到2010年，新晃县宣布投资50亿元建"夜郎国"，争夺达到白热化状态。张家界黄龙洞景点经营成功之后，周边的龙王洞、九天洞、观音洞、金鸡洞、岩门洞、仙化洞、悬丝洞纷纷推出。其实这种资源的争夺还发生在国家之间，如韩国抢先把本应属于中国的端午节、中医药、针灸等申报世界遗产。层出不穷的旅游资源开发争夺战，造成多方面恶果：恶化了区域关系，增加了协作障碍，不利于经济合作；资源重复开发，从全社会来看，浪费了资源，破坏了整体福利；虽然资源先开发者占有一定先机，但后开发者报复性开发争夺，严重内耗，往往两败俱伤；恶性竞争使得目标客源市场无所适从，破坏了资源品牌价值。总之，最终导致整个资源市场的低效率。本课题前期成果将这一现象称为"同类质资源悲剧"。"同类质资源悲剧"是指拥有同一类型或同一性质的资源的不同地区，对资源进行争抢开发，并恶性竞争，最终导致整个资源市场低效率的悲剧结果。这一概念是对"公地悲剧"概念的补充或延伸，它与"公地悲剧"所描述的现象比较类似——都是用来描述个体对具有公共、共有或同类同质的某对象的利用行为，及这种行为对个体和由个体组成的集体的效用影响，但它与"公地悲剧"具有非常明显的区别。

二、同类质旅游资源性质

同类质资源悲剧发生的基本条件是资源同类质，对旅游资源来说，最容易发生地域性或个体争夺的同类质资源包括两大类：第一类是同类质人文文化，如地域性老字号、地域性民族民俗文化、出生地不明确的历史名人、具体地域不明确的历史大事件、宗教文化、历史古迹等；第二类是地域邻近的同类质自然资源。在同类质的基础上，资源开发的个体具有空间区域差异性，空间竞争个体理性与集体理性不一致，最终造成争先开发，模仿开发，过度竞争。

"公地悲剧"是哈丁（G. Hardin, 1968）提出的概念：假设有一片公共牧场可供牧民们自由放牧，在缺乏使用限制机制的情况下，每个牧民所做的决策总是尽量多地放牧或者延长放牧时间，直至放牧总数超过草地的承受能力。结果草地逐渐耗尽，而牧民也无法继续在该公地上放牧和得到更多收益，这时便发生了"公地悲剧"。它描述的是一种不具备排他性所有权的公共品或资源，存在被过度使用从而对公共利益造成损害的可能性。加里·杰斐逊（Gary. Jefferson）认为并非只有自然资源才能成为"公地"，公地的本质特征在于决定资产使用方式的产权结构，如果某种资产的产权安排决定了很多人都能不同程度地使用这种资产，那么这种资产就具有公地的特性。张维迎（1999）指出，根据科斯定理，防止"公地悲剧"发生的办法就是明晰产权关系或对产权人建立约束机制，以优化资源配置，提高资源使用效率，有效的产权安排是使得企业资产的控制权与剩余索取权尽可能地匹配，权力与责任的分布尽可能对称。阳晓伟（2016）认为，治理公地悲剧主要是明确和稳定产权、公共产品私人供给、加强制度建设，制止"寻租"行为的发生。

国内一些学者利用"公地悲剧"概念解释旅游资源开发，如胡北明和雷蓉（2014）认为，对公共资源类旅游景区进行免费开放实行公共权利是有一定困难的，如不加以有效约束，最终会酿造"公地悲剧"。马道明和陈子晗

（2016）认为乡村旅游资源的产权属性决定了"公地悲剧"产生的必然性，它表现为公共资源利用无度、公共秩序混沌失序和公共福利供给短缺，导致了乡村旅游核心资源迅速耗损和旅游品牌资产快速衰减，并严重影响了乡村旅游目的地可持续发展，提出了地方政府主导型、外来投资者主导型和农村集体组织主导型三种制度模式来解决乡村旅游中的"公地悲剧"。李厚忠（2011）提出，要彻底解决乡村旅游资源"公地悲剧"，必须明晰资源产权，政府管理的激励与约束机制也必须建立在有效的产权制度基础上。汪明林和陈向红（2014）研究认为解决风景与遗产资源"公地悲剧"的两种模式——政府强权干预与产权明晰化（私有化）的关键在于合适的制度安排。

孟凯和李佳宾等（2018）认为在乡村旅游地的发展过程中，"公地悲剧"的表现并非一成不变，而是随着乡村旅游地的发展演化呈现出周期性的变化特征，其在不同阶段的产生原因和具体表现都有所差异，针对不同演化阶段的"公地悲剧"现象应该采取不同的治理模式，从而保证治理的持续有效性。刘晓英和陈国生等（2013）提出主导旅游资源相似的邻近地域旅游发展的"竞合模式"，以提高区域旅游发展的整体吸引力。胡北明和雷蓉（2014）通过分析民族村寨型景区的公地悲剧现象，认为以博弈论视角，从"制度规制与政府引导""社区组织与精英治理""外界援助与媒体监督"等方面可以合理设计社区自治型遗产旅游地制度。董学荣（2015）认为实行所有权和使用权分离，校正片面的政绩观，树立生态补偿、经营管理市场化等，可以形成有效的"公地悲剧"治理策略。梁佳和吕兴洋等（2016）提出虽然目的地旅游资源同质化，导致了目的地品牌形象趋同、竞争力下降等问题，但在品牌形象趋同的情况下，资源同质旅游目的地仍可借助趋异的品牌个性进行差异化定位，并使品牌获得持久的竞争力。胡北明和雷蓉（2014）研究认为遗产地旅游开发过程中出现的"公地悲剧"现象，是由遗产资源的公共物品性质决定的，建立规范的遗产资源经营权转让制度、加大遗产资源的开发监督力度是解决转让经营权型遗产地公地悲剧问题的关键。任耘（2018）以古诺博弈模型为研究方法论，通过构建乡村旅游竞合博弈研究框架，提出构建乡村文化遗产资源开发过程中的"竞合"机制、乡村文化遗产开发政府规制政策的制定要因地制宜等。左冰（2016）从不完全信息下的非合作博弈出发，引入相对重置成本和权利指数构建合作博弈下的收益分配模型，通过推导得出了可同时实现社会福利和个体收益最大化的纳什均衡解；并进一步讨论了由于资源的相对稀缺性、各方讨价还价能力的变化，以及不同风险偏好所导致的解的动态变化和模型框架的适用性问题，为现实中客观存在的关于旅游收益分配的各种社会事实提供了有力的理论解释，并提供了在实现社会正义之时的分配状态的描述和改善分配现状的政策建议。李万立（2014）提出在当前凤凰古城等历史文化名城发展中，通过优化政府增加私人成本的方式、路径、幅度和优化利益相关者补偿机制，可以改善政府职能转变滞后、角色定位不清、缺乏有效的城市发展监管机制、缺乏及时的问题应对机制等问题。杨琴和田银华（2018）通过对湖南西部相邻的旅游村研究发现相比乡村旅游资源产权条块分割，乡村旅游资源集体合作化可以更有效地解决或避免"公地悲剧"的出现。促进乡村旅游资源集体合作化，实现的利益分配、反协同"公共地悲剧"具有显著影响。乡村旅游资源开发中需要强化乡村旅游资源的集中化，通过引导建立股权合作社等有效的组织形式与以分配正义为核心的利益协调机制，不断促进乡村旅游健康持续发展。苏洁（2016）在博弈分析中引入经济惩罚机制，通过分析大湘西区域内湘西自治州和张家界的旅游竞合发展机制及利益均衡，认为大区域内任何子区域由于自身利益最大化，从而采取违背契约规定的旅游资源开发数量，产生囚徒困境的纳什均衡，在收益不足的条件下带来区域旅游生态环境严重破坏，通过监督与惩罚的机制保障区域内旅游资源的稳定合作开发。旅游资源相似的临近地域的旅游发展竞合的最优共生模式应为一体化互惠共生的竞合模式，需要强化区域旅游资源整体开发系统性。魏昕伊（2018）对武陵山片区农村旅游资源发生反"公地悲剧"分析，通过博弈模型分析"企业＋合作社＋政府＋农户"型乡村旅游开发模式，研究认为中介组织在利益主体合作中起着关键的作用。滕梦秦（2017）研究凤凰古城与镇远古镇的旅游竞合分析，认为寻求地域合作、打造功能产业聚集区、开发区域联合旅游，可以实现古镇旅游产业结构创新、发挥旅游乘数效应。

　　显然，上述学者是把公共旅游资源、乡村旅游资源、风景与遗产资源等，看作"公地"性质，使公共资源利用无度、公共秩序混沌失序和公共福利供给短缺，导致"公地悲剧"，促使资源迅速耗损和旅游品牌资产快速衰减，并严重影响了旅游目的地的可持续发展，需要通过明晰产权来治理。但是从上面的一些案例分析可以发现，许多旅游资源并非完全具有公共性质，在使用过程中并不完全没有排他性，而是局部的。比如"夜郎国"这个文化资源，对其他省而言不具有排他性，但对湘黔两省交界地带原"夜郎国"属地来说却具有排他性，即一旦某一地区先占了这个资源，其他地区就不能、不易或不宜再开发了。再比如洞穴、漂流等诸如此类的自然资源，它们分布在不同地区，所有权的权属关系是比较明确的，只是资源性质相同，故而在地理位置邻近的区域内造成竞争。因而，用"公地悲剧"解释上述案例并不妥当，用治理"公地"的明晰产权策略也很难解决同类质资源恶性竞争问题。

"同类质资源悲剧"是指拥有同一类型或同一性质的资源的不同地区，对资源进行争抢开发，并恶性竞争，最终导致整个资源市场低效率的悲剧结果。这一概念是对"公地悲剧"概念的补充或延伸，它与"公地悲剧"所描述的现象比较类似——都是用来描述个体对具有公共、共有或同类质的某对象的利用行为，及这种行为对个体和由个体组成的集体的效用影响，但它与"公地悲剧"具有非常明显的区别。

从资源产权角度来看，"同类质资源悲剧"是介于公共资源与私人资源之间的"准公共资源"。根据全体和个体使用者能否自由使用和处置的标准，资源可分为"公共资源""准公共资源""私人资源"。公共资源的产权是集体共有，不具备排他性，使用过程中会导致个体对资源的过度使用或闲置浪费，从而酿成"公地悲剧"和"反公地悲剧"。避免悲剧的主要治理措施是明晰产权，进行制度建设，通过公有产权私有化，使个人最优和社会最优统一起来。私人资源产权则归个体所有，具备排他性。由于个体是理性的，个体对私有资源的使用遵循经济性原则，全力进行资源优化配置，这时，会产生亚当·斯密所说的"看不见的手"的效应，提升整体公共利益。而准公共资源则处于公共资源与私有资源之间，它的产权归属并不十分明晰，但也不是完全不明晰。如"夜郎国"这一资源，从地域文化上看，它归属于湘黔交界地带的县市，这是明确的，其他县市很难享有；但到底是归湖南还是归贵州，它又是不明确的，是有争议的。因此，这种资源的使用，只具有局部排他性，很容易引起恶性争抢，或在开发成旅游产品过程中同质模仿，造成恶性竞争，最终导致整个资源市场低效率的"同类质资源悲剧"。

由此看来，资源产权属性的不同，会引起控制资源的个体行动的不同和资源运用绩效的重大区别，最重要的是会导致"悲剧"，不利于社会整体资源和福利的增进，但又由于它们产权属性的差异，治理的策略和措施也不同，如表3－1。

表3－1　　　　　资源产权属性引起的集体与个体不同的行动及治理

资源属性	公共资源	准公共资源	私有资源
产权归属	集体共有、共用	部分个体组成的小集体共有，但小集体内权属不明	个体私有
是否排他性	非排他性	排他性	排它性
个体行动	使用成本低、过度使用、闲置	使用成本低、恶性争抢、同质模仿	优化配置
整体绩效	公地悲剧和反公地悲剧	同类质资源悲剧	"看不见的手"效用
治理	明确产权、制度建设	合作、协调和差异化创新	制度建设

第二节　同类质旅游资源合作开发分析

多区域合作成功申报世界自然遗产，是同类质旅游资源合作开发的经典案例。武陵山片区的湖南湘西州、湖北恩施州、贵州遵义市联合申报土司城遗址，取得了合作共赢、共同提升旅游品牌的正效应。

一、同类质旅游资源合作开发的可能性

现实观察，同类质旅游资源并不完全导致竞争性争抢开发。有许多案例表明同类质旅游资源可以通过合作开发，获得品牌提升价值。如中国南方丹霞地貌合作申请世界文化遗产，中国土司遗址合作申报世界文化遗产，"世界丝绸之路"跨国联合申报世界遗产。同类质旅游资源合作开发与地缘关系直接相关。自然遗产的距离远近是合作与冲突的主要因素，一般来说，近距离会形成激烈的竞争，远距离则容易形成合作关系。如丹霞地貌合作申报世界自然遗产，但近距离就有激烈的竞争，如张家界峰林。产权是同类质旅游资源合作关系很大，区域毗邻、多为行政区共有，大区域产权清晰，小区域产权共有，区

域产权不明晰，有限排他性的资源，合作开发不容易。文脉记忆相同的不容易合作开发，如苗族蚩尤祖先、土家族第一村、同质化古镇、传说（陶渊明的桃花源）、边城之争、"夜郎国"之争。非物质文化遗产（小区域产权共有，区域主体产权不明晰）难以合作开发，如苗鼓传承人、花灯、跳马、踩铧犁、吞火炬表演艺术，同质化倾向相当严重。

二、同类质旅游资源合作开发的演化博弈模型

（一）基本假设、博弈策略和损益函数

1. 基本假设

同类质旅游资源合作开发的主体涉及多个区域间的地方政府和旅游企业。多区域间政府和旅游企业，具有群体性特征，以一个区域作为一个群体。从政府角度看，按我国行政区划分层级，有国家——省（自治区、直辖市）——地级市（自治州）——县（县级市）——乡镇——村组，各个层级包括若干旅游管理部门，因此，可以将某区域政府部门看作一个"区域政府群体"；从企业角度看，涉旅企业众多，既有直接的也有间接的，既有国有的也有民营的，既有上市公司的也有非上市公司的，既有线上的也有线下的，还有与旅游有千丝万缕关系的"旅游+"和"+旅游"企业，这些企业仍然可以区域为界看作一个"区域企业群体"。区域政府群体和区域企业群体，应该以利益最大化的"理性人"为决策行为依据。区域政府群体的理性追求表现为两个方面：一是政府"公共人"理性，即旅游合作或不合作能增加或降低旅游人次和旅游收入，提升或降低对区域经济与社会发展的贡献度；二是政府官员"私人"理性，即政府及各部门的领导干部，是理性人，旅游发展促进经济发展，在上一级政府以旅游发展为促进经济转型升级的激励下，能获得职位的提拔与升迁，这种理性也会促进区域政府群体的合作。区域企业群体的理性则比较单一，就是追求超过成本的盈利，但是我国目前旅游企业所有制多样化，国有企业往往承担较多的公共服务和社会责任，具有"准政府"职能。课题组在武陵山片区调研发现，有众多的政府融资平台企业，承担了许多旅游基础设施建设、旅游景区开发和经营项目，这些企业的决策理性与政府部门的理性是

一致的。

2. 博弈方

众所周知，区域划分有多种标准，如以地质、地貌和生态划分的生态地理区域，以历史文化沿续划分的文化区域，以行政管理划分的行政区域。而旅游资源与景区往往是以生态地理区和历史文化区来聚集，形成跨行政区分布的态势，这就造成不同行政区对同一生态地理区和历史文化区的同类质资源进行合作开发或激烈争夺。为建模需要，把同类质旅游资源合作与竞争开发的决策主体，按行政区域分为两个博弈主体，即 A 区域和 B 区域两个群体。这两个群体既可以是行政层级中的政府及部门，也可以是以行政区划为界的企业群体。按演化博弈规则，可以形成区域政府群体间的合作、区域政府群体与区域旅游企业群体的合作、区域旅游企业群体间的合作三种基本形式。

3. 博弈策略

A 区域群体和 B 区域群体都有两种策略选择，即"合作"和"不合作"。特别指出这里的"不合作"不是竞争性冲突，即指对对方提出的合作倡导不做正面响应、不做正面反应、不做积极行动，或者虽有响应却不反应也不积极地实质性地行动，但也不做反面响应、反对或破坏对方的倡导，也就是不作出损害对方利益的应对策略，不施援手但乐见其成。

4. 损益函数

两个行政区域博弈群体皆为理性主体，为获取自身利益最大化，作出理性决策选择。设合作总成本为 c，包括合作营销成本、品牌建设成本、合作分担基础设施成本等，一般来说两个区域发展程度不一样，分摊的合作成本不一样。设 A 区域群体选择"合作"策略可增加收益为 r，即选择合作策略和执行合作行动预期增加的旅游人数和旅游收入，A 区域群体过程中应分担的合作成本比例为 p；B 区域群体选择"合作"策略可增加收益为 s，B 区域群体过程中应分担的合作成本比例为 $1-p$。A、B 两区域如果一方合作另一方不合作而搭便车，则合作的一方承担全部合作成本 c，但可以得到因主导合作而得到额外收益 d，如合作线路选择、基础设施建设、市场营销等方面有利于主动合作方所得到的收益；搭便车一方不承担合作成本，也就失去合作参与权而得到的额外 d，即在合作线路选择、基础设施建设、市场营销方面不利于主动合作方搭便车一方所减少的收益。再设 A 区域群体选择"合作"的比例为 x，选择

"不合作"的比例为 $1-x$；B 区域群体选择"合作"的比例为 y，选择"不合作"的比例为 $1-y$。关于合作方愿意为另一不合作方承担合作成本的问题，在现实里存在。据课程组调研，武陵山片区重庆秀山县洪安镇与湘西花垣县边城镇，仅一水之隔，洪安镇大力发展旅游业开发了"三不管岛"度假酒店和洪安古镇旅游，由于花垣县旅游规划开发滞后，洪安镇表示愿意为边城镇做旅游规划，并承诺为边城镇建设一条 3 公里的旅游公路对接洪安古镇。两区域博弈群体的得益矩阵如表 3-2 所示。

表 3-2 区域旅游合作的演化博弈得益矩阵

A 区域	B 区域	
	合作 (y)	不合作 ($1-y$)
合作 (x)	$r-pc,\ s-(1-p)c$	$r-c+d,\ s-d$
不合作 ($1-x$)	$r-d,\ s-c+d$	$(0,\ 0)$

（二）同类质旅游资源合作开发的演化稳定性分析

1. A 区域群体的演化博弈稳定策略

根据表 3-2 两区域的博弈得益矩阵，可知 A 区域选择"合作"和"不合作"两种策略的期望得益 μ_x，μ_{1-x} 和 A 区域群体平均得益 $\overline{\mu_A}$ 分别为：

$$\mu_x = y(r-pc) + (1-y)(r-c+d)$$

$$\mu_{1-x} = y(r-d)$$

$$\overline{\mu_x} = x\mu_x + (1-x)\mu_{1-x}$$

可得 A 区域群体选择"合作"策略的复制动态方程：

$$F(x) = d_x/d_t = x(\mu_x - \overline{\mu_A})$$
$$= x(1-x)\{(r-c+d) - [r-(1-p)c]y\}$$

求 $F(x)$ 关于 x 的一阶导数，得到：

$$F'(x) = (1-2x)\{(r-c+d) - [r-(1-p)c]y\}$$

$F(x) = 0$，可得 $x^* = 0$ 和 $x^* = 1$ 两个可能的稳定状态点。

当 $y^* = (r-c+d)/[r-(1-p)c]$（仅当 $0 \leq (r-c+d)/[r-(1-p)c] \leq 1$）时，总有 $F(t) = 0$，即所有 x 水平的选择比例都是稳定状态，A 区域群体的复制动态如图 3-1（a）所示。从图 3-1（a）可以看出，当 B 区域

群体以等于 $[r-(1-p)c]/(r-c+d)$ 的水平选择"不合作"策略时，A 区域群体选择两种策略的得益是没有区别的，即所有的 x 水平都是 A 区域群体的稳定状态。

当 $y>y^{*}=(r-c+d)/[r-(1-p)c]$ 时，$x^{*}=0$ 和 $x^{*}=1$ 是两个可能的稳定状态点。由于 $F^{'}(0)<0$，$F^{'}(1)>0$，所以 $x^{*}=0$ 是演化稳定策略，A 区域群体的复制动态如图 3-1（b）所示。从图 3-1（b）可以看出，当 B 区域群体以高于 $(r-c+d)/[r-(1-p)c]$ 的水平选择"不合作"策略时，A 区域群体将逐渐由"合作"策略向"不合作"策略转移，即"不合作"策略是 A 区域群体的稳定策略。

当 $y<y^{*}=(r-c+d)/[r-(1-p)c]$ 时，$x^{*}=0$ 和 $x^{*}=1$ 是两个可能的稳定状态点。由于 $F^{'}(0)>0$，$F^{'}(1)<0$，所以 $x^{*}=1$ 是演化稳定策略，A 区域群体的复制动态如图 3-1（c）所示。从图 3-1（c）可以看出，当 B 区域群体以低于 $(r-c+d)/[r-(1-p)c]$ 的水平选择"不合作"策略时，A 区域群体将逐渐由"不合作"策略向"合作"策略转移，即"合作"策略是 A 区域群体的稳定策略。

当 $(r-c+d)/[r-(1-p)c]\leqslant0$ 时，$x^{*}=0$ 和 $x^{*}=1$ 是两个可能的稳定状态点。把 $x^{*}=0$ 和 $x^{*}=1$ 代入，得 $F^{'}(0)>0$，$F^{'}(1)<0$，所以 $x^{*}=1$ 是演化稳定策略，A 区域群体的复制动态如图 3-1（d）所示。从图 3-1（d）可以看出，即"合作"策略是 A 区域群体的稳定策略。

2. B 区域群体的演化博弈稳定策略

B 区域选择"合作"和"不合作"两种策略的期望得益 μ_{y}，μ_{1-y} 和 B 区域群体平均得益 $\overline{\mu_{y}}$ 分别为：

$$\mu_{y}=[s-(1-p)c]x+(s-c+d)(1-x)$$

$$\mu_{1-y}=(s-d)x$$

$$\overline{\mu_{B}}=y\mu_{y}+(1-y)\mu_{1-y}$$

可得 B 区域群体选择"合作"策略的复制动态方程：

$$F(y)=d_{y}/d_{t}=y(\mu_{y}-\overline{\mu_{B}})=y(1-y)[(s-c+d)-(s-pc)x]$$

求 $F(y)$ 关于 y 的一阶导数，得到：

$$F^{'}(y)=(1-2y)[(s-c+d)-(s-pc)x]$$

令 $F(t)=0$，根据复制动态方程可得 $y^{*}=0$ 和两个可能的稳定状态点。

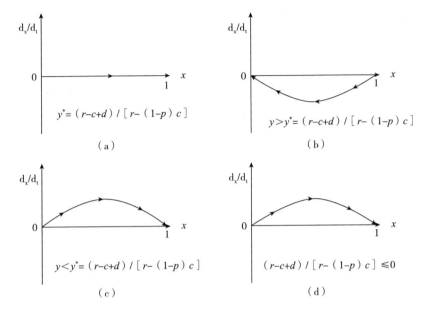

图 3-1　A 区域群体的复制动态

当 $x^* = (s-c+d)/(s-pc)$（仅当 $0 \leqslant (s-c+d)/(s-pc) \leqslant 1$）时，总有 $F(y) = 0$，即所有 y 水平的选择比例都是稳定状态，B 区域群体的复制动态如图 3-2（a）所示。从图 3-2（a）可以看出，当 A 区域群体以等于 $(s-c+d)/(s-pc)$ 的水平选择"不合作"策略时，B 区域群体选择两种策略的得益是没有区别的，即所有的 y 水平都是 B 区域群体的稳定状态。

当 $x > x^* = (s-c+d)/(s-pc)$ 时，$x^* = 0$ 和 $x^* = 1$ 是两个可能的稳定状态点。由于 $F'(0) < 0$，$F'(1) > 0$，所以 $y^* = 0$ 是演化稳定策略，B 区域群体的复制动态如图 3-2（b）所示。从图 3-2（b）可以看出，当 A 区域群体以高于 $(s-c+d)/(s-pc)$ 的水平选择"不合作"策略时，B 区域群体将逐渐由"合作"策略向"不合作"策略转移，即"不合作"策略是 B 区域群体的稳定策略。

当 $x < x^* = (s-c+d)/(s-pc)$ 时，$x^* = 0$ 和 $x^* = 1$ 是两个可能的稳定状态点。由于 $F'(0) > 0$，$F'(1) < 0$，所以 $y^* = 1$ 是演化稳定策略，A 区域群体的复制动态如图 3-2（c）所示。从图 3-2（c）可以看出，当 A 区域群体以低于 $(s-c+d)/(s-pc)$ 的水平选择"不合作"策略时，B 区域群

体将逐渐由"不合作"策略向"合作"策略转移，即"合作"策略是 B 区域群体的稳定策略。

当 $(s-c+d)$／$(s-pc)$ ≤0 时，$x^*=0$ 和 $x^*=1$ 是两个可能的稳定状态点。把 $x^*=0$ 和 $x^*=1$ 代入，得 $F'(0) > 0$，$F'(1) < 0$，所以 $x^*=1$ 是演化稳定策略，A 区域群体的复制动态如图 3－2（d）所示。从图 3－2（d）可以看出，即"合作"策略是 A 区域群体的稳定策略。

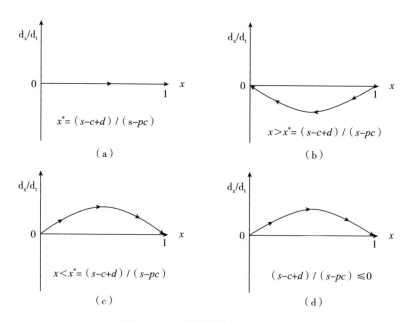

图 3－2　B 区域群体的复制动态

（三）区域旅游合作的演化参数讨论

弗里德曼（Friedman，1991）认为以微分方程系统描述群体动态的局部均衡点，其稳定性分析可以分析该系统的雅克比（Jacobi）矩阵的局部稳定性得到。依据弗里德曼的观点，对于 A、B 区域群体动态系统，其均衡点的稳定性由该系统的雅克比矩阵的局部稳定性分析得到，雅克比矩阵行列式为：

$$J = \begin{bmatrix} \partial F(x)/\partial x, & \partial F(x)/\partial y \\ \partial F(y)/\partial x, & \partial F(y)/\partial y \end{bmatrix}$$

$$= \begin{bmatrix} (1-2x)\big[(r-c+d)-(r-c+pc)y\big], & x(1-x)(r-c+pc) \\ -y(1-y)(s-pc), & (1-2y)\big[(s-c+d)-(s-pc)x\big] \end{bmatrix}$$

$$Det(J) = \big[\partial F(x)/\partial x\big]\big[\partial F(y)/\partial y\big] - \big[\partial F(x)/\partial y\big]\big[\partial F(y)/\partial x\big]$$

$$Tr(J) = \partial F(x)/\partial x + \partial F(y)/\partial y$$

现对该系统的雅克比矩阵进行分析，令 $F(x)=0$ 且 $F(y)=0$，在平面 $M = \{(x, y) \mid 0 \leqslant x, y \leqslant 1$ 上可得演化博弈的 5 个可能的均衡点：$(0, 0)$，$(1, 0)$，$(0, 1)$，$(1, 1)$，(x^*, y^*)，计算雅可比矩阵行列式特征值，见表 3-3。

表 3-3　　　　　区域旅游同类质资源争夺开发雅克比矩阵特征值

可能均衡点	$Det(J)$	$Tr(J)$
0, 0	$(r-c+d)(s-c+d)$	$(r-c+d)+(s-c+d)$
1, 0	$-(r-c+d)(pc-c+d)$	$-(r-c+d)+(pc-c+d)$
0, 1	$-(s-c+d)\big[(1-p)c-c+d\big]$	$-(s-c+d)+\big[(1-p)c-c+d\big]$
1, 1	$(d-pc)\big[d-(1-p)c\big]$	$-(d-pc)-\big[d-(1-p)c\big]$
x^*, y^*		0

注：表中的 $x^* = (s-c+d)/(s-pc)$，$y^* = (r-c+d)/\big[r-(1-p)c\big]$。

现根据表 3-3 分析不同参数条件下系统的稳定均衡点，如表 3-4 所示。

表 3-4　　　　　　　　均衡点的稳定性分析结果

可能点	参数条件	$Det(J)$	$Tr(J)$	稳定性
0, 0	$(r-c+d)>0, (s-c+d)>0$	+	+	鞍点
	$(r-c+d)>0, (s-c+d)<0$	−	+ −	不稳定
	$(r-c+d)<0, (s-c+d)>0$	−	+ −	不稳定
	$(r-c+d)<0, (s-c+d)<0$	+	−	ESS
1, 0	$(r-c+d)>0, (pc-c+d)>0$	+	+ −	不稳定
	$(r-c+d)>0, (pc-c+d)<0$	+	−	ESS
	$(r-c+d)<0, (pc-c+d)>0$	+	+	鞍点
	$(r-c+d)<0, (pc-c+d)<0$	−	+ −	不稳定

续表

可能点	参数条件	Det (J)	Tr (J)	稳定性
0，1	$(s-c+d)>0$，$[(1-p)c-c+d]>0$	-	+ -	不稳定
	$(s-c+d)>0$，$[(1-p)c-c+d]<0$	+	-	ESS
	$(s-c+d)<0$，$[(1-p)c-c+d]>0$	+	+	鞍点
	$(s-c+d)<0$，$[(1-p)c-c+d]<0$	-	+ -	不稳定
1，1	$(d-pc)>0$，$[d-(1-p)c]>0$	+	-	ESS
	$(d-pc)>0$，$[d-(1-p)c]<0$	+	+ -	不稳定
	$(d-pc)<0$，$[d-(1-p)c]>0$	-	+ -	不稳定
	$(d-pc)<0$，$[d-(1-p)c]<0$	+	+	鞍点
x^*，y^*			0	鞍点

三、同类质旅游资源合作开发的演化博弈结果分析

进一步整理表 3 - 4，得到表 3 - 5，在三种情况下具有演化稳定均衡点：一是合作收益与主导合作增加收益之和小于合作总成本（即 $r+d<c$，$s+d<c$）时，（不合作，不合作）是两个区域演化稳定的策略。二是当一个区域的合作收益与主导合作增加收益之和大于合作总成本（即 $r+d>c$ 或 $s+d>c$），且另一区域的主导合作增加收益小于其分摊的成本（即 $d<(1-p)c$ 或 $d<pc$）时，这个区域会选择推进合作，而另一区域则选择不合作，即（合作，不合作）或（不合作，合作）成为演化稳定策略。三是主导合作增加收益大于其分摊的成本，即 $d>pc$，$d>(1-p)c$ 时，（合作，合作）成为两个区域的演化稳定策略。这时又有三种情况：一是平均分配合作总成本（即 $p=0.5$），主导合作增加收益大于 1/2 总成本（即 $d>0.5c$）时；二是一个区域分配合作总成本的比例大于零小于 0.5（即 $0.5<p<1$），另一区域主导合作增加收益大于其分摊的总成本（即 $d>(1-p)c$）时；三是一个区域分配合作总成本的比例大于 0.5 小于 1（即 $0.5<p<1$），另一区域主导合作增加收益大于其分摊的总成本（即 $d>pc$）时，（合作，合作）成为两个区域的演化稳定策略。

表 3 – 5　　　　　　　　　区域旅游合作演化的核心要素分析

局部均衡点	参数条件	情形
0, 0	$r + d < c$, $s + d < c$	合作收益与主导合作增加收益之和小于合作总成本
1, 0	$r + d > c$, $d < (1 - p) c$	合作收益与主导合作增加收益之和大于合作总成本，且主导合作增加收益小于分摊合作成本
0, 1	$s + d > c$, $d < pc$	合作收益与主导合作增加收益之和大于合作总成本，且主导合作增加收益小于分摊合作成本
1, 1	$d > pc$, $d > (1 - p) c$	① $p = 0.5$, $d > 0.5c$ ② $0 < p < 0.5$, $d > (1 - p) c$ ③ $0.5 < p < 1$, $d > pc$

　　上述模型描述及划分了区域群体旅游合作演化稳定的数量界限，同时指明了区域旅游合作的四个关键要素：合作收益（r，s）、主导合作获得的增量收益（d）、合作总成本（c）和合作总成本分摊率。

　　这一结论丰富了传统旅游合作理论。一般来说，"合作双赢、成本互摊"被认为是合作决策和合作行动的基础，也是合作成功的保障，以往研究的大量文献也反复强调这一点。但是，从区域旅游合作的演化博弈模型来看，在完全理性人的假设下，只要一方的主导合作收益大于合作成本，就愿意为另一方承担合作的部分甚至全部成本，即合作允许并容忍"搭便车"，当然，条件是合作能保障另一方有增量收益而不损害对方利益。这就是中国推行"一带一路"旅游发展战略的理论支撑，也是许多区域推进旅游合作，愿意为对方承担或分担合作成本的理论支撑。

第三节　同类质旅游资源争夺与产品仿真开发分析

　　此起彼伏的同类质旅游资源被各区域争夺，正如毕剑（2013）研究"名人资源争夺"所发现的，是在旅游"井喷"背景下，资源之争表现得尤为混乱无序，当地民众、地方政府、媒体及部分专家学者也参与其中，地方政府支持、经济发展需要、文化资源稀缺及地方情感依恋是推动资源争夺的重要方面，其中经济利益之争是其核心。

一、同类质旅游资源争夺与产品同质开发模型

同类质旅游资源争夺与产品同质开发模型的"基本假设"和"博弈方"与合作开发是一样的,这里不重述,直接分析博弈策略和损益函数。

(一) 博弈策略

仍然以两个区域群体为例进行分析,由于同类质旅游资源争夺与产品同质开发具有先后顺序,假设 A 区域群体先知先觉,是先开发区域,先对为多区域共有的某同类质资源进行开发,同样拥有此资源的 B 区域群体,是后开发区域,面对先行开发的 A 区域群体,有两种策略,即"争抢"或"不争抢",A 区域群体面对 B 区域争抢行为,有"防范"或"不防范"两种策略,见图 3-3。

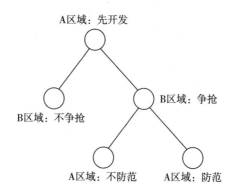

图 3-3 旅游资源争夺开发决策过程

(二) 损益函数

两个区域博弈群体皆为理性主体,为获取自身利益最大化作出理性决策选择。设开发某同类质旅游资源的总收益为 r,体现为开发后带来的旅游人次及相应的旅游收入,如果 A 区域群体先行开发,那么 R 为 A 区域所独获;如果 B 区域观察到 A 区域开发获得良好的收益,就来争抢、模仿或同质开发,就会从 A 区域的 r 中争得一定比例的旅游人次或旅游收入,假设这个比例为 s,当 $s=1$ 时,说明 A 的游客全部为 B 所抢走,c 为 B 区域争抢的开发成本。A 对 B

的争抢行为也可以采用防范反击和不防范反击两种策略，假设防范反击的成本为 d。首先由自然选择 A 区域群体先行开发，假设 B 区域群体中有 y 比例争抢，那么不争抢的比例就是 $1 - y$；A 区域群体中有 x 比例防范，那么不防范的比例就是 $1 - x$。如果 B 区域争抢开发时 A 区域防范反击，则 B 区域要额外增加开发成本为 e，这时，A 区域就会阻止比例为 f 的旅游者及相应旅游收入流失；A 区域不防范反击，那么 A 区域 f 比例的旅游者及相应旅游收入流到 B 区域去，如果 $fr - d \geq 0$ 表示防范得益大于成本，防范成功，反之则防范失败。两区域博弈群体的得益矩阵如表 3-6 所示。

表 3-6　　　　　　　　　　　两区域的博弈得益矩阵

A 区域	B 区域	
	争抢（y）	不争抢（$1 - y$）
防范（x）	（$r - sr - d$, $sr - c - e$）	（$r - d$, 0）
不防范（$1 - x$）	（$r - sr - fr$, $sr + fr - c$）	（r, 0）

二、演化稳定策略

（一）先开发区域演化博弈稳定策略

根据表 3-7 两区域的博弈得益矩阵，A 区域选择"防范"和"不防范"两种策略的期望得益 μ_{1A}，μ_{2A} 和 A 区域群体平均得益 $\overline{\mu_A}$ 分别为：

$$\mu_{1A} = y(r - sr - d) + (1 - y)(r - d)$$

$$\mu_{2A} = y(r - sr - fr) + (1 - y)r$$

$$\overline{\mu_A} = (1 - x)\mu_{1A} + x\mu_{2A}$$

由此可得 A 区域群体选择"防范"策略的复制动态方程：

$$F(t) = d_x/d_t = x(\mu_{1A} - \overline{\mu_A}) = x(1 - x)(\mu_{1A} - \mu_{2A})$$

$$= x(1 - x)[y(r - sr - d) + (1 - y)(r - d) - y(r - sr - fr) - (1 - y)r]$$

$$= x(1 - x)(fry - d)$$

求 $F(t)$ 关于 x 的一阶导数，得到：$F'(t) = (1 - 2x)(fry - d)$

令 $F(t) = 0$，根据复制动态方程可得 $x^* = 0$ 和 $x^* = 1$ 两个可能的稳定状

态点和 $y^* = \dfrac{d}{fr}$ 的鞍点。

（二）后开发区域演化博弈稳定策略

根据表 3 - 7 两区域的博弈得益矩阵，B 区域选择"争抢"和"不争抢"两种策略的期望得益 μ_{1B}，μ_{2B} 和 B 区域群体平均得益 $\overline{\mu_B}$ 分别为：

$$\mu_{1B} = x \ (sr - c - e) \ + \ (1 - x) \ (sr + fr - c)$$

$$\mu_{2B} = x \times 0 + \ (1 - x) \ \times 0 = 0$$

$$\overline{\mu_B} = \ (1 - y) \ \mu_{1A} + y\mu_{2B}$$

由此可得 B 区域群体选择"争抢"策略的复制动态方程：

$$F(t) = d_y/d_t = y(\mu_{1B} - \overline{\mu_B}) = y(1 - y)(\mu_{1B} - \mu_{2B})$$

$$= y(1 - y)[x(sr - c - e) + (1 - x)(sr + fr - c)]$$

$$= y(1 - y)[sr + fr - c - (e + fr)x]$$

求 $F(t)$ 关于 y 的一阶导数，得到：$F^{'}(t) = (1 - 2y) \ [sr + fr - c - (e + fr) \ x]$

令 $F(t) = 0$，根据复制动态方程可得 $y^* = 0$ 和 $y^* = 1$ 两个可能的稳定状态点和 $x^* = \dfrac{sr + fr - c}{e + fr}$ 的鞍点。

（三）均衡点的稳定性分析

令 $d_x/d_t = 0$ 且 $d_y/d_t = 0$，在平面 $M = \{ (x, y) \mid 0 \leqslant x, y \leqslant 1 \}$ 上可得演化博弈的 5 个均衡点：$(0, 0)$，$(1, 0)$，$(0, 1)$，$(1, 1)$，$(\ (sr + fr - c) \ / (e + fr)$，$d/fr)$，见表 3 - 8 各均衡点的雅克比矩阵行列式与迹为：

$$J = \begin{bmatrix} \partial F(x)/\partial x, \ \partial F(x)/\partial y \\ \partial F(y)/\partial x, \ \partial F(y)/\partial y \end{bmatrix}$$

$$= \begin{bmatrix} (1 - 2x)(fry - d), \ x(1 - x)fr \\ - y(1 - y)(e + fr), \ (1 - 2y)[sr + fr - c - (e + fr)x] \end{bmatrix}$$

$$Det(J) = [\partial F(x)/\partial x][\partial F(y)/\partial y] - [\partial F(x)/\partial y][\partial F(y)/\partial x]$$

$$Tr(J) = \partial F(x)/\partial x + \partial F(y)/\partial y$$

为使博弈双方收益接近现实，增加约束条件 $fr - d \geqslant 0$、$sr - c - e \geqslant 0$、$sr + fr - c \geqslant 0$，分析各均衡点的雅克比矩阵行列式与迹的符号，由表 3 - 7 可判断

$((sr+fr-c)/(e+fr), d/fr)$ 为鞍点，$(0,0)$，$(1,0)$，$(0,1)$ 为不稳定点，$(1,1)$ 为演化的稳定点，是演化稳定策略，图 3-4 为演化稳定的相位图，描述了两个区域关于旅游资源争夺的动态演化过程。

表 3-7　　　　　　　区域旅游同类质资源争夺开发雅克比矩阵特征值

局部均衡点	Det (J)		Tr (J)		结果
0, 0	$-(sr+fr-c)d$	$-$	$sr+fr-c-d$	$+$	不稳定
1, 0	$(sr-c-e)d$	$+$	$sr-c-e+d$	$+$	不稳定
0, 1	$-(fr-d)(sr+fr-c)$	$-$	$-(sr-d-c)$	$-$	不稳定
1, 1	$(fr-d)(sr-c-e)$	$+$	$-(fr-d+sr-c-e)$	$-$	ESS
$\dfrac{sr+fr-c}{e+fr}, \dfrac{d}{fr}$	$\dfrac{(sr+fr-c)(e-c-sr)(fr-d)d}{(e+fr)fr}$	$+$ $-$	0		鞍点

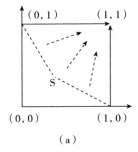 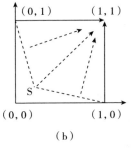 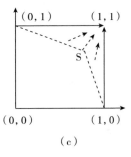

（a）　　　　　　　　　　（b）　　　　　　　　　　（c）

图 3-4　均衡点相位演示

（四）区域旅游同类质资源争夺演化参数讨论

当 A 区域群体先行开发同类质资源时，B 区域群体采用"争夺"开发策略是初始条件（A 区域没有防范或反击措施）使争夺开发得到的纯收益为正，满足 $sr-c \geqslant 0$，即从 A 区域群体争夺游客而得到的收益大于开发成本。当 r 和 确定时，B 区域争夺力度越大，从 A 区域争夺得到的游客比重 s（$0 \leqslant s \leqslant 1$）就越大，纯收益就越高，在极端情况 $s=1$ 下，B 区域群体将 A 区域的全部游客量争夺过来，取得完胜。

当 A 区域有防范反击措施时，B 区域群体采用"争夺"开发策略，除必要的开发成本 C 之外，还要额外增加成本 e，必须满足 $sr-c-e \geqslant 0$，即从 A 区域群体争抢游客而得到的收益大于开发成本和因 A 区域防范而增加的成本之和。

在 B 区域主体没有违反国家有关法律制度，以及旅游资源与创意的产权难以明晰的情况下，A 区域无法强制阻止 B 区域的争夺和模仿性开发，但可以防范或反击，如增强广告及文化传播等。

面对 B 区域的争夺，A 区域可以选择"防范"反击或"不防范"策略。由于两个区域的旅游资源与产品同类质，差异性不大，争夺后，A 区域原有景区的客流量减少，分流部分到 B 区域开发的新同质景区几乎是必然的，只是影响力度和方式不同而已。

A 区域采用"防范"策略必定要消耗成本，所以只要 $r - sr \geq 0$，就可以采用"不防范"策略；但是如果"不防范"，可能会失去在两个区域间摇摆的游客及相应收入 fr，甚至失去更多的游客，转而增加 B 区域争夺比例，因此这时 A 区域只要满足 $fr - d \geq 0$ 就会采用"防范"策略，即采用"防范"策略保住的游客及收入大于采用"防范"成本。

从表 3 - 8 来看，同类质旅游资源与产品争夺开发的演化博弈的稳定策略是（1，1），即（防范，争夺），而这一混合策略必须同时满足 $sr - c - e \geq 0$ 和 $fr - d \geq 0$ 两个条件，也就是说当"后开发区域开发获得的收益大于项目自身开发成本和原开发区域采用防范策略而额外增加的成本之和"与"原开发区域防范收益大于防范成本"这两个条件同时满足时，演化博弈的策略稳定均衡"先开发区域防范，后开发区域争夺"。

表 3 - 8　　　　　　　　同类质旅游资源与产品争夺开发的参数分析

区域	策略	参数	纯收益
B	争夺（A 有防范）	$sr - c - e \geq 0$	$sr + c - e$
	不争夺（A 有防范）	$sr - c - e \leq 0$	0
	争夺（A 无防范）	$sr - c \geq 0$	$sr + fr - c$
	不争夺（A 无防范）	$sr - c \leq 0$	0
A	A 防范（B 争夺）	$fr - d \geq 0$	$r - sr - d$
	A 不防范（B 争夺）	$fr - d \leq 0$	$r - sr - fr$
	A 防范（B 不争夺）	$r - d \geq 0$	$r - d$
	A 不防范（B 不争夺）	$r \geq 0$	r

三、同类质旅游资源争夺与质化开发演化博弈结果分析

参数分析说明，同类质旅游资源争夺与质化开发演化博弈，决定于 5 个要素，即争夺开发获得的增量游客及相应收入（sr）、争夺项目自身开发成本（c）、因原开发区域防范而增加的开发成本（e）、原开发区域因防范而留住的游客及相应的收入（fr）、原开发区域防范成本。当然，这些收入与成本都是基于现有趋势对未来的预期。

上述模型描述及划分了同类质旅游资源争夺与质化开发演化均衡的数量界限。归纳起来，有三个界限：第一，如果后开发区域"争夺收益大于项目自身开发成本与因原开发区域防范而额外增加的成本之和"时，那么发生争夺开发是必然的。第二，先开发区域面对后开发区域的争夺与模仿性开发，只要"先开发区域防范收益大于防范成本"，必然会采取防范措施。第三，如果"后开发区域争夺收益大于项目自身开发成本与因原开发区域防范而额外增加的成本之和"和"先开发区域防范收益大于防范成本"两个条件同时满足时，同类质旅游资源争夺与质化开发演化博弈的策略稳定均衡是"先开发区域防范，后开发区域争夺"。

|第四章|

区域旅游产业链合作与冲突分析

第一节　区域旅游产业链特征、演化、合作与冲突

一、区域旅游产业链特征

21 世纪以来，随着我国旅游业的蓬勃发展，旅游市场逐步由原来的政府主导型向市场主导型转变，旅游行业迎来了前所未有的转型发展时期。在此背景下，关于旅游产业链的相关探讨日益增多。

目前，学界对于旅游产业链概念的界定还没有统一意见。戴斌和束菊萍（2005）、罗明义（2007）、覃峭（2009）等围绕旅游产业的吃、住、行、游、购、娱六大要素来界定旅游产业链，认为旅游产业链是旅游六大要素相关企业的集合，突出强调旅游六大要素在产业链中的核心地位与作用。陈显富（2017）、王恒和张冠群（2018）从传统制造业产业链的角度出发，认为旅游产业链是旅游产业上下游多个企业共同向最终消费者提供服务（产品）时形成的分工合作关系，由旅游供给、旅游中间商及旅游者等方面构成，强调的是旅游产业链从供给到需求的垂直关系。张朝枝（2010）认为旅游产业链应以旅游体验为核心，涵盖旅游体验产品设计、体验环境营造、体验产品生产、营销、消费与服务等环节和流程，且每个环节或流程都各有其价值。陈朝隆和陈敬堂（2009）认为区域旅游产业链是指特定区域内形成的以分工协作为基础、以产业联系为纽带、以旅游企业为主体的链网状产业组织系统。由此看来，区域旅游产业链应是指以分工协作为基础，以旅游者需求为出发点，以核心企业

为中心，涵盖吃、住、行、游、购、娱六大旅游要素，涉及旅游产品（服务）设计、生产、营销及服务等多个环节的系统性旅游产业价值链。

有关旅游产业链特征的探讨是研究重点。王起静（2005）指出旅游产业链与一般性生产产业链存在四个方面的不同：一是各企业间关系的横向性；二是不强调区域性；三是旅行社或旅游景区的核心性；四是合理利益分配机制的重要性。杨丽娥（2008）也强调旅游产业链各企业间关系的横向性特征，并认为正是这一特征造成了旅游产业链上各企业间有效约束机制建立的困难。此外，她还指出了旅游产品的综合性特征。陈朝隆和陈敬堂（2009）则探讨了区域旅游产业链的基本特征，即强烈的文化性和地域性、价值结构体系的"粗""短"性以及消费者空间结构形态的末端收缩性。赵小芸（2010）认为，与传统制造业产业链相比，旅游产业链具有四个典型性区别：一是旅游产业链上提供吃、住、行、游、购、娱六大要素的生产部门，其所生产的产品大多一经产出就被消费，具有生产和消费的同时性；二是由于同时兼具生产和消费属性，旅游产业链上的各生产部门往往能够独立存在，其所产出的各类产品或服务也能够依据消费者的需求展开相对灵活的排列组合；三是旅游产业链上游环节的主要功能是向下游环节提供具备开发价值的旅游资源、建设完善相关旅游基础设施以及营造舒心的旅游整体环境等；四是旅游产业链的最终产品大多是无形的，旅游者主要消费的是对这些无形产品的一种体验。张朝枝等（2010）以旅游体验为核心探讨了旅游产业价值链"微笑曲线"的四大特征：其一，模块化与网状结构并存的产业链结构；其二，以"二次消费"为分界点，左边为旅游体验的基本价值，右边为极富发展潜力的追加价值；其三，具有明显的制造业和服务业特征的融合；其四，产业复合与价值分布趋同。王恒和张冠群（2018）认为，相较于一般产业链，旅游产业链具有更强的延伸性，能够更好的促进专业化分工，提升交易程度，进而推动产业链持续拓展，见图4-1。

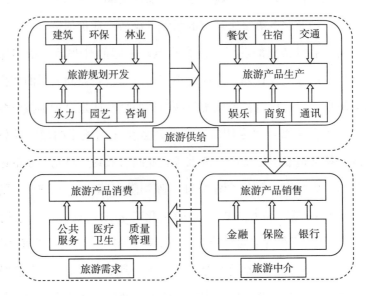

图 4 – 1　旅游产业链延伸机制

资料来源：王恒，张冠群．全域旅游背景下的旅游产业链延伸研究——以大连旅顺口区为例［J］．绥化学院学报，2018，38（2）：16 – 19.

二、区域旅游产业链演化过程

区域旅游产业链是区域旅游业的重要组织形式，理清区域旅游产业链的演化过程对于推动区域旅游业持续发展具有重要意义。通过对现有文献的梳理发现，区域旅游产业链的演化主要经历了四个过程与阶段。

（一）注重局部利益的传统区域旅游产业链阶段

传统的区域旅游产业链一般以旅行社或旅游景区为核心，游客及产业链条上的其他企业或组织则处于从属地位。其中，以旅行社为核心的区域旅游产业链称为中介模式，以旅游景区为核心的区域旅游产业链称为无中介模式，两种模式的运行机制如图 4 -2 所示。

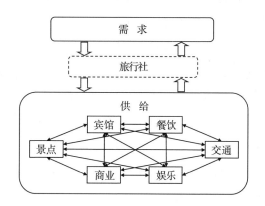

图 4 - 2　传统区域旅游产业链运行机制

资料来源：王起静. 旅游产业链的两种模式及未来趋势［J］. 经济管理，2005（22）：75 - 80.

　　中介模式和无中介模式在满足旅游者的手段、组织方式、利益分配、各企业的地位和作用、外部经济性程度等方面有着显著的差异，也各有其优势，但二者作为传统的区域旅游产业链模式，同样存在着一些共同的问题：一是旅游产品是综合性的产品，它是由旅游产业链条上众多企业共同提供的，如饭店提供食、住以及部分购物、娱乐产品和服务，旅游交通提供交通服务，风景区提供观赏和体验性产品等。杨丽娥（2008）认为旅游产业链上的任何企业或组织都可以直接为旅游者提供旅游产品，但又都只能提供部分旅游产品。从这个角度来说，区域旅游产业链要想为游客提供优质完整的旅游产品，链条上各环节的密切合作必不可少。但是，由于传统的区域旅游产业链上各类型企业在数量结构、层次结构及质量结构等方面均存在较明显的不合理，使得链条上各企业要么各自为政，不注重产业链整体效益，要么所提供的产品或服务参差不齐，严重损害产业链整体形象。二是传统区域旅游产业链将重心放在"区域"二字而非"产业链"，往往以区域发展观为导向，侧重于在本行政区域内建设旅游产业区和旅游产业基地，谋求的是本行政区域范围内旅游资源的整合及旅游产业体系的建立，忽视区域内及区域间旅游产业价值链的构建与完善。而相关研究早已表明，试图完全在某一行政区域内部建立起完整的旅游产业链是不现实的。王起静（2005）认为不同区域在旅游产业价值链上具有各自的比较优势，因此，推动不同区域旅游资源与要素的合理流动和共享，构建优势互补、联动协作的跨区域旅游产业链，这才是提升区域旅游产业竞争力的有效路径。三是中介模式和非中介模式的核心企业的作用并未得以有效发挥，这其中固然有传统区域旅游产业链各环节间关联较为松散的影响，但更大的原因在于两种模式中核心企业本身。从中介模式来看，作为核心企业的旅行社大多规模小、产业集中度低、竞争力弱，接近完全竞争行业，其在旅游产业链上的地位和作用自然也就不会太强；从非中介模式来看，旅游景区的核心地位主要来自其先天资源垄断性优势，但后天人为因素造成的景区景点产权不明晰、布局不合理、经营管理混乱等问题，又使得其作为核心企业的作用难以真正发挥。

（二）凸显资源优势的特色区域旅游产业链阶段

伴随着旅游交通的完善、可支配收入的增长及闲暇时间的增加，我国旅游业获得了前所未有的飞速发展，但同时也出现了日趋严重的同质化现象。在此背景下，越来越多的地区立足区域实际，挖掘资源优势，着力打造特色旅游产业链，推动自身旅游产业发展的同时，也吸引了众多学者进行研究与探讨。

1. 乡村旅游产业链

吕宛青（2018）认为乡村旅游产业链是指以乡土文化为依托，以满足城市居民旅游需要为目标，由当地政府、农户、外来投资者及旅游企业等利益相关者共同参与的产品链、协作链和价值链。乡村旅游产业链的形成和演化是建立在分工和专业化的基础之上，通过链条上共生单元的不断拓展和延伸，其共生组织模式由最初的点共生向间歇共生、连续共生直至一体化共生方向演变，在此过程中，其共生组织化程度不断提高，共生行为模式也从原来的偏利共生行为模式向非对称互惠共生行为模式、对称互惠共生行为模式转化（见表4-1）。赵承华（2007）认为当前我国乡村旅游产业链普遍存在旅游产品单一、链条过短过窄、各环节横向合作不深及核心企业作用不足等诸多问题。陈立群（2016）认为推进乡村旅游产业链的进一步发展与完善，一是要开发多元化的乡村旅游产品，延伸和拓展产业链的深度与广度；二是要加强不同区域之间的合作，实现乡村旅游资源的优化配置；三是要强化乡村旅游产业链核心主体的地位与作用，提升产业链各环节的合作紧密性。

表 4 - 1   乡村旅游产业链共生模式演化

乡村旅游产业链	共生组织模式	共生行为模式
产业链孤环	点共生	各共生单元相对独立，很少产生共生新能量，属于偏利共生
产业链断链、短链	间歇共生	偶然链条连接，产业链共生不稳定、不连续，共生能量非对称分配，属于非对称互惠共生
横向或纵向一体产业链	连续共生	产生连续的共生界面，能产生稳定的共生新能量，一般对称或非对称分配
模块网络产业链	一体化共生	形成稳定的共进化界面环境，能量全方位交流，产生连续的共生新能量，分配一般对称，属于对称互惠共生

资料来源：弓志刚，李亚楠. 乡村旅游产业链共生系统的特征及模式的演化和构建——以山西省为例 [J]. 农业现代化研究，2011，32（1）：73 - 77.

2. 农业生态旅游产业链

打造农业生态旅游产业链是提高农业资源综合利用率及农业综合经济效益的有效方式。农业生态旅游产业链主要由农业生态旅游产品开发、农业生态旅游项目开发及农业生态旅游营销模式开发三大环节构成，见图 4 - 3。魏玲丽（2015）认为受农业的生态化、特色化、规模化、产业文化及生态旅游等因素的影响；罗春燕（2017）认为其构建应从夯实农业生态产业链基础、完善相关法律法规制度、深化农业与旅游业融合以及建设区域内生态旅游产业联盟等方面着手实施。

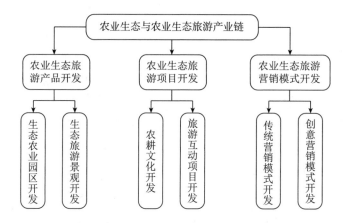

图 4 - 3 农业生态与农业生态旅游产业链

资料来源：魏玲丽. 农业生态与农业生态旅游产业链建设研究 [J]. 农村经济，2015（10）：84 - 88.

3. 文化创意旅游产业链

所谓创意旅游是指用创意产业的思维方式和发展模式整合旅游资源、创新旅游产品、锻造旅游产业链。宋河有（2015）认为相较于传统旅游发展模式，创意旅游更加注重发挥旅游产业的关联带动效应以及构筑旅游产业价值体系，从而形成旅游产业的有智增长新模式，最终实现价值体系的整体增值，见表4-2。具体来说，一是跨越产业边界，以某个创意产品为核心带动支持产业群、配套产业群和衍生产业群，拓展"产业链"；二是跨越区域界限，用"新木桶"①思维优化配置更大地理区域内的旅游产业资源，形成跨行政区的旅游产业链，延伸"空间链"；三是要紧抓社会从小康迈向富裕小康这一历史机遇，积极开发健康休闲、生态休闲、学习休闲、和谐休闲等新型旅游休闲业态，规避同质化发展，以文化创意创造旅游新价值，秀出"主题链"。

表 4 – 2　　　　　　"传统旅游"与"创意旅游"模式的比较

	传统旅游	创意旅游
旅游者	无经验，不熟练；成群结队	成熟而经验丰富；追求与众不同
产业导向	资源和市场为导向	引领市场和培育消费者为导向
产业资源	硬要素为主	软要素为主
产业驱动	有形的自然山水、历史古迹	有形与无形的社会资源
产业竞争	价格竞争	创新竞争
产品特征	大众化；季节性旅游； 单一的活动；相互隔离的活动	个性化；无季节性限制的全年旅游； 综合性旅游活动；融为一体的活动
产业技术	使用者范围受限制； 技术孤立	所有的旅游消费者都是使用者； 科学技术深度整合化
产业边界	有限边界	无限边界
产业管理	条块分割	模块化集成
产业价值	相关产品增值	价值体系增值
产业目标	单一（经济）	多元（自然、经济、社会）

资料来源：厉无畏，王慧敏，孙洁. 创意旅游：旅游产业发展模式的革新［J］. 旅游科学，2007（6）：1-5.

---

① "新木桶"思维是指将自身的长板与他人（或他区）的长板进行组合，从而形成更大的木桶空间。

(三) 立足信息技术的互联区域旅游产业链阶段

　　吴恒 (2005)、李建州 (2011)、程子彪 (2013) 等研究认为随着信息和网络技术的日益发达，移动互联网广泛渗透到旅游业的各个领域，并对传统的旅游产业链模式产生越来越大的冲击，传统的旅游产业链模式下，旅游信息的方向和支付是一种层级式的管理，结构复杂且信息沟通困难，因而管理难度较大，移动互联时代的到来有效提升了旅游产业链的联系度，促进了旅游产业链的延伸，推动了旅游产业链营销模式的转变，创造了更多个性化旅游服务。传统旅游产业链的组织者是旅行社或旅游景区，在传统旅游产业链中，无论是上游企业还是下游旅游者，越是"成熟富于经验"，越倾向于逃逸出旅行社或旅游景区所构建的产业链体系。互联时代的旅游产业链除了传统的旅游产品供应商、作为渠道商的旅行社和消费者之外，基于数据挖掘的"营销平台"成为这个链条中重要的新成员，见图 4－4。曹宁和郭舒 (2015) 研究认为在这一营销平台上的企业在功能开发与选择上形成了两种主要发展趋势：一是垂直化模式，即致力于在每一个单一功能上都有一个专业的应用机构帮助消费者实现购买；二是平台化模式，即通过海量用户注册，将尽可能多的旅游功能集成在一起，实现一站式服务。

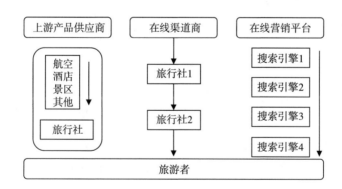

图 4－4　移动互联时代的旅游产业链

　　资料来源：郭舒. 旅游产业链经济特征分析与市场低效探源 [J]. 辽宁大学学报（哲学社会科学版），2014 (3)：100－104.

（四） 致力减贫脱贫的扶贫区域旅游产业链阶段

扶贫旅游产业链是指围绕扶贫目的，为满足旅游者食、住、行、游、购、娱等需求，以具有较强竞争力的扶贫旅游企业为核心而形成的相关行业间、企业间的相互影响、相互制约的"竞"与"合"关系，它包括满足旅游者需求的所有企业的集合。邓小海（2015）认为扶贫旅游产业链除了具备部门关联性强、横向联系明显、空间概念强等特性外，还具有其他一些独有特征，如扶贫旅游产业链更加重视价值链的延伸，更加注重价值的本地停留，更加强调当地贫困人口对旅游收益的分享。扶贫旅游产业链的发展演化是一个非线性的过程，主要由资源、知识和资本三者共同推动，并受当地生态环境的约束，在整个演化过程中，核心扶贫旅游企业的作用最为关键。演化的初级阶段，扶贫旅游主要围绕旅游资源或客源市场展开，资本与知识相对匮乏，产业链不完整，只能满足游客部分需求。演化的中级阶段，资本与知识的积累有所增加，产业链发展加快，旅游价值增加，相关企业开始集聚。演化的高级阶段，资本和知识的作用进一步凸显，产业链各环节的企业数量大大增加，扶贫效应明显，见图 4-5。

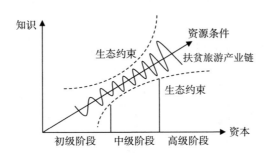

图 4-5　扶贫旅游产业链演化模型

资料来源：郭舒. 旅游产业链经济特征分析与市场低效探源 [J]. 辽宁大学学报（哲学社会科学版），2014（3）：100-104.

目前，我国许多地区的旅游扶贫产业链还不健全，旅游扶贫效果不佳，主要体现在区域资源进整合不利、价值分配体系不清、利益关系协调不畅、核心旅游扶贫企业带动力不足、产业链短、同质化严重、旅游扶贫产业链本地化不足等方面，这些问题不仅导致我国旅游扶贫产业难以实现规模化，而且使得贫困人口利益得不到保证，很大程度上背离了旅游扶贫的初衷。因此，未来我国扶贫旅游产业链的优化应以平衡旅游资源开发、环境保护、经济和社会发展之间的关系为基础，最大限度地提高产业链中各类资源的利用率，将人流、物流、信息流、价值流等区域资源综合集成，积极培育核心旅游扶贫企业，加强旅游扶贫产业链整合及区域合作，加快旅游扶贫产业链本地化过程，加强旅游扶贫，不断提升扶贫旅游产业链的整体竞争力与创造力，促进区域经济发展的同时，带动贫困人口脱贫致富（见图4-6）。

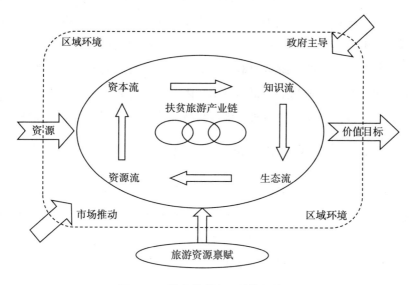

图4-6　扶贫旅游产业链优化模型

资料来源：程宏伟. 西部地区资源产业链优化研究［M］. 成都：西南财经大学出版社，2008.

三、区域旅游产业链合作与冲突

陶春峰和谌贻庆（2013）认为区域旅游产业链是由不同利益主体共同参与构建的，这些利益主体间既有产业链框架内的大量合作，同时也存在许多利益追逐过程中所产生的价值切割矛盾。这其中最为常见的合作与冲突类型主要有以下三种。

（一） 客源地与目的地的合作与冲突

李山（2012）、陆林和汤云云（2014）、史春云（2013）、莱韦和麦克彻（Lew A A and McKercher B，2002）等学者研究认为，客源地与目的地之间的旅游空间相互作用是持续且必然的，这深刻地影响着旅游者行为及旅游业发展，不同客源地旅游者的空间行为模式及目的地类型往往存在较大差异，因此，旅游目的地各节点应根据自身在客源地旅游线路模式中角色和功能的不同，针对不同客源地旅游者展开差异性旅游宣传和营销，甚至与竞争对手建立新的合作关系，展开多目的地联合营销，联合开发产品和设计旅游线路，以此来吸引更多的游客。陈超（2013）、汪德根（2015）认为长久以来，受旅游交通等因素影响，东部沿海旅游节点一般都兼具客源地与目的地功能，内陆及偏远地区则基本是单一的旅游客源地或目的地，随着我国高通交通体系的健全与完善，客源地与目的地的空间距离对出游阻力的影响越来越小，旅游目的地的资源禀赋、交通网络密度以及旅游服务接待能力等因素则变得更为重要。

（二） 网络平台与供应商的合作与冲突

旅游业作为互联网环境下典型的信息密集型和信息依托型产业，旅游信息网络服务是其未来极具潜力的发展方向。以携程网为代表的一批旅游电子商务网站通过不断创新自身的服务定位、服务方式及服务内容，突破了传统互联网网站单纯信息展示平台的局限，逐步成长为集互动、交流、沟通与分享于一体的综合性旅游信息服务平台，在旅游电子商务价值链中的地位与作用也变得越来越重要。张金鸽（2014）研究认为，目前各省各地区几乎都有本地区的旅游电子商务平台，但这些网络服务平台普遍存在着信息资源不丰富、不权威、不及时等问题，相关旅游供应商（旅行社、旅游景点等）大多致力于建设自己的网站，且多数只是将线下产品简单移至线上，与旅游网络服务平台的合作广度及深度都较为欠缺，严重制约了旅游电子商务价值链各环节专业优势的发挥，阻碍了区域旅游产业的发展。因此，积极探究旅游网络服务平台与旅游供应商之间的合作与冲突机制，并在此基础上探寻二者间深层次合作的可行路径，这是推动信息网络时代区域旅游业大发展的重要基础性工作。

（三）服务主体与旅游者的合作与冲突

　　旅游服务主体主要包括旅游供应商、旅游代理商、旅游从业人员以及其他合作主体。旅游供应商是指在产业价值链中位于旅行社上游并为其提供必要的生产要素的旅游企业，例如，旅游酒店、度假村、旅游交通、旅游景区、购物场所等；旅游代理商则是指接受旅游产品生产者或旅游供应商委托，在一定区域范围内代理销售其旅游产品的中间商，其中的代表就是旅行社。无论是旅游供应商还是旅游代理商，它们都属于旅游产品有形层次中的服务主体。陈志辉（2014）认为旅游从业人员的态度与行为、地方政府、旅游主管部门、金融机构、保险公司、行业协会及通信公司等则属于旅游产品附加层次中的服务主体。

　　旅游服务主体是区域旅游产业链的重要组成部分，其服务效率的高低及服务质量的好坏直接影响着旅游目的地的吸引力和旅游者的满意度，对区域旅游产业链的发展具有举足轻重的作用。以旅游者为中心，以旅游服务主体的培育完善为重点，积极构建旅游服务主体与旅游者之间双向交流、及时有效、良性互动的沟通反馈体系，这是促进二者间合作、缓解二者间冲突的关键之所在。

第二节　区域旅游客源地与旅游目的地合作与冲突

　　依据客源地与目的地之间的强弱势博弈关系分析为基础，建立两者的演化博弈分析模型，确立两者博弈策略集、损益矩阵和复制动态方程，分析两者的演化稳定策略的均衡点，得出实现合作与冲突策略的参数条件。

一、客源地与目的地之间强弱势博弈关系分析

　　武陵山区高品质旅游资源扎堆聚集，近年来发展旅游业建成许多精品景区景点，成为中西部结合带重要的旅游目的地。武陵山区自身属老少边穷山区，区域内缺乏大城市和特大城市，其主要旅游客源地严重依赖周边大城市与特大

城市群。为武陵山区提供旅游客源地主要是周边几个特大城市群，近距离包括东部的长株潭城市群、东北部的武汉城市群、西部的成渝经济区城市群；中程距离包括华南珠三角城市群和华东长三角城市群是巨大的客源仓；远距离包括环渤海城市群。以西北的西安为核心的城市群和西南的贵阳、昆明等城市，由于资源与武陵山区有较大的同质性，不是重点客源，国外市场，主要是韩国和东南亚市场。因此，在区域旅游产业链中，武陵山区旅游目地的处于弱势卖方市场一方。

客源是旅游目的地发展的命脉，谁掌握主要客源地的客源，谁就掌握了旅游产业链话语权。在主要客源地区域，大型旅游集团和运输企业通过多年的发展，高效整合，并通过信息技术、移动互联网技术，以及资本并购竞争对手，最大限度控制了上游客源，不经中间环节，直接输入旅游目的地，掌握了产业话语权，形成强势客源地输出方的买方市场；而旅游目的地的区域，近年来由于旅游投资刺激，建设了大量旅游要素项目，景区景点、酒店客栈民宿、航线、乡村旅游、风情小镇、古城古镇、田园综合体、大型文创旅游演艺等，需要等米下锅，等客入园，形成了弱势目的地输入方的卖方市场。

需要特别指出，强势客源地与弱势目的地是相对的不是绝对的，在一些情况下会发生转换，第一种情况是游客对旅游目的地的刚性需求，指定要去旅游；第二种情况是旅游目的地特别热门的景区和特别热门的旅游项目，炙手可热，一票难求；第三种情况是旅游市场的季节性，在旅游旺季，也会让客源地与目的地的强弱势会发生倒转。在这三种情况下，旅游目的地有扬眉吐气掌握产业链话语权的机会，但普遍来说，旅游市场仍然是卖方市场，因为游客的刚性需求仍然可以引导和调整，毕竟特别热门的景区景点项目是极少数，旅游旺季也仅限于特殊节假日，大多数景区景点的大部分时间段，仍然依靠客源地输入客源，因此在大部分时间和一般情况下，旅游目的地仍然处于弱势地位。

正由于客源地与目的地的强弱势存在这种微妙的转换关系，掌握客源地话语权的强势一方，也不能毫无顾忌地任意妄为，旅游目的地仍然有利用热门景区、特殊旺季时段来"反抗""反制"，甚至"报复"客源地。根据这些关系，接下来建立演化博弈模型，进行客源地与目的地合作与冲突的分析。

二、客源地和目的地的合作与冲突演化模型

（一）博弈方、博弈策略和损益函数

把区域旅游客源地与目的地合作与冲突分为两个群体：客源地群体和目的地群体。客源地群体在区域旅游产业链中属于强势的买方市场，在为目的地群体输入客源时，收入来源于客源的地游客报团费[①]。客源地群体与目的地群体对报团费分配有一个讨价还价的过程，两方依据是各自的收益与成本算计。除报团费分配收益之外，为保证客源地群体在多个目的地中将游客输送给自己，目的地群体对客源地给予一定回报，即行业中流行的佣金。

目的地群体在区域旅游产业链中属于弱势的卖方市场，作为理性人能给予分配团费和佣金优惠（底线）是建设管理经营成本，理想追求是分配团费和佣金优惠越低于成本越好，但面对竞争日益激烈客源争夺战，会权衡出一个自以为合理的优惠价位，特别是在多个目的地竞争时，肯定会以最大的优惠价位来"激励"吸引客源地群体；如果客源地群体仍然不愿意输送游客转而输送到其他旅游景区景点，则可以利用游客的刚性需求、热门景区景点和旺季来"报复"不送游客的客源地群体。因此，在这一博弈过程中，目的地群体的博弈策略是"激励，报复"。

客源地群体作为理性人对分配团费和佣金要求的底线是其组织客源的成本及相应经营管理成本，理想追求必定是分配团费和佣金趋近于无限大，由于游客对旅游目的地的刚性需求和担忧目的地群体"反制"或"报复"策略，目的地群体的佣金要求不能漫天要价，会权衡出一个自以为合理的分配团费和佣金价位，如果目的地群体能满足其要求，客源地群体会选择将游客"输送"到目的地，如果不能满足则"不输送"，转而输送到其他目的地，即在这一博弈过程中，客源地群体的博弈策略是"输送，不输送"。

假设客源地群体给目的地群体输送客源，其游客报团净收益为 r，报团组团总成本为 c，与目的地群体分享报团费比例为 $1-p$，如果把同数量的游客输

[①]　客源地与目的地的除游客报团费之外，还有政府补贴、投资等其他收益，这里只分析与直接博弈相关的报团费。

送到另一个目的地，因区域差异，总收入与组团成本会不一样，净收益也不一样，设客源地将游客输送到另外的目的地的净收益为 w，设因不输送游客而受到目的地群体"报复"的损失为 h。显然，目的地群体分享报团费比例为 p，假设其营运管理成本为 d，为"激励"更多的游客进入，给予客源地群体优惠佣金为 e，如果客源地群体不输送游客则其进行"报复"，设"报复"成本为 g，报复得到收益 h，$h-g \geqslant 0$ 说明报复纯收益大，$h-g \leqslant 0$ 说明报复得不偿失。假设目的地群体采取"激励"和"报复"策略的博弈方比例分别是 x 和 $1-x$；假设客源地群体采取"输送"和"不输送"策略的博弈方比例分别是 y 和 $1-y$，两个博弈群体的损益矩阵如表 4–3 所示。

表 4–3   **客源地群体与目的地群体博弈损益矩阵**

目的地	客源地	
	输送（y）	不输送（$1-y$）
激励（x）	$pr-e$，$(1-p)\,r+e$	0，w
报复（$1-x$）	$pr-g$，$(1-p)\,r-g$	$h-g$，$w-f$

（二）演化稳定策略

1. 目的地群体演化稳定策略

目的地群体采用"激励，报复"两种策略的期望得益和平均得益分别是：

$$\mu_{1x} = y(pr-e) + (1-y) \times 0$$

$$\mu_{2x} = y(pr-g) + (1-y)(h-g)$$

$$\overline{\mu_x} = x\mu_{1x} + (1-x)\mu_{2x}$$

可得目的地群体采用"报复"策略的复制动态方程为：

$$F(x) = \mathrm{d}x/\mathrm{d}t = x(\mu_{1x} - \overline{\mu_x}) = x(1-x)(\mu_{1x} - \mu_{2x})$$
$$= x(1-x)\big[-(h-g) + (h-e)y\big]$$

求 $F(x)$ 关于 x 一阶导数得：

$$F'(x) = \partial F(x)/\partial x = (1-2x)\big[-(h-g) + (h-e)y\big]$$

令 $F(x) = 0$，可得 $x^* = 0$ 和 $x^* = 1$ 是两个可能的稳定均衡点。现分析在 $(h-g \geqslant 0)$ ∪ $(h-e>0)$ ∪ $(g>e)$ 条件下目的地群体稳定均衡点：

当 $y^* = (h-g)/(h-e)$ 时，总有 $F'(x) = 0$，即所有的 y 都是稳定状态。当客源地群体以 $(h-g)/(h-e)$ 的水平选择"输送"策略时，目地的群体选择两种策略的得益是没有区别的，即所有 x 水平的都是目的地群体的稳定状态。

当 $y^* > (g-h)/(g-e)$ 时，由于 $F'(1) < 0$，所以 $x^* = 1$ 是演化稳定策略，当目的地群体以高于 $(g-h)/(g-e)$ 的水平选择"输送"策略时，目地的群体逐渐由"报复"策略转向"激励"策略，即"激励"策略是目的地群体的稳定均衡点。

当 $y^* < (g-h)/(g-e)$ 时，由于 $F'(0) < 0$，所以 $x^* = 0$ 是演化稳定策略，当目的地群体以低于 $(g-h)/(h-e)$ 的水平选择"输送"策略时，目地的群体逐渐由"激励"策略转向"报复"策略，即"报复"策略是目的地群体的稳定均衡点。

2. 客源地群体演化稳定策略

客源地群体采用"输送，不输送"两种策略的期望得益和平均得益分别是：

$$\mu_{1y} = x[(1-p)r+e] + (1-x)[(1-p)r-g]$$

$$\mu_{2y} = xw + (1-x)(w-f)$$

$$\overline{\mu_y} = y\mu_{1y} + (1-y)\mu_{2y}$$

可得客源地群体采用"输送"策略的复制动态方程为：

$$F(y) = \mathrm{d}y/\mathrm{d}t = y(\mu_{1x} - \overline{\mu_x}) = y(1-y)(\mu_{1x} - \mu_{2x})$$
$$= y(1-y)[(1-p)r-g-(w-f)+(e+g-f)x]$$

求 $F(y)$ 关于 y 一阶导数，得：

$$F'(y) = \partial F(y)/\partial y = (1-2y)[(1-p)r-g-(w-f)+(e+g-f)x]$$

令 $F(y) = 0$，可得 $y^* = 0$ 和 $y^* = 1$ 是两个可能的稳定均衡点。现分析在 $w-f \geqslant (1-p)r-g$ 且 $e+g-f > 0$ 条件下客源地群体稳定均衡点：

当 $x^* = [w-f-(1-p)r+g]/(e+g-h)$ 时，总有 $F'(y) = 0$，即所有的 y 都是稳定状态。当目的地群体以 $[w-f-(1-p)r+g]/(e+g-h)$ 的水平选择"报复"策略时，客源地群体选择两种策略的得益是没有区别的，即所有 y 水平的都是客源地群体的稳定状态。

当 $x^* > [w-f-(1-p)r+g]/(e+g-h)$ 时，由于 $F'(1) < 0$，所

以 $y^* = 1$ 是演化稳定策略。当目的地群体以高于 $[w - f - (1-p) r + g] / (e + g - h)$ 的水平选择"激励"策略时,客源地群体逐渐由"不输送"策略转向"输送"策略,即"输送"策略是客源地群体的稳定均衡点。

当 $x^* < [w - f - (1-p) r + g] / (e + g - h)$ 时,由于 $F'(0) < 0$,所以 $x^* = 0$ 是演化稳定策略。当目的地群体以低于 $[w - f - (1-p) r + g] / (e + g - h)$ 的水平选择"激励"策略时,客源地群体逐渐由"输送"策略转向"不输送"策略,即"不输送"策略是客源地群体的稳定均衡点。

(三) 系统演化稳定性和参数分析

根据一个由微分方程系统描述的群体决策动态的局部均衡点稳定性,可由该系统的雅可比矩阵分析得到的结论,令 $F(x) = 0$ 且 $F(y) = 0$,在平面 $M = \{(x, y) | 0 \leq x, y \leq 1\}$ 上可得演化博弈的 5 个可能的均衡点:$(0, 0)$,$(1, 0)$,$(0, 1)$,$(1, 1)$,(x^*, y^*),各均衡点的雅克比矩阵行列式为:

$$De(J) = \begin{bmatrix} \partial F(x)/\partial x, \partial F(x)/\partial y \\ \partial F(y)/\partial x, \partial F(y)/\partial y \end{bmatrix}$$

$$= \begin{bmatrix} (1-2x)[-(h-g) + (h-e)y], -x(1-x)(h-e) \\ y(1-y)(e+g-f), (1-2y)[(1-p)r - g - (w-f) + (e+g-f)x] \end{bmatrix}$$

$$Tr(J) = \partial F(x)/\partial x + F\partial(y)/\partial y$$

$$= (1-2x)[-(h-g) + (h-e)y] + (1-2y)[(1-p)r - g - (w-f) + (e+g-f)x]$$

计算雅可比矩阵行列式特征值,见表 4-4。

表 4-4 雅克比矩阵特征值

可能均衡点	$Det(J)$	$Tr(J)$
0, 0	$-(h-g)[(1-p)r - w - (g-f)]$	$(1-p)r - w + f - h$
1, 0	$(h-g)[(1-p)r - w + e]$	$(1-p)r - w + e + (h-g)$
0, 1	$-(g-e)[(1-p)r - w - (g-f)]$	$-[(1-p)r - w - g + f] + (g-e)$

可能均衡点	Det （J）	Tr （J）
1，1	（$g-e$）［（$1-p$）$r-w+e$］	－［（$1-p$）$r-w+g$］
x^{*}，y^{*}		0

注：表中的 x^{*} ＝ ［$w-f-$（$1-p$）$r+g$］／（$e+g-f$），y^{*} ＝（$h-g$）／（$h-e$）。

根据表4-4分析不同参数条件下系统的稳定均衡点，共有以下四种情形：

第一，在可能均衡点（0，0）处，当 $g>h$ 时，两种情况下都没有均衡点；当 $g<h$ 且（$1-p$）$r-w-$（$g-f$）<0 时，（0，0）是演化博弈的均衡点，见表4-4（a）。

表4-4（a）　　　　　　　　均衡点的稳定性分析结果

参数条件		Det （J）	Tr （J）	稳定性
$g>h$	（$1-p$）$r-w-$（$g-f$）>0	＋	＋	鞍点
	（$1-p$）$r-w-$（$g-f$）<0	－	＋ －	不稳定
$g<h$	（$1-p$）$r-w-$（$g-f$）>0	－	＋ －	不稳定
	（$1-p$）$r-w-$（$g-f$）<0	＋	－	ESS

第二，在可能均衡点（1，0）处，当 $g<h$ 时，两种情况下都没有均衡点；当 $g>h$ 且（$h-g$）［（$1-p$）$r-w+e$］<0 时，（1，0）是演化博弈的均衡点，见表4-4（b）。

表4-4（b）　　　　　　　　均衡点的稳定性分析结果

参数条件		Det （J）	Tr （J）	稳定性
$g<h$	（$1-p$）$r-w+e>0$	＋	＋	鞍点
	（$1-p$）$r-w+e<0$	－	＋ －	不稳定
$g>h$	（$1-p$）$r-w+e>0$	－	－	鞍点
	（$1-p$）$r-w+e<0$	＋	－	ESS

第三，在可能均衡点 $(0, 1)$ 处，当 $g<e$ 且 $-(g-e)[(1-p)r-w-(g-f)]>0$ 时，$(0, 1)$ 是演化博弈的均衡点；当 $g<e$ 时，两种情况下都没有均衡点，见表 4-4 (c)。

表 4-4 (c)   均衡点的稳定性分析结果

参数条件		$Det(J)$	$Tr(J)$	稳定性
$g<e$	$(1-p)r-w-(g-f)>0$	+	−	ESS
	$(1-p)r-w-(g-f)<0$	−	+ −	不稳定
$g>e$	$(1-p)r-w-(g-f)>0$	−	+	不稳定
	$(1-p)r-w-(g-f)<0$	+	+	鞍点

第四，在可能均衡点 $(1, 1)$ 处，当 $g>e$ 且 $(g-e)[(1-p)r-w+e]>0$ 时，$(1, 1)$ 是演化博弈的均衡点；当 $g<e$ 时，两种情况下都没有均衡点，见表 4-4 (d)。

表 4-4 (d)   均衡点的稳定性分析结果

参数条件		$Det(J)$	$Tr(J)$	稳定性
$g>e$	$(1-p)r-w+e>0$	+	−	ESS
	$(1-p)r-w+e<0$	−	+ −	不稳定
$g<e$	$(1-p)r-w+e>0$	−	−	鞍点
	$(1-p)r-w+e<0$	+	+ −	不稳定

三、客源地和目的地的合作与冲突演化结果分析

现将表 4-4 的均衡点及参数条件总结为表 4-5 进行分析。影响客源地与目的地合作与冲突演化的基本要素，从目的地群体方看有"报复"策略成本（g）、"报复"策略收益（h）和佣金（e）；从客源地群体方看有选择"输送"策略的净收益 $[(1-p)r]$、选择"不输送"策略将游客转给其他目的地的净收益（w）及这种策略下遭受到"报复"的损失（f）。

表 4 - 5　　　　　影响客源地与目的地合作冲突演化的核心要素分析

局部均衡点	参数条件	
	目的地群体核心参数	客源地群体核心参数
0, 0	$g < h$	$(1-p)\ r-w < g-f$
1, 0	$g > h$	$(1-p)\ r+e < w$
0, 1	$g < e$	$(1-p)\ r-w > g-f$
1, 1	$g > e$	$(1-p)\ r+e > w$

　　影响目的地合作与冲突演化博弈的最核心要素是"报复"策略成本。从表 4 - 5 可以看出，四个局部均衡点都以"报复"策略成本为核心进行演化决策，当客源地群体选择"不输送"策略时，就用"报复"策略收益与之比较，根据"报复"策略的纯收益进行演化决策，来选择演化方向，如果报复收益大于成本，就向局部均衡点（报复、不输送）演化；如果报复收益小于成本，就向局部均衡点（激励，不输送）演化。当客源地群体选择"输送"策略时，就用"激励"策略付出的佣金与之比较，如果"报复"策略成本小于佣金，就向局部均衡点（报复、输送）演化，争取更多游客量；如果"报复"策略成本大于佣金，就向就向局部均衡点（激励、输送）演化。

　　影响客源地合作与冲突演化博弈的最核心要素是"输送"策略的净收益与"不输送"策略的净收益之差 $[(1-p)\ r-w]$。从表 4 - 5 可以看出，四个局部均衡点都以 $(1-p)\ r-w$ 为核心进行演化决策，当目的地群体选择"报复"策略时，就与"报复"策略成本与"报复"策略损失差 $(g-f)$ 进行比较，如果净收益之差小于报复成本与报复损失差，则向局部均衡点（报复、不输送）演化；如果"输送"策略的净收益之差大于报复成本与报复损失差，则向局部均衡点（报复、输送）演化。当目的地群体选择"激励"策略时，就将全部净收益，即"输送"策略净收益加佣金 $(1-p)\ r+e$ 与"不输送"策略净收益进行比较，如果"输送"策略的全部净收益小于"不输送"策略净收益，则向局部均衡点（激励、不输送）演化，反之，则向局部均衡点（激励、输送）演化。这一研究，可以为旅游目的地和客源地合作，解决矛盾冲突提供多重启示。

第三节　区域旅游平台商及供应商的合作与冲突

一、旅游网络定制平台及产业链合作关系

当前移动互联网技术迅猛发展，"互联网＋旅游"对旅游产业链的影响几乎是颠覆式的，国内最突出的案例是携程，目前该公司已成为国内最大的旅游代理类平台电商企业。徐明和王欣（2017）研究了携程网的"平台商业模式"的形成过程，在平台构成之前，携程网主要通过"中介代理商"商业模式，依靠供应商的合作取得品质和数量保障的房源、机票等，实现赢利来源是中介代理商的佣金收入和返点收入，商业模式单一。近年来，携程网通过大数据、嵌入服务要素、吸上加盟和资本并购等一系列动作，建立起了强大的网络平台服务体系。

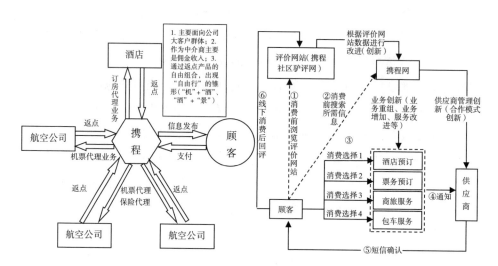

图 4 - 7　携程网从单一的中介代理发展成为网络旅游电商平台

资料来源：徐明，王欣.基于适配机理的在线旅游企业商业模式创新路径分析——以携程为例 [J].湖南社会科学，2017（1）：111 - 116.

毛涛和方田红（2017）等学者研究了携程产业链生态系统，包括以下层次：核心层（携程客户、携程集团、监管者）、支持层（旗下子公司、供应商、在线支付）、衍生层（风险投资、IT 企业、行业协会、移动软件端）等，见图 4 - 8。

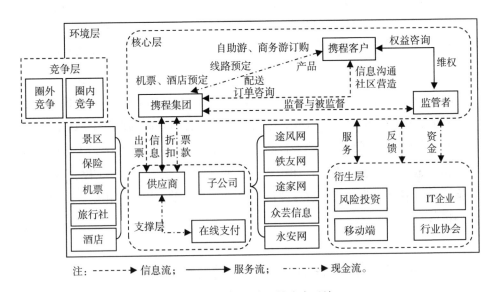

注：- - - -▶ 信息流；──────▶ 服务流；- - · - ·▶ 现金流。

图 4 - 8　携程网产业链生态系统

资料来源：毛涛，方田红，吴燊涛. 旅游代理类电子商务生态系统案例研究——以携程为例［J］. 上海商学院学报，2017，18（5）：39 - 46.

携程网已有效集成了上游包括酒店、景点、交通票务、保险公司等各级产品的供应商和下游低级代理商及顾客，已同全球近 200 个国家和地区超过 25 万家酒店、200 多家航空公司、建立了长期稳定的合作关系（毛涛等，2017）。旅游网络平台形成，重构了旅游产业链，产生了新型合作关系，即平台企业与旅游供应商及上下游关系，催生了许多技术、新产品、新业态，为旅游者提供了方便、快捷、高效、质优的新服务。然而，我们也看到，旅游网络平台的竞争日趋激烈，来自艺龙、途牛、去哪儿、同程、飞猪、蚂蜂窝、驴妈妈等竞争者的压力威胁到携程的产品线，许多平台企业所涉及的盈利端业务板块和盈利来源差异性不大，如提供机票、车票、酒店、跟团游、自由行、租车、景点门票等几乎全部旅游业务的航空公司、酒店、旅游商户等机构，联网平台企业存在较强的竞合行为。伴随着新型产业链关系，旅游资源端公司与平台冲突已不止一次发生，特别是如携程作为在线旅行社（online travel agent，OTA）巨头，拥有大量用户流量，在用户与资源端形成中介，相对于强势话语权的 OTA 平台，资源端的供应商既需要依靠携程带来的流量，又要面对佣金难以覆盖毛利的尴尬（安凌飞）。目前，在线旅游企业已成为酒店与景区等旅游供应商的重要销售和推广平台，且对其形成日益深化的纵向约束关系，这种关系可细分为佣金结构控制、竞价排名控制、低价销售控制与范围经济控制，平台低价竞争已演变为多主体产业链矛盾，导致了旅游供应商抵制和地方行业协会不满。

根据图 4-7 和图 4-8，可以抽象出平台商与供应商两层供应链模型，上游是景区、保险、机票、旅行社、酒店、客栈等分布在国内外各个地区的供应商，其竞争十分激烈；下游的平台商数量不像上游供应商那么多，集中于几家大的相互间具有竞争的平台，如携程、艺龙、途牛、去哪儿、同程、飞猪等。从旅游网络平台企业与供旅游资源端公司的冲突入手，构建演化博弈模型，进行分析研究。

二、平台企业和供应商合作博弈演化模型

（一）博弈方、博弈策略和损益函数

把旅游供应链博弈方分为两个群体：旅游平台商群体和旅游供应商群体。旅游平台商可以选择"接纳"和"不接纳"供应商加入平台两种策略；旅游供应商可根据自己的得益确定"加入"还是"不加入"两种策略。一般来说，平台要建立，必须吸引一定数量的基础供应商，否则平台就建立不起来，假设这个基础供应商数量为 n，经过协商，n 家基础供应商与平台商分享平均佣金为 e；单位成本为 c；供应商为了吸引更多的供应量，花费推广成本为 g；假设供应商要加入却不接纳会损失 f。设加入的平台商获得收益为 r；加入平台后可分担营运成本为 s；加入平台的攻关费（或会员费）为 d。假设旅游平台商选择接纳供应商和不接纳供应商的比例为 x 和 $1-x$；旅游供应商选择"加入"还是"不加入"两种策略比例为 y 和 $1-y$，双方的损益矩阵见表 4-6。

表 4 – 6　　　　　　　旅游平台商与旅游供应商群体博弈损益矩阵

旅游平台商	旅游供应商	
	加入（y）	不加入（$1-y$）
接纳（x）	$ne-nc+\Delta ne-\Delta nc-g,\ r-e-s-d$	$ne-nc-g,\ 0$
不接纳（$1-x$）	$ne-nc-f,\ -d$	$ne-nc-f,\ 0$

（二）演化稳定策略

1. 旅游平台商演化稳定策略

旅游平台商采用"接纳"和"不接纳"两种策略期望得益和平均得益分别为：

$$\mu_{2x}=y\ (ne-nc-f)\ +\ (1-y)\ (ne-nc-f)$$

$$\overline{\mu_x}=x\mu_{1x}+\ (1-x)\ x\mu_{2x}$$

可得旅游平台商采用"接纳"策略的复制动态方程为：

$$F(x)\ =\ \mathrm{d}x/\mathrm{d}t\ =\ x(\mu_{1x}-\overline{\mu_x})+(1-x)(\mu_{1x}-\mu_{2x})$$

$$=\ x(1-x)\big[f-g+(\Delta ne-\Delta nc)y\big]$$

2. 旅游供应商演化稳定策略

旅游供应商采用"加入"和"不加入"两种策略期望得益和平均得益分别为：

$$\mu_{1y}=x\ (r-e-s-d)\ +\ (1-x)\ (-d)$$

$$\mu_{2y}=0$$

$$\overline{\mu_y}=x\mu_{1x}+\ (1-x)\ x\mu_{2x}$$

可得旅游平台商采用"接纳"策略的复制动态方程为：

$$F(y)\ =\ \mathrm{d}y/\mathrm{d}t\ =\ y(\mu_{1x}-\overline{\mu_x})+(1-y)(\mu_{1x}-\mu_{2x})$$

$$=\ y(1-y)\big[-d+(r-e-s)x\big]$$

（三）演化稳定性和参数分析

令 $F(x)=0$ 且 $F(y)=0$，在平面 $M=\{(x,y)\ |0\leqslant x,\ y\leqslant1$ 上可得演化博弈的 5 个可能的均衡点：$(0,0)$、$(1,0)$、$(0,1)$、$(1,1)$、(x^*,y^*)，各均衡点的雅克比矩阵行列式为：

$$De\ (J)\ =\begin{bmatrix}\partial F\ (x)\ /\partial\ x,\ \partial F\ (x)\ /\partial\ y\\ \partial F\ (y)\ /\partial\ x,\ \partial F\ (y)\ /\partial\ y\end{bmatrix}$$

$$=\begin{bmatrix}(1-2x)\ [f-g+\ (\Delta ne-\Delta nc)\ y],\ x\ (1-x)\ (\Delta ne-\Delta nc)\\ y\ (1-y)\ (r-e-s),\ (1-2y)\ [-d+\ (r-e-s)\ x]\end{bmatrix}$$

$$Tr\ (J)\ =\partial F\ (x)\ /\partial\ x+F\partial\ (y)\ /\partial\ y$$

$$=\ (1-2x)\ [f-g+\ (\Delta ne-\Delta nc)\ y]\ +\ (1-2y)\ [-d+\ (r-e-s)\ x]$$

计算雅可比矩阵行列式特征值，见表 4-7。

表 4-7 区域旅游同类质资源争夺开发雅克比矩阵特征值

可能均衡点	$Det\ (J)$	$Tr\ (J)$
0, 0	$-\ (f-g)\ d$	$f-g-d$
1, 0	$(f-g)\ d$	$-\ (f-g)\ -d$
0, 1	$-\ (f-g)\ (r-e-s-d)$	$(f-g)\ -\ (r-e-s-d)$
1, 1	$(f-g+\Delta ne-\Delta nc)\ (r-e-s-d)$	$-\ (f-g+\Delta ne-\Delta nc)\ -\ (r-e-s-d)$
$x^*,\ y^*$		0

注：表中的 $x^*=\ (g-f)\ /\ (\Delta ne-\Delta nc)$，$y^*=d/\ (r-e-s)$。

现根据表 4-7 分析不同参数条件下系统的稳定均衡点，因为 $d>0$，在四种情况下的稳定均衡点如表 4-8 所示。

表 4-8 均衡点的稳定性分析结果

可能点	参数条件	$Det\ (J)$	$Tr\ (J)$	稳定性
0, 0	$f>g$ 且 $d>0$	$-$	$+\ -$	不稳定
	$f<g$ 且 $d>0$	$+$	$-$	ESS
1, 0	$f>g$ 且 $d>0$	$+$	$-$	ESS
	$f<g$ 且 $d>0$	$-$	$+\ -$	不稳定
0, 1	$f>g$ 且 $r-e-s-d>0$	$-$	$+\ -$	不稳定
	$f>g$ 且 $r-e-s-d<0$	$+$	$+$	鞍点
	$f<g$ 且 $r-e-s-d>0$	$+$	$-$	ESS
	$f<g$ 且 $r-e-s-d<0$	$-$	$+\ -$	不稳定

续表

可能点	参数条件	Det（J）	Tr（J）	稳定性
1, 1	$f-g+\Delta ne-\Delta nc>0$ 且 $r-e-s-d>0$	+	−	ESS
	$f-g+\Delta ne-\Delta nc>0$ 且 $r-e-s-d<0$	−	+ −	不稳定
	$f-g+\Delta ne-\Delta nc<0$ 且 $r-e-s-d>0$	−	+ −	不稳定
	$f-g+\Delta ne-\Delta nc<0$ 且 $r-e-s-d<0$	+	+	鞍点

三、平台商和供应商的合作与冲突演化博弈结果分析

影响双方合作的因素有三个，旅游平台商新增的会员的纯收益（$\Delta ne-\Delta nc$）、不接纳损失与会员费之差（$f-g$）和旅游供应商纯收益（$r-e-s-d$）。见表4-9。

表4-9　　　　　　　平台商与供应商合作演化的核心要素分析

局部均衡点	参数条件	情形
0, 0	$r-e-s-d<0$，$f<g$	不接纳损失小于会员费
1, 0	$r-e-s-d<0$，$f>g$	不接纳损失大于会员费
0, 1	$r-e-s-d<0$，$f<g$	供应商纯收益为正，且不接纳损失小于会员费
1, 1	$r-e-s-d>0$ 且 $f-g+\Delta ne-\Delta nc>0$	①$f-g>0$ 且 $\Delta ne-\Delta nc>0$ ②$f-g>0$ 且 $\Delta ne-\Delta nc<f-g$ ③$f-g<0$ 且 $\Delta ne-\Delta nc>\mid f-g\mid$

当旅游供应商纯收益小于零，不接纳损失小于会员费时，演化均衡于（不接纳，不加入）；当旅游供应商纯收益小于零，不接纳损失大于会员费时，演化均衡于（接纳，不加入）；当旅游供应商纯收益大于零，不接纳损失小于会员费，演化均衡于（不接纳，加入）。

当旅游供应商纯收益大于零时，有三种情形的演化均衡于（接纳，加入）：一是不接纳损失与会员费之差大于零，且旅游平台商新增的会员的纯收益大于零时；二是不接纳损失与会员费之差大于零，且这个差大于旅游平

台商新增的会员的纯收益时；三是不接纳损失与会员费之差小于零，且其差的绝对值小于旅游平台商新增的会员的纯收益时，演化均衡于（接纳，加入）。

第四节　区域旅游服务主体与旅游者的合作与冲突

一、服务主体与旅游者的博弈关系

为保障旅游者和旅游经营者的合法权益，规范旅游市场秩序，保护和合理利用旅游资源，促进旅游业持续健康发展，国家制定《中华人民共和国旅游法》于 2013 年 10 月 1 日起施行后，市场秩序大为改观。但是要改变旅游产业链直接面对旅游者这一环节长期存在零负团费、超低价现象、宰客等顽疾问题，如天价虾事件和云南导游强制购物等现象，仍时有发生。在 1999 年，钱林晓（1999）就开始探讨解决旅游宰客问题；李雨生（2016）构建全生态的旅游生态链模型，对游客、导游、旅行社、景点、政府相互之间的关系寻找宰客原因，提出加强游客自身素质和导游队伍素质建设；胡亚光、吴志军、胡建华（2016）则建议通过强化旅游主体长期价值观念、加大经营者短期行为成本约束、积极推动导游薪酬制度改革、建立旅游市场长效利益体系等相关举措以促进旅游市场机制良性回归；贺瑞（2017）认为应加大处罚力度，形成对价格宰客行为的联合执法力量。

当代旅游产业链环境下，特别是旅游线上服务环境中，旅游服务主体与旅游者组成十分复杂的经济社会技术和营销网络，如图 4-9 所示。组团社在客源地组团，发包给地接社，地接社负责游客的组织，但地接社的服务又靠供应商（食住行游购娱等要素产品供应商）直接面对和服务游客。因此，导致较为复杂和利益链、价值链，造成较复杂的合作与冲突关系。

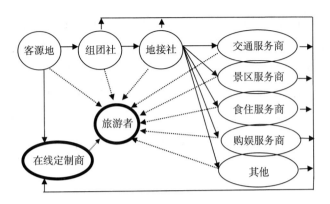

图 4 – 9 服务主体与旅游者的关系

注：实践为供应方向；虚线为服务方向。

二、服务主体与旅游者的演化博弈模型

（一）博弈方、博弈策略和损益函数

把旅游终端供应链博弈方分为两个群体：旅行社群体和游客群体。旅行社群体可以选择"低价"和"正常价"两种策略；游客群体"投诉"还是"不投诉"两种策略。在旅游市场日益激烈竞争中，一方面，由于行程信息不透明，游客与组团社对服务的信息存在不对称，在即有市场信息条件下，游客唯有以价格高低作为决策依据，也就是说同一旅游行程，哪个旅行社的团费价格低选择哪家旅行社。另一方面，由于有要素服务商（食住行购娱服务商）销售产品回扣返点的承诺，组团社与地接社（含司机）的收入结构变成两部分，即游客团费分成与要素服务商的人头费返点，因此，只要要素服务商的人头费返点超过营运成本时，旅行社就可能完全低团费、零团费甚至负团费组织竞争数量更多的游客，并最大限度接近甚至触及法律底线强迫游客除团费之外的购物消费。

假设一定时期中的游客总量为 q，旅行社群体如正常价 p 可招揽到 f（$0 \leqslant f \leqslant 1$）比例的游客，如果降低价格到（$p - \Delta p$）招揽游客（$f + \Delta f$）比例的游客，假设要素服务商（如购物店、景区、演艺公司、宾馆等）给旅行社的游客人头费回扣为每人次 r 元，单位游客的刚性服务成本为 c，那么在正常价的情况下，旅行社的纯收益为 $qf(p + r - c)$；如果降低价格虽然争到了游客量，同一行程的旅游服务质量将降低，引起游客不满意度的同时还面临游客投诉，假设游客不满意

度为 k，处理投诉的成本为 h，受到的惩罚和损失为 d，这时旅行社的纯收益为 q $(f+\Delta f)$ $(p-\Delta p+r-c)$ $-h-d$。假设游客投诉收益为 w，投诉成本为 e。假设旅行社群体选择低价和正常价的比例为 x 和 $1-x$；游客群体选择"投诉"和"不投诉"两种策略比例为 y 和 $1-y$，双方的损益矩阵见表 4 - 10。

表 4 - 10   旅行社群体和游客群体博弈损益矩阵

旅行社群体	游客群体	
	投诉（y）	不投诉（$1-y$）
低价（x）	$q(f+\Delta f)(p-\Delta p+r-c)-h-d,\ w-e-k$	$q(f+\Delta f)(p-\Delta p+r-c),\ -k$
正常价（$1-x$）	$qf(p+r-c)-h,\ -e$	$qf(p+r-c),\ 0$

（二）演化稳定策略

1. 旅行社群体演化稳定策略

旅行社群体采用"低价"和"正常"两种策略的期望得益和平均得益分别为：

$$\mu_{1x}=y\left[q(f+\Delta f)(p-\Delta p+r-c)-h-d\right]+$$
$$(1-y)\ q(f+\Delta f)(p-\Delta p+r-c)$$
$$=q(f+\Delta f)(p-\Delta p+r-c)-(h+d)\ y$$
$$\mu_{2x}=y\left[qf(p+r-c)-h\right]+(1-y)\ qf(p+r-c)$$
$$=qf(p+r-c)-hy$$
$$\overline{\mu_x}=x\mu_{1x}+(1-x)\ x\mu_{2x}$$

可得旅行社群体采用"低价"策略的复制动态方程为：

$$F(x)=\mathrm{d}x/\mathrm{d}t=x(\mu_{1x}-\overline{\mu_x})+(1-x)(\mu_{1x}-\mu_{2x})$$
$$=x(1-x)\left[q\Delta f(p-\Delta p+r-c)-qf\Delta p-dy\right]$$

2. 游客群体演化稳定策略

游客群体采用"投诉"和"不投诉"两种策略的期望得益和平均得益分别为：

$$\mu_{1y}=x(w-e-k)+(1-x)(-e)$$
$$\mu_{2y}=-kx$$
$$\overline{\mu_y}=x\mu_{1x}+(1-x)\ x\mu_{2x}$$

可得游客群体采用"投诉"策略的复制动态方程为：

$$F(y)=\mathrm{d}y/\mathrm{d}t=y(\mu_{1x}-\overline{\mu_x})+(1-y)(\mu_{1x}-\mu_{2x})$$
$$=y(1-y)\left[-e+wx\right]$$

（三）演化稳定性和参数分析

令 $F(x)=0$ 且 $F(y)=0$，在平面 $M=\{(x, y) \mid 0 \leqslant x, y \leqslant 1$ 上可得演化博弈的 5 个可能的均衡点：$(0, 0)$，$(1, 0)$，$(0, 1)$，$(1, 1)$，(x^*, y^*)，各均衡点的雅克比矩阵行列式为：

$$De(J)=\begin{bmatrix} \partial F(x)/\partial x, & \partial F(x)/\partial y \\ \partial F(y)/\partial x, & \partial F(y)/\partial y \end{bmatrix}$$

$$=\begin{bmatrix} (1-2x)[q\Delta f(p-\Delta p+r-c)-qf\Delta p-dy], & x(1-x)(-d) \\ y(1-y)w, & (1-2y)(wx-e) \end{bmatrix}$$

$$Tr(J)=\partial F(x)/\partial x+F\partial(y)/\partial y$$

$$=(1-2x)[q\Delta f(p-\Delta p+r-c)-qf\Delta p-dy]+(1-2y)(wx-e)$$

计算雅克比矩阵行列式特征值，见表 4-11。

表 4-11　　　　旅行社群体和游客群体演化博弈的雅克比矩阵特征值

可能点	$Det(J)$	$Tr(J)$
0,0	$-[q\Delta f(p-\Delta p+r-c)-qf\Delta p]e$	$[q\Delta f(p-\Delta p+r-c)-qf\Delta p]-e$
1,0	$-[q\Delta f(p-\Delta p+r-c)-qf\Delta p](w-e)$	$-[q\Delta f(p-\Delta p+r-c)-qf\Delta p]+(w-e)$
0,1	$[q\Delta f(p-\Delta p+r-c)-qf\Delta p-d]e$	$[q\Delta f(p-\Delta p+r-c)-qf\Delta p-d]+e$
1,1	$[q\Delta f(p-\Delta p+r-c)-qf\Delta p-d](w-e)$	$-[q\Delta f(p-\Delta p+r-c)-qf\Delta p-d]-(w-e)$
x^*, y^*		0

注：表中的 $x^*=e/w$，$y^*=[q\Delta f(p-\Delta p+r-c)-qf\Delta p]/d$。

现根据表 4-11 分析不同参数条件下系统的稳定均衡点，如表 4-12 所示。

表 4-12　　　　　　　　均衡点的稳定性分析结果

可能点	参数条件	$Det(J)$	$Tr(J)$	稳定性
0, 0	$q\Delta f(p-\Delta p+r-c)-qf\Delta p>0$	-	+-	不稳定
	$q\Delta f(p-\Delta p+r-c)-qf\Delta p<0$	+	-	ESS
1, 0	$q\Delta f(p-\Delta p+r-c)-qf\Delta p>0$, $w-e>0$	-	+-	不稳定
	$q\Delta f(p-\Delta p+r-c)-qf\Delta p>0$, $w-e<0$	+	-	ESS

续表

可能点	参数条件	$Det(J)$	$Tr(J)$	稳定性
1, 0	$q\Delta f(p-\Delta p+r-c)-qf\Delta p<0,\ w-e>0$	+	+	鞍点
	$q\Delta f(p-\Delta p+r-c)-qf\Delta p<0,\ w-e<0$	−	+ −	不稳定
0, 1	$q\Delta f(p-\Delta p+r-c)-qf\Delta p-d>0$	+	+	鞍点
	$q\Delta f(p-\Delta p+r-c)-qf\Delta p-d<0$	−	+ −	不稳定
1, 1	$q\Delta f(p-\Delta p+r-c)-qf\Delta p-d>0,\ w-e>0$	+	−	ESS
	$q\Delta f(p-\Delta p+r-c)-qf\Delta p-d>0,\ w-e<0$	−	+ −	不稳定
	$q\Delta f(p-\Delta p+r-c)-qf\Delta p-d<0,\ w-e>0$	−	+ −	不稳定
	$q\Delta f(p-\Delta p+r-c)-qf\Delta p-d<0,\ w-e<0$	−	+	不稳定

三、旅行社和游客的合作与冲突演化博弈结果分析

影响旅行社和游客的合作与冲突稳定均衡的因素有三个：低价吸引增加游客的净收入 $q\Delta f(p-\Delta p+r-c)$、因降价而减少的收入 $qf\Delta p$、受惩罚的损失 d、游客投诉收益 w、投诉成本 e。见表 4−13。

表 4−13　　　　　　　　　旅行社和游客演化博弈核心要素分析

局部均衡点	参数条件	情形
0, 0	$q\Delta f(p-\Delta p+r-c)<qf\Delta p$	低价吸引增加游客的净收入小于因降价而减少的收入
1, 0	$q\Delta f(p-\Delta p+r-c)>qf\Delta p,\ w<e$	低价吸引增加游客的净收入大于因降价而减少的收入，且投诉收益小于投诉成本
0, 1	无	不存在稳定条件
1, 1	$q\Delta f(p-\Delta p+r-c)-d>qf\Delta p$ $w>e$	低价吸引增加游客的净收入与惩罚损失之差大于因降价而减少的收入，且投诉收益大于投诉成本

当旅行社以低价吸引增加游客的净收入小于因降价而减少的收入时，即 $q\Delta f(p-\Delta p+r-c)<qf\Delta p$ 时，稳定均衡点是（0，0），即（正常价，不投诉）是演化的稳定策略。

当旅行社低价吸引增加游客的净收入大于因降价而减少的收入，即 $q\Delta f$ $(p-\Delta p+r-c)>qf\Delta p$，且投诉收益小于投诉成本即 $w<e$ 时，稳定均衡点是 $(1,0)$，即（低价，不投诉）是演化的稳定策略。

当旅行社低价吸引增加游客的净收入与惩罚损失之差大于因降价而减少的收入即 $q\Delta f(p-\Delta p+r-c)-d>qf\Delta p$，且投诉收益大于投诉成本即 $w>e$ 时，稳定均衡点是 $(1,1)$，即（低价，投诉）是演化的稳定策略。

需要说明的是 $(0,1)$ 点，即（正常价，投诉）不存在稳定策略的条件，因为旅行社按正常价保质保量合规合法经营，游客投诉得不到补偿，反而损失投诉成本，不符合理性人假设。

第五章

旅游地与社区的合作与冲突分析

　　旅游地与社区的合作与冲突，在武陵山区主要表现为两种形态：一是景村一体化，即在未开发旅游前，星罗棋布的村寨散布在自然山水风光旖旎的地理区内，这些地理区后来开发成旅游景区，景区与村寨成为一体，如张家界武陵源景区中就分布有袁家界村等几十个村寨；湘西州矮寨景区分布的有德夯村等几十个村寨；铜仁梵净山景区分布着如云舍土家寨、寨沙侗寨等上百个村寨。二是景城一体化，即在未开发旅游前，武陵山区沿江河分布着许多风光秀美、民族和历史文化浓烈的古城古镇，这些城镇后来开发成旅游景区，景区与城区成为一体，如湘西凤凰古城的芙蓉镇、里耶古镇、边城镇等；贵仁的镇远古城、朱沙古镇等；渝东南的龙潭、龚滩、濯水三大古镇等。这两种形态具有一般性，国内许多景区属于景村和景城一体化，形成了当地政府、投资开发商、当地经营户、社区居民（村寨居民和城镇居民）、旅行社、游客等多主体直接利益相关者的复杂合作与冲突关系。

第一节　利益相关者文献综述

　　由于旅游地与社区的合作与冲突涉及多主体直接利益相关者的复杂关系，所以有必要梳理利益相关者研究文献。国内外关于旅游利益相关者的研究，是从概念、利益主体构成和各利益主体之间相互作用的关系来展开的。

　　关于利益相关者概念界定。20 世纪中期，利益相关者的概念就已被提出，费里曼（1984）发表了《战略管理：利益相关者方法》，利益相关者才拥有一个较为完整并独立的体系，该书的内容给利益相关者后来的研究奠定了理论基础。费尔曼认为，利益相关者指的是"所有对实现组织目标造成影响或者受这种实现所影响的个人或者团体"①。惠尔斯（Wheels，1990）提出各利益相关者对企业战略的影响是不相同的。随后，被利益相关者引入并应用到旅游领域，西蒙斯（Simmons，1994）认为旅游业要想得到长期的发展，必须想办法提高社区参与规划的积极性。大部分的研究者都是从古镇居民、游客和目的地以及公众参与等角度出发，研究的时间主要分布在20世纪70~80年代，伯德和克斯特克（E. T. Byrd and Gustke，2007）主要对在旅游开发过程中利益相关者的态度，以及旅游业可持续发展的问题进行研究。穆尔基恩（Mulkeen，2012）认为极有必要将公共参与者引入利益相关者管理与发展中来。

旅游利益相关者的利益主体构成研究。吕宛青（2007）指出，与旅游目的地经济发展有关系的个人或群体是旅游目的地的利益相关者；肖瑶和阎友兵（2007）则指出，旅游区利益相关者是那些会与旅游景区产生关系的个人或群体，他们既可以是旅游区内部的雇员，也可以是外部的政府或普通游客；旷雄杰（2010）则将旅游业中的利益相关者划分为边远利益相关者、战略利益相关者和核心利益相关者三个层次；瑞恩（2010）将旅游业中的经营者作为核心，列举了与旅游开发过程相关的12个利益相关者，分别是群体和员工、地方和国家吸引物、地方旅游局、交通供应商、饭店、国家旅游组织、媒体组织、最终消费者、旅行代理商、中央政府、地方政府旅游营销部门等。由此可以看出，将不同相关者作为核心，所列举出的利益相关者也会有所区别，所以应该在对相关者进行实地研究的基础上，做出利益相关者的正确界定，并对其进行分类。王素洁（2012）等在将旅游目的地管理机构与各利益主体作为核心，提出11类利益相关者，分别是酒店、餐馆、员工、居民、会议中心、董事会、商业协会、旅游景点、大学、地方（乡、村）政府、地市和省政府。王欢喜（2013）把旅游规划者作为核心，在研究弗里曼的利益相关者图谱的基础上，提出以下八个利益相关者，即本地市民、员工、积极团体、政府部、游客、竞争者、国家商务和本地商户。黄昆（2013）认为旅游利益相关者应该是在那些影响旅游企业目标实现的个人或群体。夏赞才（2013）则将利益相关者划分为三个层级，即核心层、战略层和外围层，通过利益性质、影响力和关系程度可以将不同的个体或群体归入到不同的层级中。黄翅勤和彭惠军

① R. 爱德华·弗里曼. 战略管理：利益相关者方法［M］. 上海译文出版社，2006.

（2017）通过研究衡山景区的相关利益者，认为该景区的利益相关者为游客、政府部门、当地居民和旅游企业四个方面。鲁小波和陈晓颖（2017）提出 10 类利益相关者，分别是员工、游客、地方政府居民、顾问委员会、旅游经营商、动植物保护协会、地方利益团体等。

关于旅游规划和管理过程中的利益相关者研究。许多研究均选择从利益相关者作为研究的出发点，这类研究以利益相关者参与旅游规划和管理为核心，相关者需要与另外的利益方协调与合作，通过参与旅游规划和管理在实现己方利益的同时保证旅游地和相关方的利益。卡钦斯基和亚伦（Tkaczynski and Aaron，2012）指出旅游市场的目的性和未来发展趋势可以通过区分利益相关者获得较为明确的信息。尤克塞尔（Yuksel et al.，2015）以土耳其世界遗产地帕穆克卡莱（Pamukkale）的规划和保护作为研究内容，以在该项目的利益相关方作为研究对象，指出相关方在遗产地的规划和保护中具有提供参考信息的作用，通过相关者反复和连续提供的意见可以保证规划较为顺利的进行。

关于旅游可持续性发展中的利益相关者研究。资源环境的逐渐恶化是促进资源可持续发展的重要因素，在大的社会环境下，可持续发展的核心观念必须以不破坏环境为前提，该观念的提出既符合目前的社会发展要求，也为将来的发展留下了发展资源。在旅游行业中也必须要推广可持续发展的观念，世界环境发展委员会也指出旅游可持续发展必须要以"利益相关者"作为发展的必要条件。旅游可持续性发展一经提出，国外该领域的很多学者对此也开展了进一步的研究。赖安（Ryan，2007）在其研究中指出了利益相关者之间的关系、权利分享和资源分配是影响旅游可持续性发展的重要因素。"可持续性"不能局限在狭隘的相关者理论框架中。昆塔诺（Quintano C.，2012）等调查了关于意大利那不勒斯项目中的利益相关者的三项内容，第一，运营商的可持续性；第二，公众对于可持续性的理解程度；第三，旅游质量和认证的评价标准。

关于旅游开发过程中的利益相关者研究。国内的旅游区大多是以政府作为主导方而进行开发，长此以往对相关利益者则会难以被发现，而利益者群体的规划和开发意见这一重要的参考信息则难以获取。郭丽华在对我国旅游行业现状进行调查后发现，我国旅游规划中存在多处不协调，其主要原因在于旅游利益相关者与旅游规划之间的利害关系没有得到重视或有效解决，旅游规划的可操作性弱。为此，郭丽华（2006）提出优化旅游规划模式的相关建议与策略。张兵和刘芳（2008）等以傣族等少数民族社区旅游利益相关者为研究对象，对云南省玉溪新平县漠沙镇大沐浴化生态村进行实证研究，深入少数民族旅游社区开发过程中存在的问题。李欢欢和李悦铮（2010）等人对大连山群岛旅游度假区进行了实证研究，并在此基础上提出了海岛度假区优化方案，旨在最大限度的增进旅游利益相关者的礼仪。张曦（2017）则通过对海南岛进行实证研究分析旅游利益相关者与旅游开发模式之间的关系。

关于利益相关者协调机制的研究方面。旅游地区的建设与发展和旅游区利益相关者之间具有十分紧密的联系。利益相关者作为制约条件，影响旅游地区发展的主要人物，协调好利益相关者之间的关系，使其形成良好利益竞争关系，而后逐渐成为旅游领域研究的热点之一。陈春泉和陆利军（2008）等人通过实证研究得出，要想较好的发展风景区规划，就必须将建设多元利益主体协调发展系统作为工作的重点。王德刚和贾衍菊（2008）在对旅游开发体系中，利益相关者付出成本、构成结构、预期利益进行分析后，认为利益、成本均衡化分配是减少利益冲突的重要条件。陈岩峰（2008）则通过科学分类法对峨眉山景区的利益相关者进行分类后，提出了实现主体利益相关者利益的方式，并明确了利益诉求方式，使景区可持续发展与利益相关者理论之间实现了完美融合。王兆峰和腾飞（2012）则通过对西部古镇型旅游目的地社区旅游利益相关者间矛盾进行分析后，认为利益均衡和文化整合是解决这一矛盾的有效方式。张广海和陈冉（2016）通过共生理论和利益相关者理论对济南九顶塔中华民俗欢乐园景区进行实证研究后得出，构建制约与平衡体制是解决利益相关者之间矛盾的主要方式。

关于利益相关者博弈关系研究方面。利益相关者间的利益冲突和矛盾作为影响旅游区发展的一个关键原因，对利益相关者间博弈关系进行研究也具有重大意义。张俐（2012）在对旅游区居民与开发商间关系进行实证研究后，得出居民、政府、开发商之间利益博弈相互平衡，但该研究的主要目的在于协调各利益群体间关系，建立有效的发展战略和方针。王则柯（2017）通过劣势策略消去法得出保护法是旅游规划师与开发商之间进行博弈时双方都能采取的最优方式之一。张河清（2017）则认为，协调和改善利益相关者之间的博弈关系时，最有效的方式是提高区域旅游协作发展速度。

第二节 景村一体化合作与冲突

一、景村一体化概念及袁家界村案例

(一)景村一体化概念

一直以来，风景名胜区中的原始村落是没有较确切的称谓的，浙江省杭州市政府首先提出了"景中村"的概念。《杭州西湖风景名胜区景中村管理办法》中将"景中村"定义为由杭州西湖风景区管理委员会托管，西湖街道下属，与西湖风景区特定景区融为一体的村（社）。"景中村"可界定为已纳入风景区规划和管理范围之内，土地集体所有，行政上设立村民委员会，主要居民为农业户口，保留村落的风俗风貌的社区聚落。"景中村"是我国旅游业快速发展进程中所带来的特殊产物，旅游开发过程中，因自然旅游资源或人文旅游资源的开发或生态旅游保护的需要，旅游资源丰厚程度及开发旅游业可行性高低将一地区划分为自然保护区、森林公园、风景名胜区等不同的旅游目的地，而这些景区内可能会有原住民，随着景区的建立原有村落就一并被纳入景区管理范围，其土地归集体所有，实行农村集体所有制，成为有别于自然村的"景中村"。作为这些景区十分重要的组成部分，"景中村"依附其得天独厚的区位条件、传统的原生态民俗风情文化和丰富的剩余劳动力资源条件，为景区旅游资源的开发和利用起着重要的支撑作用。

1973 年，美国学者哈林顿（J. Harrington）在其著作 *Computer Integrated Manufacturing* 一书中提出 CIMS（计算机集成制造系统）的概念，随后，在生产、经营各个范围内，广泛采用集成（即一体化）的概念，即一体化是指企业将通过外部市场进行的交易内部化的过程，这个过程不仅是指存在于市场上的企业相互联合的过程，而且也是指基本生产要素被组织起来并进而形成一个企业的过程。一体化可分为三种类型，即纵向一体化、横向一体化和混合一体化。纵向一体化即为企业在供产销方面实行纵向渗透和扩张，由原来的市场协调转化为企业内部管理协调，减少交易成本，实现规模经济和范围经济；横向一体化是指企业在原有生产经营范围内，通过兼并、联合同类企业或投资兴建新的生产经营单位，其实施形式主要有合并与结成战略联盟；混合一体则是指企业通过一定的方式控制多个产业中的若干生产经营单位，实行跨行业经营，通过利用共同资源，降低单位产出成本，实现范围经济。

"景"即风景区，"村"即原始村落，虽是两个不同的本体和独立系统，但风景区依附于其所在的原始村落之中，并与其发展的各方面息息相关。风景区与"景中村"在空间上具有相邻、重叠乃至重合的位置关系，相互依赖，共同发展。风景区主体空间寓于"景中村"之中，旅游基础设施大部分与景中村的基础设施是一致的，利益价值的共享，空间位置的重合，相互影响、相互渗透，使风景区和景中村难以相互割舍。风景区的发展离不开"景中村"的特殊环境，影响其发展的要素主要有政府机构、社区、村民、社会公益团体等；"景中村"的发展也根植于风景区的特殊环境中，影响其发展的要素主要有风景区管理机构、旅游行业现状、旅游者、志愿团体、相关的社会机构等，两者之间的发展相互依赖、相互影响、相互促进，以达到共同发展壮大的良好局面。

我国较早实施"景村一体化"是湖北省武汉市占地面积 73 平方公里的东湖景区。从 2006 年 6 月，武汉市政府将环东湖的 12 个村、2 个渔场的近 10 万农户，纳入武汉东湖风景旅游区管委会托管。东湖管委会提出了"景村一体化"的发展理念，开始了大东湖景区社会民生与旅游业和谐发展的探索。从资源保护的角度来看，风景区内原有的农村居民点理应尽可能的外迁出去，由于移民拆迁的社会成本大，操作起来困难重重，本着能充分发挥"景中村"在景区建设中的积极作用，对区内的"景中村"进行了适当的保留和优化整合。

结合"景中村"和"一体化"的概念，这里将"景村一体化"定义为已纳入风景区规划和管理范围之内，土地集体所有，行政上设立村民委员会，主要居民为农业户口，保留村落的风俗风貌的社区聚落与该村落或社区通过某种方式逐步结合成为一个单一实体的过程。其所涉及的各个实体利益相关者之间在文化、经济、制度等方面相互融合、全面互动。景村一体化的基本特征在于自愿性、平等性和利益让渡性，其核心是各利益主体利益的让渡是一个长期的过程，在这一过程中制度化和法律化就成为实现景村一体化的基本前提和保障。

景村一体化的发展需要利益各方的支持和协助。原始村落良好的经济基础和完善的功能结构与基础设施，为景区的开发和建设提供优越的条件；景区的开发给原始村落带来了发展机遇，并能带动村级集体经济的发展。一方面景区的建设与发展需要景中村的支持和帮助，村民如何看待旅游业以及对旅游者的态度，对景区旅游业的发展至关重要；另一方面，景中村的建设与发展也离不开景区的支持和帮助，景区旅游业的发展，改善了村里的交通条件，加强了与外界的沟通，推动了当地社会经济的发展，因此，景村一体化的发展需要互相的支持和协助。

(二) 袁家界村的景村一体化

张家界市因其拥有罕见的张家界地貌而闻名①，原名大庸市，1994 年 4 月更名为张家界市，1988 年 5 月经国务院批准建立地级市，辖永定区、武陵源区、慈利县、桑植县，总面积为 9516 平方公里。张家界核心景区武陵源风景名胜区，是由张家界国家森林公园、索溪峪自然保护区、天子山自然保护区、袁家界自然保护区构成，1992 年被联合国教科文组织评定为世界自然遗产地。本文案例袁家界村处于张家界国家森林公园的袁家界核心景区之中，在 1983 年张家界国家森林公园管理处成立之后由其代管，地处张家界国家森林公园北部（29°35'N，110°54'E），总面积 13110 亩，平均海拔 1074 米，袁家界村是西高东低的傍山台地，由三个村民小组组成，分别为上坪组、中坪组和下坪组，三个居民小组因其所在地势差异而得其名，上坪组所处地势最高，其次是中坪和下坪。上坪原名刘家檐，后为统一称呼，改为上坪，见图 5 - 1。现有居住农户 161 户，在册人口 483 人，其中男性 222 人，女性 261 人，见表 5 - 1。

---

① 张家界地貌原名"石英砂岩峰林峡谷地貌"，在 2010 年 11 月，在张家界砂岩地貌国际学术研讨会上，国际地貌学家协会副主席彼得·米根等来自新西兰、英国、波兰、澳大利亚、美国、德国和日本 7 个国家的 16 位国外地貌学权威，以及中国科学院院士李廷栋、刘嘉麒等 20 多位知名地质地貌学专家，将张家界特征鲜明、规模巨大的独特砂岩地貌类型，确定为"张家界地貌"，凡在世界任何国家和地区发现类似张家界石英砂岩峰林的地貌，都可统称"张家界地貌"。自此，"张家界地貌"获得国际学术界认定。

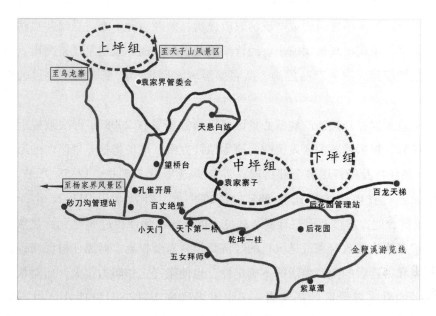

图5-1　袁家界村位置示意

表5-1　　　　　　　　　　2017年末袁家界村人口统计

组别	户数	人口	
		男	女
上坪组	64	99	89
中坪组	46	75	59
下坪组	51	87	74
合计	161	261	222

资料来源：袁家界村村委会统计资料。

20世纪90年代末，武陵源风景区内由于大规模人造建筑，被联合国教科文组织遗产评定委员会亮黄牌警告，于是"景村一体化"战略开始试点，区内进行了大拆迁，拆去了大量的宾馆酒店等旅游接待设施，但在对区内原住民的拆迁移民问题时，管理者根据当时的园情和旅游发展状况，提出了"隐蔽式的拆迁安置"，即将散落的村民点统一划归，进行集中安置。村民可将自己的居住房统一改建为旅游接待房（家庭旅馆），从事餐饮、住宿等服务经营项目。随着袁家界国家森林公园的建设，由天子山索道、天子山至袁家界景区的公路、环保客运、百龙电梯等多元化通道的开通，特别是电影《阿凡达》上映，袁家界景区事件营销策略成功效应显现，游客络绎不绝，呈现井喷状，家庭旅馆接待模式显现出规模小、经营不规范，散、乱、差现象日益突出，村民随意搭棚摆摊、服务产品虚高、欺客宰客现象陡增，严重影响旅游目的地美誉度。

武陵源世界自然遗产地核心景区移民搬迁安置在 2008 年再次被提上了政府的议程，根据武陵源区人民政府原本拟订方案，准备将核心景区内的所有村（居）民住房及经营用房全部拆除，涉及拆迁房屋 757 栋、17.58 万平方米，含袁家界村在内的被拆迁户 885 户、2689 人，涉及水田 911.21 亩、旱地 633.5 亩。此方案涉及面广且复杂，投入拆迁成本预计超过 3 亿元。显然，这一方案对武陵区政府来说是沉重的经济负担，需要权衡。对原住村民来说，背井离乡和搬迁后的生产生活的不确定性，也使搬迁工作阻力很大。而对执行搬迁任务的袁家界景区的托管者——张家界国家森林公园管理处（以下简称"张管处"）来说，要做好搬迁工作，动员村民也是困难重重。让各方能接受的方案当然是既能使原住民不背井离乡，充分享有旅游发展成果，造福子孙后代，从感情上自愿接受，又能使旅游资源开发和利用更趋合理，保护袁家界的丰厚资源，维护生态平衡。

张管处根据张家界市国家旅游综合改革试点城市发展方案以及湖南省乡村旅游建设"3521"工程，并结合 30 多年来在管理服务中总结创造的"处级干部包组帮扶、科级干部包户帮困"的旅游反哺农业的机制，提出实施"景村一体化"构想，并在已有一定基础的袁家界先行试点。区内中坪组的几户村民出租住房，由外来投资者整合资源、挖掘山寨民俗风情资源，建成集民俗演绎、民俗体验、参观等于一体的人文景观而对外出售，将收益按照投资成本的比例进行分红的"袁家寨子经营模式"成功为"景村一体化"提供了思路，若将全部村民整体外迁，重新选址建新村，由投资商对现有的三个居民小组住房进行再开发，将袁家界村按旅游接待区、户外运动区、写生摄影区分区建成生态文明的高端旅游休闲度假村，村集体及村民以土地等资产入股，每年可获得一定比例的分红。那么，即可以解决村民对搬迁后生产生活不确定性的担忧，又解决了政府搬迁负担成本过大的问题，也为张管处规范管理景区提供了好的模式。

（三）景村一体化中的利益相关者

景村一体化的过程，实质就是资源分配和利益平衡的过程，是各利益主体之间通过交易、协调、利益让渡和责任分担而进行社会建制的过程。根据斯沃德布鲁克（Swardbrooke，1999）的研究，可持续旅游的主要利益相关主体包括当地社区、政府机构、旅游业、旅游者、压力集团、志愿部门、专家、媒体等。众多案例表明，景区发展的关键因素就是处理各利益相关者能力问题。因此，了解、分析景村一体化中各利益相关主体，分析各自参与旅游的动机、目的、行为，是建立合理的协调机制，确保景村健康发展的前提。以袁家界景村一体化中的各利益相关主体对此问题进行解析，见图 5-2。

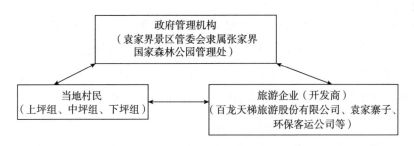

图 5-2　袁家界村利益相关者

1. 政府管理机构

1982 年 9 月，国务院委托国家计委发出《关于同意建设大庸张家界国家森林公园的复函》，宣告了我国第一个国家森林公园的诞生。1983 年湖南省人民政府批准设立张家界国家森林公园管理处，代管张家界村、袁家界村及锣鼓塔居委会。自此，袁家界村正式收归张家界国家森林公园管理处代管。为确保袁家界旅游业的可持续发展，平衡不断增加旅游收入和大力保护生态旅游资源的关系，张管处及上级政府出台了相关的发展政策，指导区内旅游业的科学健康发展，保障旅游发展的井然有序，不断完善和优化袁家界景区和袁家界村的基础设施，保障旅游发展的硬件设施够"硬"，提升景区的旅游接待水平。在景村一体化中，张管处将自身在袁家界景区和袁家界村旅游发展中的作用和位置作出了准确的定位。

2. 当地村民

随着旅游业的发展，作为旅游目的地型的旅游地袁家界的面貌已发生了巨大的变化，过去的"穷乡僻壤"已然成为如今知名的旅游胜地，当地的村民从中获益颇多，袁家界村年人均收入已远超过张家界市的平均水平，已成为远近闻名的小康村。如今袁家界村的发展已离不开袁家界景区旅游业的发展，它们之间产生了相互依赖的联系。袁家界是相传唐朝后期有一袁姓族人自沅陵躲避黄巢之乱隐居此地而得名，后有滕、向、石、覃、张、陈等姓陆续迁入，形成有 27 种姓氏杂居的小山村。袁家界村由上坪、中坪、下坪三个部分组成，现有世居户 161 户，人口 483 人。1983 年时袁家界村还是一个极度贫穷的农业小山村，全村 59 户，231 人，没有一个大学生，高中文化的只有 2 人，部分具有小学文化水平，文盲居多。全村有稻田 246 亩，旱地 2200 多亩，但因这里山高气温低，田地失收和少收是正常的现象，历史上粮食最好收成为17.6 万斤，当年年人均收入仅为 183 元，当时这里不通电、不通公路，生产和生活资料都要从 30 多里的山下肩挑、背驮，全村只有 3 栋木结构的瓦屋，其余都是茅草和玉米秆搭建而成的棚子，大半年时间都是以杂粮和野菜为食，生活条件十分艰苦。1983 年以后随着当地旅游业的兴起，特别是近十年来袁家界村得到了迅速的发展，村民大多数都从事景区管理及旅游服务业，年均收入已远超过张家界市的平均水平。

3. 旅游企业

袁家界景区内主要的旅游企业（开发商）有百龙天梯旅游股份有限公司、袁家界茶场、袁家寨子、环保客运公司等。这些企业分布在为游客提供服务的最前线，是景区功能完整性的重要组成部分，其服务质量的优劣直接影响着景区的知名度和美誉度。众多企业主有三种经营模式：一是纯投资企业，如百龙天梯旅游股份有限公司。公司于 1999 年 4 月成立，位于袁家界景区内，由北京百龙绿色科技企业总公司、英国弗洛伊德有限公司合资兴建。二是村集体企业，如袁家寨子。2007 年，由袁家界村村部牵头，中坪组 15 户原住民以房屋入股，采取互助合作方式，建立了袁家寨子，在不影响收入的前提下改变服务内容，利用农耕文化体验、民俗风情演绎取代家庭旅馆的经营方式。三是派驻企业，如环保客运公司。公司属于上市公司张家界旅游集团股份有限公司子公司，由武陵源区环保客运公司统一调配，派驻到袁家界景区内的环保车队只需由张管处协调管理。在旅游发展过程中，旅游企业以资金或技术参与旅游收益分配，受当地政府的约束，在其生产经营过程中与其他各方必然会产生一定的利益关系。由于旅游企业自身的一些缺陷和弱点，如"寻租行为"以及对生态系统的破坏和对自然资源的开发利用不当等问题，会导致旅游企业与所在景区或村民之间矛盾的激化。

二、袁家界村的景村一体化利益相关者冲突演化分析

袁家界景村一体化涉及各利益相关者间的利益冲突主要集中于经济利益的获取、文化冲突、发展理念冲突、社会分配公平性等方面的问题。

（一）景区管理部门和当地村民的冲突分析

20 世纪 90 年代之前，随着张家界的旅游开发，袁家界村民逐渐从农业逐步转向了旅游业，一些村民开始了在景点搭建简易的棚子，为旅游者提供简单的服务，如做向导、挑行李、开餐馆、开小旅店，当时旅游获得的收入占到村民总收入的 60% 以上，村委会也兴办了第一家村办企业——天桥旅行社，村民的人均收入达到了 871 元，农业收入大大缩水，耕种面积也减少了 36%，并对退耕的土地和荒山进行了绿化，共退耕还林近 3000 亩。21 世纪初，旅游业已成为袁家界村的支柱产业，村民的就业观点得到了根本的改变，90% 的村民劳动力都从事旅游业，收入也成倍增长，全村总收入突破 600 万元，人均收入 8000 多元，成为张家界市有名的"小康村"。但是，伴随着袁家界村的旅游开发，负面问题越来越不容忽视，主要表现为粗放模式和短期经济利益。"搭一个棚，摆两张桌子就能赚钱"，1991～1992 年景区大拆迁时政府给村民的安置房，被村民用来作为接待游客设施，承接大部分景区餐饮住宿的责任，这样与景区管理和生态环境构成了一定的威胁，因此景区管理部门出面协调治理，要求拆除全部超面积建筑，一定程度上损害了村民的既得利益，由此产生利益冲突。

（二）当地村民、村民小组、村民委员会间冲突分析

拆迁安置产生的矛盾。20 世纪 90 年代末到 21 世纪初，袁家界村"隐蔽

式的拆迁安置"政策，是当时管理部门结合实际情况，综合考虑后形成的适合袁家界村的方案，但现在看来，当时的政策确实存在一定的问题，如对搬迁户执行的尺度松紧不一的现象。

村民与村委会处理对外事务态度的矛盾。这里所说的对外事务主要是指当年百龙天梯旅游股份有限公司来袁家界投资项目时，袁家界村委会为了留住投资单方面的给出了几乎是零补偿的投资优惠条件，没有充分考虑和维护村民的利益，为日后的发展埋下了一定的隐患。当时在和百龙公司谈判时，村委会只提出了对电梯上站出口处的经营摊位拥有分配权和招聘员工优先考虑村民。许多村民则认为百龙公司在投资修建观光电梯项目是占用了袁家界村的土地，应该要建立长远的与村民互利互惠的补偿机制，如村民以土地入股而参与公司分红等政策。再加上百龙电梯在开始运行营业后并没有完全兑现当初与村委会协定的对村民集体的承诺，公司员工的招聘当地村民完全没有在其考虑范围之内，此举随后引起了村民们强烈的不满。

下坪组与村委会的矛盾。由于地理位置的劣势，下坪组的发展远不及其他两个村民小组，再加上对 2001 年的拆迁安置政策觉得不公平，认为上坪组、中坪组两个居民小组在拆迁中获取了极大的补偿利益，张管处给予这两个居民小组的搬迁户足够的补偿金，并解决了拆迁户的工作补偿。由此深化了下坪组与其他两个居民小组及村委会之间的矛盾，导致下坪组从感情上认为自己被孤立了，村里的任何惠民政策都与自己无关，甚至曾一度想要脱离袁家界村。村委会考虑到矛盾应该尽快得到解决，于是针对下坪组的发展现状出台了一系列缓解冲突的政策，如由村委会出资修建景区主干道连通下坪组住户的公路，这样就改善了下坪组地理位置不利的局面，逐渐缓和了村委会与下坪组之间的矛盾。

袁家界村户籍问题的矛盾。户籍矛盾的人群涉及袁家界村的媳妇和女婿们，自从袁家界村因发展旅游服务业而成为远近闻名的"小康村"后，村民的对外交往日益频繁，这就影响到村民的择偶观念，村民可能会与袁家界村以外的人结婚成家，由此就产生了外来媳妇和女婿。这要在"穷乡僻壤"过去都是本村的村民跟着爱人迁出去，但如今袁家界村经济快速发展，村民从日益壮大的旅游服务业中能获取可观的收益，因此外来媳妇和女婿纷纷想把户口迁入村里来。袁家界村的女儿外嫁后不再按照传统惯例将户口迁出，连女婿们也千方百计想把户口迁入，其主要原因就是张管处在 2004 年实行了"旅游反哺农业、景区反哺农村"的政策后，按月为村民发放生活费。村委会在召开村民代表大会后，认为外来女婿不能迁入本村，外来媳妇可以随夫迁入，外嫁女儿可不将户口迁出，其所生子女可依据政策落户袁家界村。村委会给出的理由是外来女婿若将户口迁入本村，会增加本村的人口压力，同时会参与村民的各项福利分配，这样就会影响到其他人的既得利益。

（三）当地村民和旅游企业的冲突分析

景区村民在享受旅游发展所带来的利益的同时，也相应接纳了由此带来的负面影响，旅游开发对一地的负面作用主要集中在生活成本增加、自然环境污染、当地文化受到冲击等方面。原因在于旅游企业来一地投资的终极目标就是盈利，这样就会在投资发展中一边带来先进的观念、技术、管理经验方法，另一边对当地的环境、文化等领域可能会带来负面的影响。他们往往把大部分精力都投放到最大化旅游收益的赚取中，缺乏对当地村民除了经济利益外所关心的环境、文化等因素的关注，这样就会引起当地村民的不满，双方就会随之产生利益冲突，既不不利于旅游企业的发展壮大，又破坏了村民对旅游发展的感情认同，不利于当地旅游业的健康有序发展。袁家界景区内的旅游企业百龙电梯公司和环保客运公司是为游客提供交通运输服务的企业，在成立之初很大程度上损伤了村民的经济利益，如百龙电梯公司的修建占用了大量的村民土地，环保客运公司正式取缔袁家界村兴办的联营车队。其他日常冲突主要来源和根植于企业和村民的经济利益冲突无法得到合理的协调所致。

（四）旅游者和当地村民的冲突分析

袁家界景区现有的服务设施不能满足旅游发展的需要和客人的需求，如天桥快餐厅面积小（700 平方米左右），客人吃中餐排长队，有时客人相互争抢桌位而发生打架；原村民的安置房转变为接待设施，现有家庭旅馆 72 家，床位近 2000 张，存在脏、乱、差、不安全等因素；乱搭滥建现象较为严重，其原因就是袁家界景区没有成规模的服务设施，不能满足客人的基本生理需求。社会车辆非法营运存在着最大的安全隐患，拉客宰客现象时有发生，游客投诉现象增多，造成旅游秩序的混乱。

（五） 管理部门和旅游企业的冲突分析

在景村一体化旅游发展过程中，在政府机构与旅游企业的关系中，因政府机构代表着国家的利益，其利益诉求主要体现在就业和税收两个方面。政府机构在景村一体化过程中需要更多的财力去改善广大农村的基础设施条件和社会保障体系，要对旅游企业只追求利润的行为给予一定的限制。而旅游企业由于自身的缺陷和弱点，在经营开发旅游时的行为出现不尽如人意的现象，表现为寻租行为以及对景村生态系统、环境的破坏和对旅游资源开发利用不当等。例如，百龙天梯的修建就对石英砂岩峰林地貌（张家界地貌）的完整性造成了极大的破坏，打破了自然保护区的生态平衡。

三、景村一体化合作与冲突演化博弈分析

（一） 博弈方、博弈策略和损益函数

把景村一体化合作与冲突博弈方分为两个群体：旅游管理部门和本地居民，两者都可以选择"搬迁"和"不搬迁"两种策略。管理部门面对景区一体化中的村民，如果采用搬迁策略，可以获得搬迁的社会公共效益和个人政绩，社会公共效益表现为生态效益和经济效益，假设为 z；个人政绩表现为有升迁的机会，一般来说个人政绩与公共效益是正函数关系，即为 $z=f(z)$，那么管理部门采用搬迁策略的总收益则为 $z+f(z)$。再假设管理部门搬迁的公共成本为 c，给村民的补偿为 d，如村民不搬迁则惩罚村民的成本为 e。管理部门如果采用不搬迁策略，则不仅不会产生公共收益，而且还会因不作为而受到上级部门的惩罚从而影响个人政绩，此时，个人政绩与公共效益虽是正函数关系，但函数结构不一样，设为 $g(z)$；如果本地村民也愿意搬迁，管理部门不作为，则还要损失社会声誉，设为 l。本地村民如果搬迁，假设获得政府的补偿收入 d 和异地安置的预期收入 r，搬迁成本为 h；如果不搬迁，则继续获得持续经营的收入 i，但要接受管理部门的惩罚 k。经过上述假设，管理部门与村民博弈损益矩阵见表 5-2。

表 5 – 2　　　　　　　　　　　管理部门与村民博弈损益矩阵

管理部门	本地村民	
	搬迁（y）	不搬迁（$1-y$）
搬迁（x）	$z+f(z)-c-d,\ d+r-h$	$z+f(z)-c-d-e,\ i-k$
不搬迁（$1-x$）	$-[g(z)+l],\ -h$	$-g(z),\ i$

（二）演 化 稳 定 策 略

1. 管理部门演化稳定策略

管理部门采用"搬迁"和"不搬迁"两种策略的期望得益和平均得益分别为：

$$\mu_{1x}=y(z+f(z)-c-d)+(1-y)[z+f(z)-c-d-e]$$

$$\mu_{2x}=y(-g(z)-l)+(1-y)(-g(z))$$

$$\overline{\mu_x}=x\mu_{1x}+(1-x)x\mu_{2x}$$

管理部门采用"接纳"策略的复制动态方程为：

$$F(x)=\mathrm{d}x/\mathrm{d}t=x(\mu_{1x}-\overline{\mu_x})+(1-x)(\mu_{1x}-\mu_{2x})$$
$$=x(1-x)[(g(z)+f(z)+z-c-d-e)y+l+e]$$

2. 本地村民演化稳定策略

本地村民采用"搬迁"和"不搬迁"两种策略的期望得益和平均得益分别为：

$$\mu_{1y}=x(d+r-h)+(1-x)(-h)$$

$$\mu_{2y}=x(i-k)+(1-x)i$$

$$\overline{\mu_y}=x\mu_{1x}+(1-x)x\mu_{2x}$$

可得本地村民采用"搬迁"策略的复制动态方程为：

$$F(y)=\mathrm{d}y/\mathrm{d}t=y(\mu_{1x}-\overline{\mu_x})+(1-y)(\mu_{1x}-\mu_{2x})$$
$$=y(1-y)[-h-i+(d+r+k)x]$$

（三）演 化 稳 定 性 和 参 数 分 析

令 $F(x)=0$ 且 $F(y)=0$，在平面 $M=\{(x,y)\mid 0\leqslant x,y\leqslant1\}$ 上可得演化博弈的 5 个可能的均衡点：$(0,0)$，$(1,0)$，$(0,1)$，$(1,1)$，(x^*,y^*)，现计算各均衡点的雅克比矩阵行列式和雅克比矩阵特征值，见表 5 – 3。

$$De(J) = \begin{bmatrix} \partial F(x)/\partial x, \partial F(x)/\partial y \\ \partial F(y)/\partial x, \partial F(y)/\partial y \end{bmatrix}$$

$$= \begin{bmatrix} (1-2x)[(f(z)+g(z)+z-c-d-e)y+l+e], \\ x(1-x)(f(z)+g(z)+z-c-d-e) \\ y(1-y)(d+r+k), (1-2y)[-h-i+(d+r+k)x] \end{bmatrix}$$

$$Tr(J) = \partial F(x)/\partial x + F\partial(y)/\partial y$$
$$= (1-2x)[(f(z)+g(z)+z-c-d-e)y+l+e]+(1-2y)$$
$$[-h-i+(d+r+k)x]$$

表 5 - 3　　　　　　　区域旅游同类质资源争抢开发雅克比矩阵特征值

可能均衡点	$Det(J)$	$Tr(J)$
0, 0	$(l+e)(-h-i)$	$(l+e)+(-h-i)$
1, 0	$-(l+e)(-h-i+d+r+k)$	$-(l+e)+(-h-i+d+r+k)$
0, 1	$[f(z)+g(z)+z-c-d+l](h+i)$	$[f(z)+g(z)+z-c-d+l]+(h+i)$
1, 1	$[f(z)+z-c-d+g(z)+l] \times (d+r-h+k-i)$	$-[f(z)+z-c-d+g(z)+l]-(d+r-h+k-i)$
x^*, y^*		0

注：表中 $x^* = (l+e)/(c+d+e-z-g(z)-f(z))$，$y^* = (h+i)/(d+r+k)$。

根据表 5 - 3 分析不同参数条件下系统的稳定均衡点。

因为 $l+e>0$，$h+i>0$，$g(z)+l>0$，在 (0, 0)、(1, 0)、(0, 1) 和 (x^*, y^*) 情况下的稳定均衡点如表 5 - 4 所示。

表 5 - 4　　　　　　　均衡点的稳定性分析结果

可能点	参数条件	$Det(J)$	$Tr(J)$	稳定性
0, 0	$(l+e)>0$ 且 $(-h-i)<0$	$-$	$+$ $-$	不稳定
1, 0	$-(l+e)<0$，$d+r-h>0$，$k-i>0$	$-$	$+$ $-$	不稳定
	$-(l+e)<0$，$d+r-h>0$，$k-i<0$	$+$ $-$	$+$ $-$	不稳定

可能点	参数条件	$Det(J)$	$Tr(J)$	稳定性
1, 0	$-(l+e)<0, d+r-h<0, k-i>0$	+ -	+ -	不稳定
	$-(l+e)<0, d+r-h<0, k-i<0$	+	-	ESS
0,1	$h+i>0, f(z)+z-c-d>0, g(z)+l>0$	+	+	鞍点
	$h+i>0, f(z)+z-c-d>0, g(z)+l<0$	+ -	+ -	不稳定
	$h+i>0, f(z)+z-c-d<0, g(z)+l>0$	+ -	+ -	不稳定
	$h+i>0, f(z)+z-c-d<0, g(z)+l<0$	-	+ -	不稳定
1, 1	$f(z)+z-c-d>0, g(z)+l>0, d+r-h>0, k-i>0$	+	-	ESS
1, 1	$[f(z)+z-c-d+g(z)+l]>0$ $(d+r-h+k-i)<0$	-	+ -	不稳定
	$[f(z)+z-c-d+g(z)+l]<0$ $(d+r-h+k-i)>0$	-	+ -	不稳定
	$[f(z)+z-c-d+g(z)+l]<0$ $(d+r-h+k-i)<0$	+	+	鞍点
x^*, y^*				鞍点

(四) 景村一体化利益相关者演化博弈结果分析

将表5-4中的各均衡点整理为表5-5。可以看出,景村一体化利益相关者演化博弈的稳定均衡,受政府管理部门搬迁净收益为$f(z)+z-(c+d)$、管理部门不作为总损失,即影响公共利益和声誉损失$g(z)+l$、村民搬迁净收益为$d+r-h$、村民不搬迁的净损失$k-i$、政府管理部门惩罚不搬迁村民的成本为e、政府管理部门不作为的声誉损失l等主要因素影响。

表5-5 管理部门与村民演化博弈核心要素分析

局部均衡点	参数条件	情形
0, 0	任意条件	无均衡点
1, 0	$l+e>0, d+r-h<0, k-i<0$	ESS
0, 1	任意条件	无均衡点
1, 1	$f(z)+z-(c+d)>0, g(z)+l>0,$ $d+r-h>0, k-i>0$	ESS

当政府管理部门惩罚不搬迁村民的成本与政府管理部门不作为声誉损失之和大于0、村民搬迁净收益小于0，村民不搬迁的净损失小于0时，（1，0）即（搬迁，不搬迁）是景村一体化利益相关者演化博弈均衡稳定点。

当政府管理部门搬迁净收益、管理部门不作为总损失、村民搬迁净收益、村民不搬迁的净损失皆大于0时，（1，1）即（搬迁，搬迁）是景村一体化利益相关者演化博弈均衡稳定点。

第三节　景城一体化合作与冲突

国内有许多历史文化底蕴深厚、民族风情浓烈、地域特色鲜明、山水风光秀美的古城古镇，大力建设和创意开发成旅游景区后，逐步演化成景城一体的格局，典型的有云南丽江、山西平遥、浙江乌镇和湖南凤凰。湖南凤凰是本课题研究的主要案例地，景城一体化合作与冲突暴露的问题充分，矛盾十分典型，以此进行演化博弈分析。

一、景城一体化概念与利益相关者博弈关系

与景村一体化相似，景城一体化是指已纳入风景区规划和管理范围之内，土地属全民所有，行政上县市级镇级政府和城景区管理会，主要居民为城镇户口，保留古城古镇的文化风俗风貌的社区，该社区各利益相关者，如管理部门（政府、管委会）、投资开发商、当地经营户、城镇居民、旅行社等，通过某种方式逐步结合成为一个面向游客市场的"旅游实体"的过程。

（一）景城一体化的利益相关者构成

利益相关者较多且关系复杂，是景城一体化与景村一体化的共同点，但两者的主体也有诸多不同之处，就是同一主体由于在两个一体化中所处层次不同，也有不同利益诉求。

1. 政府部门

政府部门是重要的利益相关者，行为主体包括上级市州政府、镇政府及镇政府各职能部门，通过产业政策、招商引资政策、财政税收政策、公共服务和基础设施建设政策、经济社会文化综合治理等对古镇旅游产生至关重要的影响，政府信息的公开程度也会对古镇发展起到至关重要的作用。在古镇旅游发展过程中，政府部门制定规则，指引方向并行使监督权力，是旅游公共服务和基础设施的提供者、旅游产业发展的促进者、旅游公共秩序的维护者、旅游环境的治理者及旅游利益冲突的协调治理者。政府是旅游目的地开发过程中重要的参与者，同时还担任裁判员的角色，政府是否支持，对于景点能否有效开发起着至关重要的作用。在古镇型目的地旅游景点的开发过程中，政府应该多方面举措，引进更多更为优质的投资经营企业，针对凤凰古镇而言，凤凰古镇地处湘西，经济较为落后，因此资金的引进以及古镇的合理开发显得尤为重要，能够通过招商引资开发古镇改变本地的经济状态以及就业情况。同时在招商引资过程中，政府应该通过各种有利的政策吸引更多的投资经营企业，同时招标工作应该规范化、公开化。通过规范化操作，以及信息的高度公开，提高招标的公平性，避免腐败以及暗箱操作的发生。在法律法规上，政府也应该进行科学的完善，一方面加快基础建设的发展；另一方面也要注意保护环境以及古镇的各种资源，避免引起古镇居民的抵触。

2. 投资经营企业

投资经营企业主要是指在古镇旅游景点的发展过程中，投资古镇旅游景点建设的相关人群。投资经营企业在前期定会为古镇的建设和发展提供资金保障，为古镇景点的发展起到直观积极的作用。而在后期则主要是以盈利为目的，追求利益的最大化，与游客是直接对立的。在古镇型旅游景点的开发过程中，投资经营企业是最大的受益者但是也存在着一定的风险。因此投资经营企业在投资时，首先应该充分了解古镇的各种情况，通过多种信息的分析与总结，做好可行性分析，同时应该科学的分析古镇的开发潜力做好收益预测的相关工作。从上述模型分析可以得知，投资经营企业的投资开发想要获取相应的收益，是离不开政府与古镇居民支持的。因此，投资经营企业在投资开发过程中应该做好政府与古镇居民的工作，争取让政府与古镇居民成为投资开发的助力。同时，投资经营企业在开发过程中，在获取经济利益的同时也应该注重环境与资源的保护。投资经营企业在理性上是通过尽量少的投资获取最大的经济效益，所以在各种资源的利用上会追求利益的最大化，不太注重对资源的保护。

3. 古镇商户

古镇商户主要是指在古镇中经营各种店铺、客栈的经营户，经营户可以是外来经营户也可以是古镇居民。古镇商户也是以盈利为目标，既要向投资经营企业缴纳一定的租金，又要向政府缴纳税费。因此古镇商户与游客、政府、投资经营企业都是处于对立面的，但是同时也依附游客、政府以及投资经营企业而生存，总体而言古镇商户对于古镇的繁荣与发展是有积极作用的。古镇商户在理性上也是以盈利及获取经济效益为目的，古镇商户直接向游客提供服务与货物，会尽量提高相关服务与货物的价格，同时会尽量的降低税费与租金。

4. 古镇居民

在古镇型旅游目的地中，古镇居民也是重要的利益相关者。首先，古镇居民能够通过参与旅游业获取直接经济效益；其次，古镇居民对于本地的旅游景点会更加爱护；最后，旅游业的发展需要得到古镇居民的高度认可，古镇居民的利益受到损害会使得古镇居民之间阻碍旅游业的发展，反之则是旅游业发展的一大助力。古镇型旅游目的地的合理开发能够带动本地经济的发展，增加古镇居民的就业机会，提高古镇居民的收入水平。因此，古镇居民是应该大力支持古镇型旅游目的地开发工作的。但是古镇居民在支持的同时也应该做好监督工作，行使好监督的权力。一方面避免开发商过度开发导致环境的恶化，另一方面避免开发商与政府勾结损害本地古镇居民的利益。古镇居民具有促进本地发展获取利益的理性，同时也有保护本地资源的理性。即古镇居民从理性上来说是希望本地发展得越来越好，使得本人以及家庭能够从中获利，同时古镇居民应从长远发展的角度出发，对景区资源起到监督和保护作用。

5. 游客

游客是古镇型旅游目的地发展的重要参与者，也是古镇旅游目的地发展的基础。游客是否支持与参与，决定古镇型旅游目的地的旅游业能否生存与发展。可以说古镇型旅游目的地的兴衰是由游客数量直接决定的，而旅游目的地的旅游资源、消费水平及服务则决定了游客的满意度。游客在理性上都希望获取周到的旅游服务，希望古镇目的地拥有完善的配套设施与服务，又同时希望相关消费水平能够价格低廉。

6. 旅行社

旅行社是在旅游业发展过程中逐渐发展起来的，为游客提供各种服务并以盈利为目的。旅行社与游客相互依存也相互对立，同时旅行社对于古镇商户的经营也起着积极的作用。旅行社包括组团社与地接社，组团社与地接社之间也存在着利益分配之间的竞争与博弈。旅行社还与古镇的投资经营企业有直接利益关系，也是相互依托的关系。旅行社需将投资经营企业的产品推销给游客，如果旅行社不组团，不带团到投资经营企业的古镇来，而是选择其他的旅游目的地，投资商利益受损。同时，旅行社对投资经营企业也是有着很大的依赖性，旅行社的运作离不开投资经营企业对古镇的投资，没有投资企业建设古镇的基本设施以及旅游项目，旅行社的相关旅游项目也是无法运行的。旅行社在理性上是通过提供服务获取利润，对投资经营企业的设施建设以及古镇旅游目的地的吸引力有较高的要求，在理性上会尽量的提高游客的旅行费用，在利益的驱使下部分旅行社也会与投资经营企业建立互惠互利的关系。

7. 非游客主体

非游客主要是指去古镇公务出差或探亲等非旅游行为的利益主体。非游客前往古镇旅游目的地进行公务出差或探亲时相对于其他非旅游目的地而言更为困难，相对于普通城市而言，古镇旅游目的地会因为游客占用太多的交通、餐饮、住宿等资源，也会使得交通、餐饮、住宿等成本提高。虽然，古镇商户的增多与相关设施的完善能够在一定程度上缓解或解决相关问题，而非游客在理性上只关心旅游目的地的便捷性与实惠程度，会对经济实惠的交通、住宿等提出一定的要求，非游客的增加会在客观上增加旅游目的地的繁荣，抬高交通住宿等价格。

（二）景城一体化利益相关者主要博弈关系

古镇旅游利益相关者形成了较为复杂的博弈关系。古镇旅游发展的某个阶段的现状其实是多利益相关者利益博弈均衡的结果，各利益主体之间的关系如图5-3所示。

在古镇旅游资源开发的过程中，每个利益主体所具有的利益需求都不尽相同。因此，在共同开展经营活动时，旅游利益相关者都只关注自身的利益，这

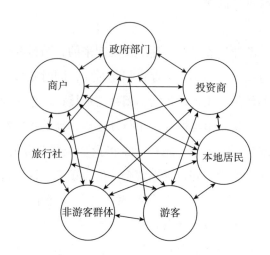

图 5 – 3　景城一体利益主体关系

就会引起一些矛盾和冲突。若想要时各方利益得到协调，使经营达到一种和谐的状态，那么对利益相关者之间利益冲突的产生原因以及表现形式进行研究就变得尤为必要。对于凤凰的旅游产业来说，旅游利益相关者之间的冲突，主要表现为利益冲突。只有解决好利益主体之间的利益冲突，为各利益主体探索出一种互惠互利的经营模式，如此才能够保证凤凰旅游稳定和谐的发展。根据利益相关者的关切程度和矛盾冲突多发性特点，古镇旅游目的地的主要利益相关者包括政府部门、投资经营企业、古镇居民、游客、非游客、旅行社及古镇商户 7 种。在分析过程中可以将利益主体关系进行分组，即可以将利益主体之间的博弈关系分为两个主体之间的关系与多个主体之间的关系。

二、凤凰古城的景城一体化利益相关者冲突演化分析

（一）凤凰县政府与凤凰古城开发公司之间的冲突分析

2001 年前，凤凰旅游还没有起步，为开发古城旅游，凤凰县政府以资源换市场，大力招商引资引进了叶文智为董事长的黄龙洞旅游公司，开始了近 20 年的政府与公司合作开发经营古镇的历程。按凤凰县政府和凤凰古城开发公司博弈关系的时间演进，分为以下三个阶段进行分析。

1. 凤凰古城转让经营权招商引资

自从改革开放以来凤凰县政府就已经意识到了发展旅游业的重要性，但是由于没有集中开发一直没有形成规模，取得的成效有限。而黄龙洞旅游公司看到了凤凰古城所蕴含的无限商机，因此经过多次商讨，改变了原本零散的经营方式，将包括凤凰古城、南方长城在内的八大旅游景点打包承包经营。2001年10月14日，黄龙洞投资股份有限公司与凤凰县人民政府正式签订《湖南省凤凰县八个旅游景区（点）经营权转让合同》，以9.36亿元的合同载明金额获得凤凰县八大景点50年经营权。依据合同，以经营开发凤凰八大旅游景区（点）为主的凤凰古城文化旅游投资股份有限公司（简称"凤凰古城旅游公司"）于2002年1月1日正式经营。这属于第一阶段政府与投资经营企业关于"招商引资"的博弈。即政府以承诺优惠的招商引资、旅游资源产权（主要是经营权）、利益分成等主要条件，作为支持条件；企业则根据政府给出的条件判断到底是投资还是不投资。这里涉及关于投资开发、责任和利益分成的条款与合作协议的讨价还价。

2. 凤凰古城旅游开发与保护监管

凤凰县政府为了避免凤凰古城旅游公司由于追求利润最大化而过度开发古镇，进而对古镇造成破坏，双方经过协商景点文物保护合同，明确凤凰古城旅游公司对古城的开发必须建立在文物保护的基础之上。除此之外，政府也承担着凤凰古城旅游公司对古城开发整个过程的监督职责，通过政府的监督确保投资经营企业朝着正确的方向实现持续发展。这属于第二阶段，即政府与投资经营企业关于"监督管理"的博弈，也就是投资经营企业投资，古镇经营，与政府签署合作协议，进行旅游产品的投资开发，项目完成经营期间产生的博弈关系。

凤凰县政府与凤凰古城旅游公司签署合作协议后，进入了合作蜜月期，推进了八大景点的旅游开发，展开了许多大型旅游营销活动，如世界围棋三国巅峰决战，天下凤凰聚凤凰等大型活动。通过13年的努力发展，凤凰古城旅游业已经趋于成熟，基础设施、餐饮、住宿等配套设施都已经趋于完善，吸引的游客不断增加。到2013年，已经吸引了367万人次的游客，凤凰旅游品牌在全国打响，凤凰成为继张家界后的湖南西部又一旅游目的地。

3. 凤凰古城旅游持续经营分析

凤凰县政府和凤凰古城旅游公司认为凤凰古城已经发展成熟，已经可以获取进一步的经济利益，于是在 2013 年 4 月宣布开启售票模式，规定无论是否参观各景点都需要收取 148 元的门票。而门票的收取首先受到了游客的抵制，收费模式开启之后，旅游人数迅速下降。旅游人数的下降直接影响了古城投资经营企业、古城居民的收益，各方开始强调自己的诉求，最终演变成为公共事件。第三阶段是政府与投资经营企业关于"持续合作"的博弈，凤凰古城旅游公司与凤凰县政府在合作了 13 年，取得了一系列成就，但是在尝试转型收费失败之后，凤凰县政府与凤凰古城旅游公司都开始考虑双方是否继续合作的问题。双方是否合作也是在考虑诸多利益之后博弈的结果。由于凤凰古城旅游公司与凤凰县政府双方已经进行了长期的合作，在合作博弈中合作之后的整体收益大于每一个成员的单独收益之和，且对于成员而言，合作比不合作要有更多的收益，只有政府与投资经营企业继续合作，双方才能够实现利益增值。经过多次谈判与协商，凤凰古城旅游公司在 2013 年再次与县政府达成了合作协议，在凤凰古城旅游公司的基础上成立了凤凰古城旅游管理服务公司，由投资人出资 51%；县政府下属的铭诚公司出资 49%。新的古城旅游成立之后，将凤凰古城、凤凰周边乡村游以及南华山三大景区进行了整合，同时提出新的举措，恢复了凤凰古城不收费的状态。

（二）凤凰县政府与古城居民之间的冲突分析

1. 旅游收入增长与古城居民收入增长不匹配

凤凰县政府与古镇居民间的博弈是由旅游开发收益是否真正惠及古镇居民而展开的。投资经营企业在开发中获得高额的利润，由此政府部门获得高额税收，而古镇居民的年收入是否与前者呈显著正相关成为引起了后面一系列博弈的出现。凤凰旅游经营状况是非常好，但是凤凰县的居民收入却没有得到显著提高，凤凰县城镇居民人均可支配收入由 2008 年的 4239 元增长到 2017 年的 12722 元；农民人均收入由 2008 年的 1356 元增长到 2017 年的 4567 元。虽然确实有所提高，但是这些数据与全国数据比较，差距较大，见表 5 - 6。

表 5 - 6　　　　　　2008 ~ 2017 年凤凰县与全国农村居民纯收入对比　　　　单位：元，年

比较项	2008	2009	2010	2011	2013	2014	2015	2016	2017
凤凰县农民人均收入	1356	1592	1770	1973	2994	3147	3462	4017	4567
全国农民人均纯收入	2622	2936	3255	3578	4561	5153	5919	6977	7917

凤凰县居民收入受多方面影响，旅游收入占全县 GDP 的 65%，旅游产业的发展对该地居民的收入应有显著影响，但是如火如荼的凤凰旅游并没有使古镇居民真正实现脱贫致富，凤凰居民收入与全国差距甚大，这与旅游收益是否与古镇居民真正得到分享有一定关系。随着居民参与意识及利益诉求的增强，若古镇居民旅游收益仍呈现低水平，势必导致古镇居民对旅游的抵制，从博弈的角度来看，居民抵制的行动将会使投资经营企业采取新的策略，但不论采取何种策略，都会使双方收益的减少，无法达到最优。所以凤凰县政府应该注重向古镇居民分享旅游发展带来的利益，让其真正能从旅游发展中获益，才能实现旅游的可持续发展。

2. 围城收费与古城居民反应

2013 年 4 月 10 日，湖南凤凰古城开始实施捆绑售票，游客需要购买 148 元门票才能参观古城。政策实施后游客人数骤减，当地古镇商户受到很大影响，古镇居民的切身利益也受到严重损害。所以，如果地方政府未保障当地良好的旅游行业环境，未将古镇居民的利益加入旅游的规划和开发中，这就会导致居民产生不满情绪，造成冲突。若地方政府只是为了获取短期的经济利益，对地方政绩进行盲目的追求，在旅游开发的过程中，不重视环境的保护等，这些都严重影响了古镇居民的生活环境，而且还严重制约了旅游业的可持续发展，所以当政府、投资经营企业与古镇居民处于投资与支持的状态时，各方的利益能够得到最大化。

（三）凤凰政府部门与古城商户之间的冲突分析

1. 古镇商户关于古城收费的忧虑与冲突行为

在 2013 年之前，凤凰古镇都采用了较为宽松的管理模式，对古镇进行开放式的管理。到了 2013 年，凤凰古镇已经发展到了较为成熟的阶段，吸引了大量的游客，同时宽松型的管理方式使得古镇商户有较大的自主权，古镇开始

出现各种乱象，例如，2013 年前后，一间房一年的租金达到 3 万元，而十张床位的客栈租金一年能达到 30 万元，如果旅游新政再不推行，整个凤凰可能会陷入一片乱象之中。为了加强管理，增加收益，凤凰县政府决定于 2013 年 4 月 10 日起决定在凤凰古城"围城收费"，即政府部门从宽松管理模式转变为严格管理模式。严格管理模式的推行，降低了古镇经营户的收益值，因此为了争取更多的收益，多家商户表达了因收费导致游客量下降而影响生意的深度担忧，并引发了一些系列冲突现象。2013 年凤凰古城"围城收票"之前，2013 年 4 月 10 日，凤凰县政府决定开始试行"景区整合经营、围城设卡验票"的管理方式，而在此之前，凤凰古城只有部分景点收费，而进入古城一直是免费的，"围城收费"之后让很多古镇商户措手不及，客流减少严重影响着古镇商户的收入。古镇商户认为，政策的出台，政府没有事先展开民意调查，而且正式通知收票的时间太仓促，让很多商家承受了巨大的压力，引发了当地居民和商户的"极大不满"。并在实施"围城"的第二天，大批商户和当地居民因不满"一票制"政策关门歇业，聚集在古城北门码头，将凤凰古城推到了"风口浪尖"。因为政府与居民、商户地位的不对等性，商户的意见并不能影响凤凰县政府的决策，商户和居民的反对并没有撼动当地政府实施"围城收票"的决心。对于政府而言，当时门店价格虚高，泡沫经济达到了最高限，一旦泡沫破灭，凤凰古城的经济就会明显下降。除此之外，"围城收费"之后，另一种"乱象"却开始盛行。古镇居民利用自己是本地人的优势，非法拉客。古城内客栈老板以带游客进入景区内看房为由，为了经营想办法帮游客逃票，这一做法引起了古城外客栈老板的不满，为了杜绝非法拉客现象，政府加大了查票力度。但对凤凰原住民来说，"围城收票"带来的不便是更加直接的，比如外地亲戚来古城喝喜酒、办丧事，但户口不在本地的都要先报告打证明，一时间很多周边的原住民都已经陆续搬到城外，对古镇居民的生活产生了非常大的影响。在"围城协议"三年即将期满之时，800 多家商户和居民写联名信，要求取消现行验票方式。由于古城属于社区型景区，必须要保护当地居民的利益，所以凤凰县政府暂停凤凰古城围城设卡收费验票，但保留古城区景点的设卡收费验票。凤凰县政府在网上发起的一次民意调查中显示，建议调整围城设卡验票方式的比例达到 76% 以上。在政法部门对维持现行验票方式的风险评估进行审核后确认评估等级为 B 级，意味着围城收费有较大的风险，如果继续执行，可能会出现关门歇业、群众堵塞游道等方面的情况。在"围城收票"政策出台之后，政府要收取门票中门票经营的营业税、所得税，以及门票中的两费一金，即资源有偿使用费、宣传营销费和价格调节基金，而在"围城收票"政策暂停之前，"两费一金"被相关部门取消。2015年10月，湖南省公布行政事业型收费目录清单，资源有偿使用费、宣传促销费没有被纳入其中。并且在2016年1月，国务院决定从2月1日起停征价格调节基金。所以"两费一金"的取消正是无法达成合作协议的"导火索"，在磋商当中，政府还是希望维持之前的"两费一金"收取比例，但湖南省和国家已经取消了这个规定，投资经营商肯定不愿意再继续维持这样的合作模式。也就是说在"两费一金"被取消的政策出台后，意味着门票价格政策发生根本改变，原来的门票必须进行重新申报和审核。同时，支撑合作经营的票务体系也因此发生了根本改变。根据湖南凤凰县2013~2016年国民经济与社会统计公报中显示，凤凰古城门票收入共约6.5亿元，其中，政府按照规定从中收取的"两费一金"共1.19亿元，而政府共投入古城建设、保护资金6.96亿元，实施了古城文物保护、古城消防整治、古城风貌民居整治、古城下水道清淤、古城夜景亮化等项目。从双方的博弈结果来看，三年的"围城收票"虽然在一定程度上影响到了古镇商户当前的利益，但是政府抽取了门票收益进行古城文物保护，消防、民居、河道整改，对于古镇的长远发展以及各方的长远利益的实现都是十分有利的。2016年之后凤凰政府部门再次宣布取消一票制保留景点验票，经过三年的冲突与博弈，古镇商户对于是否收取门票已经有了更为透彻的看法，其表现也更为淡定。大部分的商户此时都能够更为客观的看待门票的收取。大部门的商户能够认识到门票的收取能够令古城的运营更有秩序。部分商户提出由于凤凰古城的承载量是有限的，门票的取消可能会导致一些高房价、高物价等混乱情况的发生。古城经营公司相关人员认为，本次取消收费并不会影响古城经营公司的经营，反而能够减少凤凰古城旅游公司每年1.8亿元的支出，同时在这三年中，凤凰古城的行业价格与秩序已经趋于规范，各种秩序也已经形成，一票制的取消并不会导致一些商户所担忧的混乱。在近年的经营中，经过各方的博弈，古镇经营者逐渐形成了价格联盟，如酒店的价格、餐饮的价格都已经趋于一致，各种恶意竞争逐渐消失。政府与古镇经营者之间虽然依旧存在冲突，但是已经趋于平缓，一方面古镇经营者通过价格联盟付出较好的较为一致的服务保障了其较高的收益，避免恶性竞争，另一方面政府通过景点收费方式，吸纳更多各种不同消费档次的游客，为古镇经营者提供客流量，也为古镇文物保护与各种整改提供一定的资金。

2. 古城收费对凤凰社会消费品零售额的影响

"一票制"政策实施三年后，凤凰县政府从2013~2015年接待游客人数从842.42万人次增长到了1200.02万人次，旅游收入也从66.86亿元增长到了103.23亿元。然而，对于古镇商户来说，有的营业额不到收门票之前的十分之一，古城客栈接待的客人也比收门票前下降了一半。面对两个相互矛盾的利益相关者，一是产业的"供求关系发生变化"导致了利益矛盾；二是与商户经营理念的转变也有关系，很多古镇商户希望继续推行一票制，因为有些客人考虑的是这个地方安不安全、民风好不好，门票的收取在很大程度上也是游客对安全感的提升。从政府统计的游客人数看似增长了很多，但实际包含了大量"定点消费的旅游团体"，而古城里百分之八九十的商户做的都是散客的生意。针对古镇现在的情况来看，现在待半个月时间的这种滞留客少了，周边地市的人逢年过节带亲戚朋友来玩的也少了。虽然不收门票生意可能还是会好做一点，但游客花了这么多的门票钱，他的预算就提高了，消费意愿并没有降低。根据表5-7不难看出，2013年凤凰古城收费后，凤凰社会消费品零售总额持续上升，收费对零售总额的影响并不大。

表5-7　　　　2008~2017年凤凰县旅游业发展与社会消费品零售总额变化

变量	2008年	2009年	2010年	2011年	2012年	2013年	2014年	2015年	2016年	2017年
旅游人次（万人）	426.5	485.9	520.1	600.1	660.4	842.4	903.6	1200.0	1250.0	1510.0
旅游收入（亿元）	19.2	26.1	30.0	44.3	53.0	66.8	80.9	103.2	115.0	141.0
社会消费品零售总额（亿元）	12.9	15.4	14.8	21.8	26.1	30.7	35.4	40.3	44.8	49.5

资料来源：凤凰县2008~2017年国民经济与社会发展统计公报。

从2008~2017年的凤凰县旅游业发展与社会消费品零售总额变化表可以看出，不管是旅游人次、旅游收入还是社会消费品总额，在十年间，凤凰古城零售总额都是在持续增长的。之所以古城商户会感觉生意清淡了很多，主要是这部分商户专门接待散客，从 2015 年开始，部分规模化经营的商户与旅行社等合作越来越紧密，很大一部分游客在固定的商户进行消费。另外在这段时间中，古城商户也增加了很多，而且增加比例比游客增加比例更大，因此出现了供大于求的局面。这种供需不平衡的情况在 2016 年之后逐渐得到了解决，在淘汰掉一部分商户之后，古镇的供需逐渐趋于平衡。

（四）凤凰古城旅游公司与合作企业之间的冲突分析

1. 凤凰古城旅游公司与三个企业绑定的"一票制"

为了提高效益，凤凰"古城"旅游公司在凤凰县政府的支持下主导推动"围城收票""一票制"等营销策略，从 2013 年开始，包括凤凰古城、南华山、乡村游三大块景区在内的古城 9 景和南华山门票被绑定实行"一票制"销售，售价 148 元。2013 年 4 月 10 日，"凤凰古城景区管理服务公司"宣布成立，由其对古城三大块景区实施"整合经营"并售卖门票，凤凰县政府以土地入股占股 49%，其代表者是凤凰国有独资的铭城公司，凤凰古城旅游公司占股 51%。自凤凰"围城"3 年以来，当地门票收入从 2013 年 1.7 亿多元上升到 2015 年的 2.9 亿元，3 年门票总收入达到了 6.4 亿元，折合门票大概 430 多万张。如果按照每张 18 元粗略估算，3 年中南华山景区的收入为 7000 万元以上。在如此庞大的盈利模式之下，凤凰古城旅游公司被怀疑是其中最大的受益者，然而，如果按照每张 18 元粗略估算，3 年中南华山景区的收入为 7000 万元以上。作为一个年接待五六万人次的景区，即便按照"围城"前每张门票 148 元的收入计算，其所获无疑不少，自运行到"围城"前一直亏钱的南华山景区成为绑定"一票制"真正的最大受益者。

2. 凤凰古城旅游公司与其他企业联盟的冲突与裂痕

凤凰古城旅游公司作为旅游景点的主要投资经营者会较为主动的进行景点形象的改造以及品牌的塑造，因此当凤凰古城旅游公司与其他合作企业之间的合作影响到景点形象，不利于凤凰古城吸引游客时，凤凰古城旅游公司即会改变合作方式寻找新的合作方式与合作伙伴。在这种情况下，随着凤凰县政府取消"围城"售票，凤凰古城旅游公司与合作企业之间的冲突即爆发出来。2016 年 4 月"围城"售票被取消，也意味着凤凰古城旅游公司与三个企业之间的联盟出现裂痕，两者间冲突关系逐渐显现，从凤凰古城旅游公司角度来看，他们和企业合作破裂的原因是利益分配问题，核心则是"两费一金"从有到无。由于凤凰县政府决定暂停"围城"售票，全力发展乡村游作为新的增长点，因此凤凰古城旅游公司与企业之间的捆绑关系逐渐削弱。凤凰县政府出于对当地居民利益的保护凤凰旅游业转型的压力取消"围城"售票的政策后，开始推行全域旅游。但是暂停"围城"售票之举以及政府力推乡村游的做法，让凤凰古城的经营公司和政府的"合作"出现了裂痕。在凤凰古城旅游公司看来，他们和政府合作破裂的原因是利益分配问题，核心则是"两费一金"从有到无。通过征收"两费一金"从门票收益中获得古城保护资金的协议条款，由于政策变化已经无法实施。而凤凰政府决定暂停"围城"售票，全力发展乡村游作为新的增长点。古城经营公司与其他企业势必会形成一定的"联盟"。与凤凰县政府合作的凤凰古城旅游公司、启盛（凤凰）旅游公司、凤凰县城乡旅游公司等 5 方投资经营企业，达成《凤凰县景区整合经营协议》，试营期三年。在三年的合作与磨合期内，经营主体几经磋商仍无法达成合作协议，三家公司在利益分配问题上始终无法达成一致。即使凤凰古城旅游公司与新的合作企业即"联盟"在较长的一段时间内无法达成协议，凤凰古城旅游公司依旧会倾力打造凤凰旅游品牌，而启盛（凤凰）旅游公司、凤凰县城乡旅游公司等合作企业虽然不会投入太多进行凤凰旅游品牌的打造，但是不合作对于其利益的影响也是有限的，在其经营过程中，依旧可以获取相应的利益，实现正常的生存与经营，因此这些合作企业在较长的时间段内没有妥协合作。

三、景城一体化合作与冲突演化博弈分析

现以景城一体化的凤凰古城围城收费为案例，创建演化博弈分析模型。

（一）博弈方、博弈策略和损益函数

把景村一体化合作与冲突博弈方分为两个群体：景城区政府和投资企业，地方政府可以选择"围城"收费和"不围城"收费；投资企业可以选择"合作"和"不合作"。假设景城区游客流总流量为 q；企业投资经费景城旅游区中的有限景点，单位游客票价为 p；由于大量游客免费游景城，只有部分游客

购票进入企业经营的景点游览，假设有 i（$0<i<1$）比例的游客购票，企业的游客营运成本为 h。景城区政府因为承担公共管理和维护景城区的任务，平时进行一般维护，设人均游客维护成本为 c；如果与企业合作共同围城收费，设收入的分成比例为 f（$0<f<1$），围城总成本假设为 e；与投资企业分担围城费用比例为 l（$0<l<1$），按国内的情形围城收费后会受到舆论的批评、客流量的减少等品牌损失，这个损失设为 d。投资企业积极与政府合作，可增加收益为 k；合作成本为 t，这个成本即让渡给政府的利益。经过上述假设，景城区政府与投资企业损益矩阵见表 5-8。

表 5-8　　景城一体化背景下政府与投资企业合作与冲突博弈损益矩阵

政府部门	投资企业		不合作（$1-y$）
	合作（y）		
围城（x）	$qpf-cq-el-d+t$, $qp(1-f)-h-e(1-l)+k-t$		$qpf-cq-e-d$, 0
不围城（$1-x$）	$-cq+t$, $iq-h+k-t$		$-cq$, $iq-h$

（二）演化稳定策略

1. 景城区政府部门演化稳定策略

政府部门采用"围城"收费和"不围城"收费两种策略的期望得益和平均得益分别为：

$$\mu_{1x}=y(pqf-cq-el-d+t)+(1-y)(pqf-cq-e)$$

$$\mu_{2x}=y(-cq+t)+(1+y)(-cq)$$

$$\overline{\mu_x}=x\mu_{1x}+(1-x)x\mu_{2x}$$

政府部门采用"围城"收费策略的复制动态方程为：

$$F(x)=\mathrm{d}x/\mathrm{d}t=x(\mu_{1x}-\overline{\mu_x})+(1-x)(\mu_{1x}-\mu_{2x})$$
$$=x(1-x)[(cq+e-el-d)y+pqf-cq-e]$$

2. 投资企业演化稳定策略

投资企业"合作"和"不合作"两种策略的期望得益和平均得益分别为：

$$\mu_{1y}=x[qp(1-f)-h-e(1-l)+k-t]+(1-x)(iq-h+k-t)$$

$$\mu_{2y}=x.0+(1-x)(iq-h)$$

$$\overline{\mu_y}=x\mu_{1x}+(1-x)x\mu_{2x}$$

可得投资企业采用"接纳"策略的复制动态方程为：

$$F(y) = \mathrm{d}y/\mathrm{d}t = y(\mu_{1x} - \overline{\mu_x}) + (1 - y)(\mu_{1x} - \mu_{2x})$$

$$= y(1 - y)\{iq - h + k - t + [pq(1 - f) - iq - e(1 - l)]x\}$$

$$= y(1 - y)[iq - h + k - t + (pq - pqf - iq - e + el)x]$$

(三) 演化稳定性和参数分析

令 $F(x) = 0$ 且 $F(y) = 0$，在平面 $M = \{(x, y) \mid 0 \leqslant x, y \leqslant 1$ 上可得演化博弈的 5 个可能的均衡点：$(0, 0)$、$(1, 0)$、$(0, 1)$、$(1, 1)$、(x^*, y^*)，各均衡点的雅克比矩阵行列式为：

$$De(J) = \begin{bmatrix} \partial F(x)/\partial x, \partial F(x)/\partial y \\ \partial F(y)/\partial x, \partial F(y)/\partial y \end{bmatrix}$$

$$= \begin{bmatrix} (1 - 2x)[(cq + e - el - d)y + pqf - cq - e], x(1 - x)(cq + e - el - d) \\ y(1 - y)(pq - pqf - iq - e + el), (1 - 2y)[iq - h + k - t + (pq - pqf - iq - e + el)x], \end{bmatrix}$$

$$Tr(J) = \partial F(x)/\partial x + F\partial(y)/\partial y$$

$$= (1 - 2x)[(cq + e - el - d)y + pqf - cq - e] + (1 - 2y)[iq - h + k - t + (pq - pqf - iq - e + el)x]$$

计算雅克比矩阵特征值，见表 5 - 9。

表 5 - 9   雅克比矩阵特征值

可能均衡点	Det（J）	Tr（J）
0,0	$(pqf - cq - e)(iq - h + k - t)$	$(pqf - cq - e) + (iq - h + k - t)$
1,0	$-(pqf - cq - e) \times [k - t - h - (1 - l)e + (1 - f)pq]$	$-(pqf - cq - e) + [k - t - h - (1 - l)e + (1 - f)pq]$
0,1	$(pqf - el - d)[-(iq - h + k - t)]$	$(pqf - el - d) - (iq - h + k - t)$
1,1	$(pqf - el - d) \times [k - t - h - (1 - l)e + (1 - f)pq]$	$-(pqf - el - d) - [k - t - h - (1 - l)e + (1 - f)pq]$
x^*, y^*		0

注：$x^* = (pqf - cq - e)/(cq + e - el - d)$，$y^* = (pq - pqf - iq - e + el)/(iq - h + k - t)$。

根据表 5 - 9 分析不同参数条件下系统的稳定均衡点，因为 $d > 0$，在四种情况下的稳定均衡点如表 5 - 10 所示。

表 5 - 10　　　　　　　　　　均衡点的稳定性分析结果

可能点	参数条件	$Det(J)$	$Tr(J)$	稳定性
0, 0	$pqf - cq - e > 0$，$iq - h + k - t > 0$	+	+	鞍点
	$pqf - cq - e > 0$，$iq - h + k - t < 0$	−	+ −	不稳定
	$pqf - cq - e < 0$，$iq - h + k - t > 0$	−	+ −	不稳定
	$pqf - cq - e < 0$，$iq - h + k - t < 0$	+	−	ESS
1, 0	$-(pqf - cq - e) > 0$，$k - t - h - (1-l)e + (1-f)pq > 0$	+	+	鞍点
	$-(pqf - cq - e) > 0$，$k - t - h - (1-l)e + (1-f)pq < 0$	−	+ −	不稳定
	$-(pqf - cq - e) < 0$，$k - t - h - (1-l)e + (1-f)pq > 0$	−	+ −	不稳定
	$-(pqf - cq - e) < 0$，$k - t - h - (1-l)e + (1-f)pq < 0$	+	−	ESS
0, 1	$(pqf - el - d) > 0$，$-(iq - h + k - t) > 0$	+	+ −	不稳定
	$(pqf - el - d) > 0$，$-(iq - h + k - t) < 0$	−	+ −	不稳定
	$(pqf - el - d) < 0$，$-(iq - h + k - t) > 0$	−	+ −	不稳定
	$(pqf - el - d) < 0$，$-(iq - h + k - t) < 0$	+		ESS
1, 1	$(pqf - el - d) > 0$，$k - t - h - (1-l)e + (1-f)pq > 0$	+		ESS
	$(pqf - el - d) > 0$，$k - t - h - (1-l)e + (1-f)pq < 0$	−	+ −	不稳定
	$(pqf - el - d) < 0$，$k - t - h - (1-l)e + (1-f)pq > 0$	−	+ −	不稳定
	$(pqf - el - d) < 0$，$k - t - h - (1-l)e + (1-f)pq < 0$	+	+	鞍点

（四）景城一体化利益相关者演化博弈结果分析

将表 5 - 10 中的各均衡点整理可得表 5 - 11。可以看出，景城一体化利益相关者演化博弈的稳定均衡，受围城收费政府获得净收益为 $pqf - cq$、围城总成本为 e、围城总成本分摊率为 l、不围城时投资企业净收益为 $iq - h$、投资企业与政府合作净收益为 $k-t$ 等因素的影响。

表 5 – 11   景城一体化演化博弈的核心要素分析

局部均衡点	参数条件	情形
0, 0	$pqf - cq < e$, $(iq - h) + (k - t) < 0$	稳定均衡点
1, 0	$pqf - cq > e$ $pq(1-f) - h + (k-t) < (1-l)e$	稳定均衡点
0, 1	$pqf - d < el$, $(iq - h) + (k - t) > 0$	稳定均衡点
1, 1	$pqf - d > el$ $pq(1-f) - h + (k-t) > (1-l)e$	稳定均衡点

当围城收费时政府获得的净收益小于围城总成本、不围城时投资企业净收益与合作净收益之和小于 0 时，（0，0）是均衡点，即（不围城，不合作）是演化的稳定策略。

当围城收费时政府获得的净收益大于围城总成本、围城时投资企业净收益与合作净收益之和小于投资企业分担围城成本时，（1，0）是均衡点，即（围城，不合作）是演化的稳定策略。

当围城收费时政府获得的总收益与品牌损失之差小于政府分担的围城成本、不围城时投资企业净收益与合作净收益之和大于 0 时，（0，1）是均衡点，即（不围城，合作）是演化的稳定策略。

当围城收费时政府获得的总收益与品牌损失之差大于政府分担的围城成本、围城时投资企业净收益与合作净收益之和小于投资企业分担围城成本时，（1，1）是均衡点，即（围城，合作）是演化的稳定策略。

| 第六章 |

武陵山区旅游合作与冲突治理实证分析

第一节　武陵山区旅游合作与冲突的
演化与合作绩效评价

一、武陵山片区旅游景区分布与旅游业发展时空差异

（一）武陵山片区基本区情及3A级以上景区空间差异

1. 武陵山片区基本区情

武陵山片区包括湖北、湖南、重庆、贵州4省市交界地区的71个县市区，其中，湖北11个县市（包括恩施土家族苗族自治州及宜昌市的秭归县、长阳土家族自治县、五峰土家族自治县）、湖南37个县市区（包括湘西土家族苗族自治州、怀化市、张家界市及邵阳市的新邵县、邵阳县、隆回县、洞口县、绥宁县、新宁县、城步苗族自治县、武冈市；常德市的石门县；益阳市的安化县；娄底市的新化县、涟源市、冷水江市）、重庆市7个县区（包括黔江区、西阳土家族自治县、秀山土家族苗族自治县、彭水苗族土家族自治县、武隆县、石柱土家族自治县、丰都县）、贵州16个县市（包括铜仁地区及遵义市的正安县、道真仡佬族苗族自治县、务川仡佬族苗族自治县、凤冈县、湄潭县、余庆县），国土总面积为17.18万平方公里，见图6-1。71个县市区中有42个国家扶贫开发工作重点县，13个省级重点县。71个县市区共有1376个乡镇，其中少数民族乡122个，占8.9%；有23032个行政村，其中国家贫困村11303个。2010年末，总人口3645万人，其中城镇人口853万人，乡村人口2792万人；少数民族人口约占全国少数民族总人口的1/8，其中民族自治地方少数民族人口1234.9万人。境内有土家族、苗族、侗族、白族、回族和仡佬族等9个世居少数民族。

2011年10月，国务院批复的《武陵山片区区域发展和扶贫攻坚规划

（2011—2020）》明确将旅游产业作为片区扶贫攻坚的优势先导产业。2011 年以来，片区旅游产业获得了长足发展，已逐渐形成了以旅游带动地区经济发展，推动区域脱贫的可喜局面。

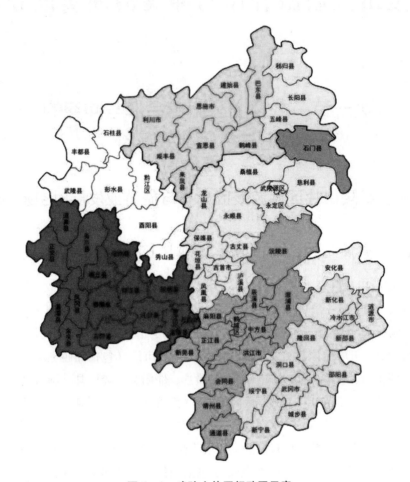

图 6 - 1　武陵山片区行政区示意

2. 武陵山片区 3A 级以上景区空间差异分析

从《武陵山片区旅游扶贫发展报告》[①] 中，选取 3A 级以上景区数量、旅游人次、旅游产业收入、乡村旅游重点村数量等旅游产业发展替代指标，并采用地理科学技术和方式，选取 2011 年、2014 年和 2016 年三个时间节点，从全

---

　　① 李定珍，张琰飞，鲁明勇. 武陵山片区旅游扶贫发展报告［M］. 北京：经济科学出版社，2018. 4.

域空间和局域空间相结合的视角分析武陵山片区旅游产业发展的时空演变规律，对片区 71 个县市区进行产业发展时空对比，进而为各县市区优化旅游产业发展布局提供依据。由于片区并不是一个独立的统计单元，各县市区的相关数据均来自相应年份的《湖南省统计年鉴》《贵州省统计年鉴》《湖北省统计年鉴》《重庆市统计年鉴》，以及各县市区统计公报、相关政府网站公布的政策文件（如《全国乡村旅游扶贫重点村汇总表》）、相关县市区旅游局提供的内部资料等，并经过了整理和计算。所涉及的空间计算则基于 Arcgis10.3 软件平台展开。武陵山区自然景观独特，片区内旅游资源极其丰富。共拥有 5A 级景区 8 处，包括湖北的恩施大峡谷、屈原故里、神农溪、清江画廊；湖南的武陵源—天门山、琅山；重庆的武隆喀斯特旅游区、酉阳桃花源等。另外有 4A 级景区 63 处，3A 级景区 38 处。由于各地资源和开发水平不同，3A 级以上景区数量的区域差异比较大。统计数据显示，片区 3A 级以上景区数量的省际差异显著，拥有 5A 级景区最多的是湖北片区，拥有 4 处；湖南和重庆片区各拥有 2 处 5A 级景区；贵州片区目前还没有 5A 景区。考虑到湖南在整个片区中的面积最大，故景区的开发水平及景区的建设质量都需要进一步提升，见表 6–1 和图 6–2。拥有 4A 级景区最多的是湖南片区，有 4A 级景区 29 处；以及贵州片区

表 6–1　　　　　　　　　　武陵山片区 5A 级景区情况

省市	景区名称
湖北	恩施市恩施大峡谷、秭归县屈原故里、长阳县清江画廊、巴东县神龙溪
湖南	张家界武陵源—天门山、新宁琅山景区
重庆	武隆区喀斯特旅游区、酉阳桃花源

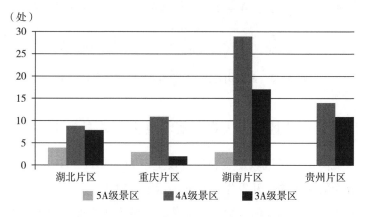

图 6–2　武陵山片区 3A 级以上景区省际分布

居次，有4A级景区14处；重庆片区居于第三，拥有4A级景区11处；湖北片区的4A级景区最少，拥有9处。3A级景区数量的分布与4A类似，数量排名依次是湖南、贵州、湖北和重庆，这主要与各分片区的县域数量密切相关，整体来看3A与4A景区的分布相对比较均衡。

利用Arcgis10.3软件得到的武陵山片区3A级与4A景区县域分布图，见图6-3。5A级景区集中分布在片区北部，包括湖北片区、重庆片区和湖南片区的张家界，南部只有邵阳新宁崀山一个5A景区；其他地区没有5A级景区，区域之间分布极不均衡。4A级景区与3A级景区分布相对比较均衡，贵州的铜仁、湖南的湘西州与张家界、重庆的黔江、酉阳及石柱、湖北的恩施州等地区均有分布。整体来看，片区的一般景区比较多，但是高质量的5A景区严重偏少，未来需要进一步提升建设力度，打造更多的5A级景区。

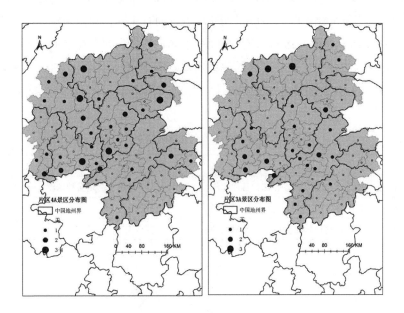

图6-3　武陵山片区3A级与4A级景区县域分布

（二）武陵山片区旅游人次与旅游收入的时空变动

随着《武陵山片区区域发展和扶贫攻坚规划（2011—2020）》出台，及武陵山片区成为新一轮扶贫开发先行先试的示范区以来，片区旅游业得到快速发展，旅游人次大幅增加。但各地差异显著，旅游人次主要取决于高质量旅游资源的分布；张家界、武隆、恩施的旅游人次显著高于其他地区，与这些地区分布的5A级景区有关；而缺乏4A级以上景区的县域，旅游人次则明显偏少。

1. 武陵山片区旅游人次的年际变动

2011年以来，武陵山片区的旅游人次实现了持续的增加，见图6－4，2011年和2012年武陵山片区的旅游人次尚不足1.5亿人次，2013年已经接近2亿人次，到2016年武陵山片区的旅游人数达到了3.5亿人次，是2011年的3倍，显著快于全国的平均水平（全国旅游人次从2011年的27.76亿人次增长到2016年的45.78亿人次），旅游产业呈现出良好的发展态势。

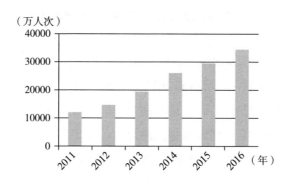

图6－4　武陵山片区2011～2016年旅游人数

2. 武陵山片区旅游人次演变省际差异

2011年以来，片区的湖南、湖北、重庆、贵州等分片区旅游人次均实现了大幅增加，但各片区旅游人数的变动趋势具有显著差异，见图6－5。其中湖南片区的旅游人数一直显著高于其他三省片区的旅游人数，这与其面积和人口的显著优势有关。2011年湖南片区的旅游人数达到6300万人次，其他三省片区的旅游人数依次为重庆片区近2900万人次、湖北片区2300万人次、贵州片区700万人次，湖南片区旅游人次相当于其他三省市片区旅游人次之和。到2016年，各省片区的旅游人数均得到大幅提升，湖南片区依然保持着片区内旅游领头羊的地位，旅游人次达到了1.8亿人次，湖北、贵州、重庆等三省市片区的旅游人次也分别达到5500万人次、6000万人次和8000万人次。

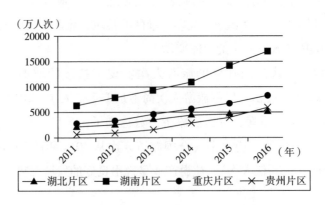

图 6 - 5　武陵山各省片区旅游人次的变动趋势

3. 武陵山片区旅游人次演变县域差异

利用 Arcgis10. 3 软件，可得到 2011 年、2014 年、2016 年武陵山片区旅游人次县域空间分布，见图 6 - 6。从时间上来看，各地区的旅游人次总体上有了显著的提升，2011 年只有张家界武陵源区、永定区、武隆县、凤凰县的旅游人次超过了 600 万人次，其中武陵源区、永定区、武隆超过 1000 万人次；到 2014 年酉阳县、秭归县、利川市、丰都县、吉首市、新化县、彭水县、恩施市等县市都超过 600 万人次，其中武陵源区、永定区、武隆县则超过 1500 万人次；2016 年，江口县、碧江区、巴东县、长阳县、涟源市、石柱县、黔江区、新宁县等地区的旅游人数超过 600 万人次，而酉阳县、利川市、丰都县、凤凰县、吉首市、新化县、彭水县、恩施市等地区的旅游人次都已经超过 1000 万人次，武陵源区、永定区、武隆县则超过 2000 万人次。从旅游人次标准差椭圆中心的变化来看，从 2011~2016 年整体变动较小，向南方向略有移动，说明片区南部的铜仁以及湖南的新宁县、通道县、新化县等地旅游人次增长更为显著；整体来看，旅游收入比较高的地区主要还是集中在片区北部，重庆片区、湖北片区和湖南片区北部仍然具有显著的优势。

各县域的旅游人次差异比较显著，根据旅游人次数量可将各县市区分为不同的等级，见表 6 - 2；旅游人次比较高的地区主要集中在恩施、重庆片区、湖南张家界等地，而怀化、邵阳与遵义等地的旅游人次增长则比较缓慢。张家界武陵源、永定区、武隆县一直是片区旅游人次的龙头，2011 年旅游人数都已经超过 1000 万人次，而会同县、麻阳县、新晃县、中方县和辰溪等县到

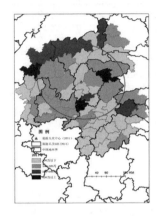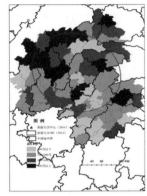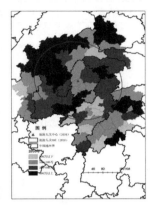

图6-6　武陵山片区旅游人次演变县域分布

2016 年旅游人次尚不足 100 万人次。酉阳县、秭归县、利川市、丰都县、吉首市、新化县、彭水县、恩施市是旅游人数增长最为快速的地区，2011 年不足 500 万人次，酉阳县、秭归县和彭水县甚至不足 300 万人次，2014 年都已经超过 600 万人次，其中吉首市和新化县超过 900 万人次，而彭水县和恩施市则超过 1000 万人次。巴东县、石柱县、长阳县、秭归县、江口县、涟源市、新宁县、碧江区、黔江区等地的旅游增长潜力很大，2011 年不足 400 万人次，2014 年接近 600 万人次，到 2016 年已经超过 600 万人次。

表6-2　　　　　　　　　　　武陵山片区旅游人次县域分级

旅游人次	2011 年县域名录	2014 县域名录	2016 县域名录
10 万以下	会同县、麻阳县、新晃县、保靖县、洞口县、万山区、绥宁县、城步县、邵阳县、道真县、正安县、中方县、石门县、新邵县、武冈市、古丈县、花垣县、靖州县、来凤县、隆回县、宣恩县、溆浦县、泸溪县、建始县、辰溪县、余庆县、鹤峰县、通道县、秀山县、湄潭县、务川县、龙山县、思南县、洪江市	邵阳县、会同县、万山区、麻阳县、新晃县、正安县、绥宁县、城步县、道真县、中方县、泸溪县、保靖县、辰溪县、宣恩县、鹤峰县	万山区、邵阳县、新晃县、城步县、中方县、辰溪县、麻阳县、会同县、正安县

续表

旅游人次	2011 年县域名录	2014 县域名录	2016 县域名录
100 万~200 万	五峰县、鹤城区、印江县、冷水江市、德江县、玉屏县、涟源市、安化县、石阡县、沿河县、松桃县、咸丰县、沅陵县、凤冈县、永顺县	靖州县、武冈市、来凤县、隆回县、洞口县、新邵县、务川县、古丈县、鹤城区、安化县、慈利县、湄潭县、余庆县、通道县、建始县、溆浦县、冷水江市、龙山县、五峰县、花垣县	鹤峰县、道真县、保靖县、泸溪县、隆回县、洪江市、武冈市、宣恩县、来凤县、绥宁县、务川县、洞口县
200 万~400 万	慈利县、桑植县、彭水县、江口县、长阳县、新宁县、秭归县、芷江县、黔江区、酉阳县、碧江区、石柱县、新化县、吉首市、巴东县	秀山县、玉屏县、思南县、石阡县、洪江市、沿河县、德江县、沅陵县、松桃县、印江县、桑植县、凤冈县、永顺县、咸丰县	古丈县、鹤城区、靖州县、德江县、安化县、五峰县、花垣县、冷水江市、建始县、龙山县、湄潭县、余庆县、新邵县、溆浦县、沅陵县、通道县、玉屏县
400 万~600 万	利川市、丰都县、恩施市	芷江县、江口县、石门县、碧江区、巴东县、长阳县、涟源市、石柱县、黔江区、新宁县	秀山县、思南县、石阡县、沿河县、桑植县、松桃县、印江县、芷江县、咸丰县、永顺县、凤冈县、石门县、慈利县
600 万~1000 万	凤凰县	酉阳县、秭归县、利川市、丰都县、凤凰县、吉首市、新化县	巴东县、石柱县、长阳县、秭归县、江口县、涟源市、新宁县、碧江区、黔江区
1000 万以上	永定区、武隆县、武陵源区	彭水县、恩施市、武陵源区、永定区、武隆县	利川市、酉阳县、丰都县、吉首市、恩施市、凤凰县、新化县、彭水县、武陵源区、武隆县、永定区

4. 武陵山片区旅游收入总体演变

随着旅游人次的持续增长，武陵山片区各地的旅游收入也大幅增加，但各地的差异比较明显。旅游人次对旅游收入具有显著影响，旅游人次高的地区，旅游收入也明显高于其他地区；同时，区域旅游产业的发展质量也是影响旅游收入的重要因素。2011~2016 年，武陵山片区的旅游总收入逐年增加，见图 6-7。2011 年武陵山片区的旅游收入为 665 亿元，到 2016 年片区的旅游收入达到了 2450 亿元，2016 年是 2011 年的近 4 倍，年平均增长率达 30.1%，不仅明显快于旅游人次的增长速度，也显著快于全国的平均水平①。

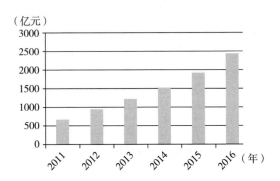

图 6 - 7　武陵山片区 2011 ~ 2016 年旅游总收入

5. 武陵山片区旅游收入演变省际差异

武陵山片区内各省片区旅游收入的变化也各不相同，见图 6 - 8。湖南片区的旅游收入一直高于其他三省片区的旅游收入，2011 年湖南片区的旅游收入达到 350 亿元的水平，其他三省片区的旅游收入基本在 100 亿元的水平，湖南片区的旅游收入是其他三省市片区旅游收入的 3 倍。到 2016 年，各省片区的旅游收入一路走高，湖南片区旅游收入达到了 1200 亿元，湖北、贵州、重庆等三省市片区的旅游收入也分别达到 450 亿元、450 亿元和 330 亿元的水平。湖南、湖北、重庆、贵州等片区旅游收入的年平均增长率达到了 28.4%、32.5%、33.5% 和 31.0%，亦远远高于各省市片区的地区生产总值的年平均增长率。

6. 武陵山片区旅游收入演变县域差异

利用 Arcgis10.3 软件，可得到武陵山片区旅游收入的县域空间分布图，见图 6 - 9。从时间上来看，各县市旅游收入总体上有了显著的提升。2011 年只有张家界武陵源区和永定区旅游收入超过了 50 亿元，还有道真县、新晃县等 12 个县的旅游收入在 1 亿元以下；到 2014 年只有三个县的旅游收入在 1 亿元以下，超过 10 亿元的县达到 31 个，武隆县、吉首市、秭归县、新化县、恩施

---

① 全国旅游收入从 2011 年的 2.25 万亿元增长到 2016 年的 4.69 万亿元。

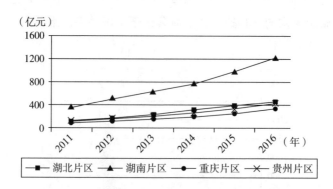

图 6 - 8　武陵山各省片区旅游收入的变动趋势

市、凤凰县等 8 个县市也超过 50 亿元；到 2016 年所有县市的旅游收入都已经超过 1 亿元，在 5 亿元以下的只有 8 个，超过 50 亿元的县达到 17 个，恩施市、新化县和凤凰县等县市旅游收入也超过 100 亿元。从旅游收入标准差椭圆中心的变化来看，从 2011 ~ 2016 年整体变动较小，向西南方向略有移动，表明近年来贵州和重庆的旅游收入增长更为迅速；整体来看，旅游收入比较高的地区主要是片区的北部边缘地区，恩施市、永定区、武陵源区等仍然是旅游收入最高的地区。

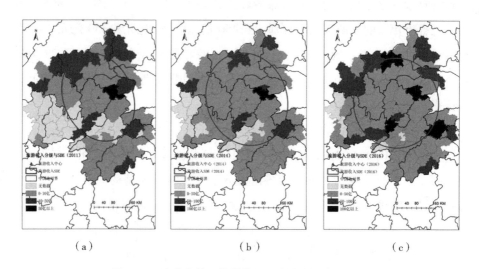

（a）　　　　　　　（b）　　　　　　　（c）

图 6 - 9　武陵山片区旅游收入县域分布与中心演变

　　各县域的旅游收入差异比较显著，根据旅游收入高低可将各县市区分为不同的等级（见表6-3）。旅游收入比较高的地区主要集中在恩施、重庆片区、张家界等地。张家界武陵源和永定区一直是片区旅游收入的龙头，2011年是唯一超过50亿元的地区，其中永定区到2014年接近150亿元，2016年已经接近300亿元；恩施市、凤凰县和新化县是增长最为快速的地区，2011年不足50亿元，2014年超过50亿元，到2016年已经增长到100亿元以上，与张家界一起成为区域旅游发展的龙头；秭归县、彭水县、武隆县、碧江区、吉首市、江口县、新宁县等地2011年以来发展很快，2011年旅游收入超过10亿元，2014年旅游收入只有50亿元左右（其中武隆县、吉首市、秭归县超过50亿元），到2016年已经接近100亿元，发展潜力很大；新晃县、麻阳县、会同县、保靖县、鹤峰县、中方县、万山区、泸溪县等地的旅游发展较慢，到2016年旅游收入尚未突破5亿元。

表6-3　　　　　　　　　武陵山片区旅游收入县域分级表

旅游收入	2011年县域名录	2014县域名录	2016县域名录
1亿元以下	道真县、新晃县、麻阳县、会同县、新邵县、泸溪县、邵阳县、保靖县、辰溪县、花垣县、务川县、溆浦县	新邵县、麻阳县、新晃县	
1亿~5亿元	万山区、洞口县、来凤县、靖州县、中方县、绥宁县、宣恩县、鹤峰县、龙山县、古丈县、德江县、石门县、正安县、武冈市、城步县、五峰县、丰都县、秀山县、建始县、隆回县、洪江市、余庆县、鹤城区、湄潭县、通道县	会同县、绥宁县、万山区、保靖县、泸溪县、靖州县、中方县、宣恩县、古丈县、正安县、鹤峰县、道真县、城步县、洞口县、花垣县、来凤县	新晃县、麻阳县、会同县、保靖县、鹤峰县、中方县、万山区、泸溪县
5亿~10亿元	彭水县、沿河县、冷水江市、安化县、永顺县、黔江区、思南县、芷江县、酉阳县、沅陵县、玉屏县、桑植县、凤冈县、涟源市、印江县	武冈市、务川县、德江县、辰溪县、溆浦县、隆回县、安化县、洪江市、龙山县、秀山县、通道县、邵阳县、湄潭县	靖州县、城步县、宣恩县、武冈市、洞口县、花垣县、正安县、古丈县、道真县、辰溪县、绥宁县、邵阳县、隆回县

旅游收入	2011 年县域名录	2014 县域名录	2016 县域名录
10 亿～50 亿元	石阡县、秭归县、慈利县、咸丰县、松桃县、长阳县、江口县、石柱县、新化县、巴东县、利川市、吉首市、新宁县、碧江区、恩施市、武隆县、凤凰县	建始县、余庆县、五峰县、玉屏县、沅陵县、永顺县、桑植县、冷水江市、鹤城区、思南县、沿河县、石阡县、黔江区、松桃县、凤冈县、慈利县、芷江县、印江县、西阳县、石柱县、丰都县、咸丰县、巴东县、彭水县、江口县、利川市、长阳县、碧江区、石门县、涟源市、新宁县	德江县、来凤县、务川县、洪江市、溆浦县、安化县、龙山县、沅陵县、湄潭县、鹤城区、通道县、秀山县、建始县、余庆县、新邵县、五峰县、桑植县、玉屏县、芷江县、冷水江市、永顺县、慈利县、沿河县、思南县、黔江区、石柱县、石阡县、凤冈县、松桃县、印江县、咸丰县、巴东县、西阳县
50 亿元以上	武陵源区、永定区	武隆县、吉首市、秭归县、武陵源区、新化县、恩施市、凤凰县、永定区	丰都县、江口县、长阳县、石门县、新宁县、利川市、涟源市、秭归县、彭水县、武隆县、碧江区、吉首市、武陵源区、新化县、凤凰县、恩施市、永定区

二、武陵山片区旅游合作与冲突时空演化

区域经济合作开始主要发生于有地缘优势的相邻国家和地区之间。如北美自由贸易区（NAFTA）、欧盟（EU）、东盟（ASEAN）等。随着区域经济合作的发展，周边可用的资源逐渐较少，再加上信息通信技术的发展，跨洲的经济交流趋于便利。据 WTO 统计，20 世纪 90 年代下半期以来，约有 1/3 的区域贸易安排发生在跨洲国家之间。如欧盟与墨西哥与达成了自由贸易协定，与南非签署了《南非与欧盟贸易、发展与合作协定》，与拉美南方共同市场（MERCOSUR）双边自由贸易区的谈判正在进行中；美国和约旦签署双边自由贸易协定。2003 年底，已运作的跨区域经济合作组织约占全部区域经济合作组织的 5%，但已经签署协议或正在进行谈判的跨区域经济合作占 1/3，提出进行跨区域合作的占 40% 以上，显示出强大的发展后劲。目前，WTO 的 146

个成员中，已有 65 个加入或正在商签跨区域的经济合作组织。区域经济合作的主要形式有部门一体化、优惠贸易安排、自由贸易区、关税同盟、共同市场、经济同盟、完全经济一体化等。中国加入 WTO 后国际市场国内化、国内市场国际化的趋势进一步明显，这必然促使各地内外开放的深化，于是新一轮中国区域经济合作将大规模地推进，其典型标志就是在扩大地区之间开放领域和开放程度基础上的全方位、多层次的区域合作全面铺开。发达地区如长三角、珠三角和环渤海地区的区域合作将向纵深发展，并逐渐过渡到以国际大都市圈经济一体化模式发展。特别在城市产业合作发展上，区域核心城市、次中心城市、专业性城市、一般城镇四个层次在产业结构的衔接和协调上，更好地体现出区域专业化分工合作。发达地区与不发达地区，也将在自然物资开发、基础设施建设、旅游资源开发等方面在资源优势互补的基础上实现广范围的联合和协作。西部地区内部也会进行多种形式的合作，如云南、贵州、四川、重庆、广西、西藏及成都市等西南六省（自治区、直辖市）一市在基础设施建设、生态环境保护、人文旅游资源开发等方面进行多种形式的合作开发，以促进西部地区的发展。这些都将促进区域一体化发展的步伐。改革开放以来，为了消除计划经济体制下形成的条块分割和区域行政区合作壁垒，武陵山片区各地区一直在探索在探求合作发展之路，政府层面上，尝试成立了多个合作组织。

（一）改革开放以来武陵山片区的经济合作行动

1. 武陵山片区经济技术协会

早在 1986 年，就成立了"湘鄂川黔渝武陵山片区县市区政府经济技术协会"简称"经济技术协会"，办事处设于吉首市，成员单位有 39 个，包括湖南怀化 4 个县市，湘西自治州 8 个县市，常德 1 个县，贵州铜仁地区 10 个县市，黔东南自治州 3 个县，湖北恩施 7 个县等。由于各地的经济基础和区域交通环境条件等多种因素的制约，经济技术协会并没有取得实质性的作用，随着时间推移，最后无疾而终。

2. 湘桂黔渝毗邻地区经济技术协作区政府联席会

20 世纪 90 年代初，由于长期计划体制造成的条块分割，严重影响了经济效率，国内兴起了区域经济协作的风潮。在这一背景下，1990 年 12 月，武陵山片区分属的几个省际交界地带的地区政府，几乎是主动要约，在湖南怀化市商讨经济合作大计，提出了"湘桂黔渝毗邻地区经济技术协作区"的概念，并形成了政府联席会制度。协作区包括广西桂林市、桂林地区、柳州市、柳州地区、贵州的铜仁地区、黔东南自治州、湖南省邵阳市、湘西自治州，大庸县和怀化地区10地级市。后桂林市和桂林地区合作、怀化撤地建市，大庸县（后改称张家界市）退出之后，参与的地级市减少为7个。此外，还有武陵山区岩溶地区扶贫协会、湘鄂渝黔桂边境地区经济协会和五省四区工商协会等区域组织。相比较而言"湘桂黔渝毗邻地区经济技术协作区"政府联席会一直坚持延续了下来，做了一系列有益工作。近二十年来，经济技术协作区每年定期召开专员、州长、市长和县（市、区）长联席会议，就区域经济联合的不同专题进行商讨。先后制定了湘桂黔渝毗邻地州市区加强经济技术协作的若干文件，而且近年来活动较为频繁，先后提出了一系列举措，见表6－4。但是由于协作区常设机构联络处经费紧缺，无法正常开展工作。更缺乏具有一定规模中心城市的集聚和扩散作用，再加上区域经济的制度、机制、政策均不完善，区域联合协作优势并没有充分发挥出来。

表6－4　　　　　　　湘桂黔渝毗邻地区经济技术协作区政府联席会

届数	时间	地点	议题	具体措施
1	1990.12	湖南怀化	成立湘桂黔渝毗邻地区经济技术协作区政府联席会	通过《联席会》章程，决定了轮执程序
2～9			资料暂缺	
10	2004.12	湖南怀化	——	签订了交通、旅游、广电、调纠合作框架协议
11	2005.12	贵州凯里	全面落实科学发展观，广泛开展经济技术联合与协作，积极营造和谐发展环境，巩固和发展协作区合作成果	协作区工作联系制度和民营企业协作会章程，成立了协作区民营企业协作会
12	2006.11	广西柳州	开拓创新，讲求实效，推动合作，共同发展	"长江三峡—乌江百里画廊—张家界—广西"无障碍旅游区
13	2007.11	重庆黔江	优势互补、互惠互利、共谋发展	重大项目合作、交通建设、边界纠纷调处、旅游资源开发
14	2008.11	湖南永州	和谐毗邻，合作共赢	经济技术协作项目；快速通道网络；区域旅游资源整合

续表

届数	时间	地点	议题	具体措施
15	2009.12	广西来宾	实现"湘桂黔渝毗邻地区经济圈"的战略构想，融入北部湾经济区	《旅游、文化宣传推介合作框架协议》（草案）和《加强招商引资合作的框架协议》（草案）
16	2010.11	重庆酉阳	加强协作，携手共进，努力打造内陆开放高地	创新区域资源合作方式；加强合作主体建设；打破壁垒、构建包容开放的合作环境；提高民营企业协会凝聚力；破解交通难题；建立泛武陵山片区旅游联盟，实行旅游产业跨区域共同发展
17	2011.11	贵州铜仁	依托优势资源，做大做强文化旅游产业，促进区域经济可持续发展	13个成员单位签订了《文化旅游产业发展战略合作协议》，加强文化旅游产业发展整体规划工作，由协作区常设联络处牵头，统筹做好区域文化旅游产业发展规划，组织各成员单位制定实施细则
18	2012.12	湖南邵阳	依托特色资源做大做强旅游文化产业，促进区域经济社会可持续发展	加强协作区文化旅游合作、创新协作区日常工作机制、加强协作区民营企业协作会建设、同意重庆市彭水县加入协作区
19	2013.12	贵州黔南州荔波县	加快交通网络建设，促进区域旅游融合发展	以区域交通建设为合作重点，以大交通推动大发展、促进大开发；抓好旅游融合发展，把旅游业打造成为协作区经济合作的典范，同意广西河池市加入协作区
20	2014.11	湖南张家界	促进以旅游为核心的区域产业融合发展	通过了《湘桂黔渝毗邻地区经济技术协作区旅游合作宣言》，明确通过共同建设互联互通旅游共同体，构建旅游营销协作网络，共同推介精品旅游线路，鼓励旅游投资合作，开展旅游管理合作，建立和完善合作机制，建设协作区旅游新品牌
21	2015.11	重庆秀山	加强互联互通合作，促进区域经济发展	签署《湘桂黔渝鄂毗邻地区经济技术协作区关于加强互联互通合作助推区域经济社会发展备忘录》。湖北恩施州加入协作区
22	2016.12	湖南湘西自治州	—	—

资料来源：课题组调查整理。

3. 国家战略——武陵山经济协作区

武陵山片区处于中西部结合地带，又属于内陆多民族聚居地，其贫困的现实越来越引起高层政府的重视。《国务院关于推进重庆市统筹城乡改革和发展的若干意见》首次明确提出：协调渝鄂湘黔四省市毗邻地区成立"武陵山区经济协作区"，组织编制区域发展规划，促进经济协作和功能互补，加快老少边穷地区经济社会发展。2009 年 9 月，国家发改委和国家民委就筹建武陵山区经济协作区、促进武陵山片区经济社会发展进行调研。2010 年 3 月，国家发改委办公厅发出《关于开展武陵山区经济协作区发展规划编制工作的通知》，正式启动《武陵山区经济协作区发展规划》编制工作。2010 年 7 月，国家新一轮西部大开发工作会议明确将武陵山片区列为 6 个国家集中连片特殊困难重点区域之一，武陵山区协作区逐步上升为国家发展战略。2011 年 10 月，国务院批复《武陵山片区区域发展和扶贫攻坚规划（2011—2020）》，作为新阶段扶贫攻坚主战场的战略部署和国家区域发展的总体要求，率先启动武陵山片区区域发展与扶贫攻坚试点工作，为全国其他连片特困地区提供示范。

（二）武陵山片区内部市州经济合作与旅游共同体建设

由于区域合作的省际壁垒在较长时间内难以打破，合作绩效并不突出，各省在内部率先进行地区间的整合。如湖南整合其西部地区的两市一州，提出开发"大湘西地区"；重庆提出"一圈两翼"发展战略。

1. 大湘西地区开发战略

2003 年湖南省委经济工作会议，明确实施湘西地区开发战略，提出从各方面加大对湘西地区的支持力度。大湘西地区包括雪峰山脉以西和武陵山脉以南的广大地区，包括湘西自治州、张家界市、怀化市和邵阳市的绥宁县、城步县、洞口县、武冈市等行政区域，土地面积 61897 平方公里，全区人口 1133万，但范围仅限是湖南省行政区。2004 年 6 月，省委、省政府出台了《关于加快湘西地区开发的决定》，编制印发了《湘西地区开发总体规划》，并先后将湘西大开发的范围扩大到怀化、邵阳、永州等市的 39 个县市区，对湘西地区实行技术、政策、人才和资金的全面支持。

2. 大湘西旅游经济协作区合作联盟

2009 年，湖南省西部几个市州再次牵手合作，针对旅游打造协作区。主要由张家界市、常德市、湘西自治州、怀化市、邵阳市五个市（州）政府联合成立"大湘西旅游经济协作区合作联盟"，由五个市州轮值主席。联盟章程里解决提出了解决合作核心问题——合作经费的方法：在轮值主席地政府拨款50 万元，其他四市（州）政府各拨款 10 万元，并积极争取省旅游局的支持。同时，联盟还可以通过开展有偿服务和接受社会捐赠、赞助等方式，增加联盟年度工作经费。提出了建设"大湘西旅游品牌"、建设联盟网站等多项任务。

3. 重庆市"一圈两翼"发展战略

1997 年直辖后，针对新的大重庆行政区范围，重庆市着力推进将全市划分为主城都市区、渝西走廊、三峡库区、渝东南少数民族地区的四大板块的区域发展战略，并通过 8 小时重庆、半小时主城等基础设施建设强力推进。2007年初，重庆将四大板块的发展战略确定为"一圈两翼"三大板块，即"1 小时经济圈"和渝东北、渝东南"两翼"。即依托"1 小时经济圈"发展优势产业，与四川共同打造国家新的增长极——成渝增长极；以库区腹心城市万州区为中心的渝东北和以黔江为中心的渝东南则合理开发矿产资源，发展特色农副产品加工和特色旅游产业。渝东南这一翼就是目前参与武陵山区协作区的黔江区、武隆县、石柱县、彭水县、酉阳县、秀山县。重庆市在作出的"一圈两翼"重大发展战略中，提出要把旅游业作为渝东南地区优势产业加以重点打造，建设渝东南地区"民俗生态旅游带"，在《重庆市渝东南地区旅游发展规划》中更是明确要加强区域联动，加强区际协作，强化渝、鄂、湘、黔大武陵四省市跨区域联合，包括构建大武陵无障碍旅游区，差别化定位，旅游线路的整合与协调，旅游企业的协作等内容。

4. 张吉怀旅游共同体

2016 年 3 月 31 日，在湖南省旅发委的支持下，张家界市政府、湘西土家族苗族自治州政府、怀化市政府共同成立张吉怀旅游共同体。根据《张吉怀旅游共同体合作框架协议书》，三市（州）将遵循"资源互补、产品互推、客源互送、线路互动"的原则，加强旅游资源整合，凸显区域旅游特色和整体优势，打造张吉怀旅游共同体，实现区域旅游经济一体化。三市（州）协议承诺，共同打造区域强势品牌，突出张吉怀旅游共同体在全省旅游的地位和辐射带动作用，支持共同体打造武陵山片区、大湘西地区旅游聚散中心和交通枢纽中心。张吉怀三市地缘相邻，文脉相承，旅游资源各具特色，旅游产品差异互补，有着良好的合作基础。张吉怀旅游共同体的打造，目的是为了加快建设张吉怀生态文化旅游经济带，加强张吉怀旅游资源整合，凸显区域旅游特色和整体优势，实现区域旅游优势互补、互利共赢、平等协作、共同发展。共同体的基本任务是共同整合旅游资源，共同打造旅游品牌，共同推介旅游线路，共同打造旅游产品，共同举办旅游活动，共同完善旅游管理，建立和完善合作机制，最终实现三地旅游资源共享、产品互推、客源互送、线路互动，共建互联互通、互惠互利、和谐共赢、务实高效旅游合作体，推进旅游改革，打造区域无障碍旅游区，见表6－5。

表6－5   张吉怀旅游共同体活动情况

时间	事件	产生影响及结果
2016.4.5	张吉怀旅游共同体战略合作协议签约	张吉怀旅游共同体以契约形式确定下来
2016.8.23	张吉怀旅游共同体在"沪洽周"期间进行旅游招商项目推介	打破行政区划的限制，打造大湘西"三点一线"的精品旅游带，为游客提供更好更优的选择，推动共建互联互通、互惠互利、和谐共赢、务实高效旅游合作体，推进旅游改革，打造区域无障碍旅游区
2017.7.3	张吉怀旅游共同体轮值主席单位交接会议	新推四条精品旅游线路：一是世界遗产游：武陵源—老司城·万佛山侗寨。二是自然生态游：武陵源—茅岩河—九天洞—天门山—猛洞河漂流—芙蓉镇—红石林—借母溪—凤滩电站—黄岩风景区—雪峰山穿岩山景区。三是民俗文化游：武陵源—张家界大峡谷—天门山—芙蓉镇—矮寨奇观—十八洞—凤凰古城—芷江—黔阳古城—洪江古商城—通道。四是红色文化游：红二军团长征出发地桑植—湘鄂川黔革命根据地永顺—芷江抗战胜利受降地—安江世界杂交水稻发源地—通道转兵纪念地
2017.9.23	"寻美张吉怀，邀约全世界"——建设张吉怀精品生态文化旅游经济带活动启动仪式暨首场旅游推介活动	张吉怀三地此次正式拉开了2017年秋季旅游联合促销活动的序幕

续表

时间	事件	产生影响及结果
2017.11.27	寻美张吉怀、邀约全世界"张吉怀旅游联合促销推介会"走进珠海	宣传了张吉怀的冬季旅游产品和冬季优惠、奖励政策。广州、深圳、珠海、中山、港澳等地近两百家旅行商和新闻媒体参加了此次推介会
2018.5.29	湖南省旅游发展委员会在凤凰县召开张吉怀精品旅游带旅游市场秩序专项治理"利剑行动"座谈会	总结旅游市场秩序整治"利剑行动"的经验教训,探索在张家界、湘西州、怀化市建立张吉怀精品旅游带旅游市场秩序协同治理机制
2018.10.16	2018 张吉怀旅游产品推介会	推介 3 市(州)的旅游产品、精品旅游景区和路线等,进一步扩大在桂林旅游的宣传力度,开拓冬季旅游市场。通过推介会,桂林近百家旅行商近距离感受到了大湘西的独特魅力

资料来源:课题组调研整理。

(三) 武陵山片区旅游开发冲突与产品同质化案例调查

武陵山片区因为地域毗邻,山同脉、水同源、民同俗,旅游开发冲突与产品同质化情况十分普遍。为了对同类质旅游资源与产品进行竞合分析,课题组对武陵山片区旅游资源争夺与产品同质性开发进行大量调查之后,编制了表 3-7,搜集整理了 27 个案例,发现容易引起同类质旅游资源争夺与产品模仿性同质化开发的 10 个领域,包括地域和产权界限模糊的同类质资源、红色旅游资源、同类质地貌、地缘毗邻的古城古镇古村古寨、同源文化遗址、水上项目、农业旅游景区、同族祭祖文化资源、工程旅游同质化、旅游商品同质化等。在 10 个领域的 27 个案例中,有 16 个形成了强竞争关系,有 9 个形成弱竞争关系,即形成竞争关系的占全部案例的 92.59%,其中形成强竞争关系的占 59.26%;只有 2 个案例形成了合作关系,占 7.41%。这说明,同类质旅游资源与产品极少形成合作开发关系,绝大多数形成了竞争关系甚至激烈的竞争关系。武陵山区同类质旅游资源形成合作开发关系的两个案例,发生在申报世界自然遗产和世界文化遗产领域。见表 6-6。

表6-6　武陵山及毗邻区域同类质旅游资源争夺与产品同质开发案例分析

序号	争夺案例	争夺领域	参与县市镇及景区	竞合态势
1	桃花源之争	名著模糊地	常德桃源县、重庆酉阳县	强竞争
2	夜郎国之争	传说模糊地	怀化新晃、贵州黔北	强竞争
3	边城之争	名著模糊地	湘西茶峒、凤凰、吉首；张家界温塘；重庆江安	弱竞争
4	同质化古城古镇	同质古城	湘西凤凰、里耶、王村、浦市古镇；怀化黔阳、洪江古镇；重庆龙潭、龚滩、濯水古镇；张家界大庸古城；贵州镇远古城等	强竞争
5	玻璃桥及栈道	创意模仿	张家界大峡谷、天门山玻璃道；湘西矮寨桥道、长沙石燕湖、平江石牛寨、重庆樵坪山	强竞争
6	同质化民俗表演	同质民俗	拦门酒、长桌宴、哭嫁歌、巫傩戏、摆手舞、苗鼓、上刀山、下油锅等在整个武陵山区各市州各景点都有表演	强竞争
7	喀斯特溶洞	同质地貌	张家界黄龙洞、龙王洞、九天洞；湘西州齐梁洞、兰花洞、慈米洞、风洞；铜仁九龙洞；恩施腾龙洞	强竞争
8	红军转兵	红色资源	湖南通道转兵、贵州黎坪转兵	弱竞争
9	两把菜刀闹革命起源地	红色资源	张家界桑植县、张家界慈利县	弱竞争
10	土家第一村（城）	同质村寨	湘西永顺双凤村、龙山捞车河村；铜仁江口云舍村；恩施土司城	强竞争
11	苗寨	同质村寨	湘西凤凰沟良苗寨、老洞苗寨、古丈墨戎苗寨、吉首德夯苗寨；怀化地笋苗寨；贵州西江千户苗寨、郎德苗寨等	强竞争
12	漂流	同类水上产品	湘西猛洞河、凤凰天门峡漂流；张家界茅岩河、娄江漂流；恩施清江漂流、重庆神龟峡漂流	强竞争
13	土司遗址申遗	同质遗址	湖南永顺土司城遗址、贵州播州海龙屯遗址、湖北唐崖土司遗址	强合作
14	石林	同质地貌	湘西古丈红古林、龙山青石林；贵州松桃石林、思南石林；张家界石漠公园	强竞争
15	温泉	水上产品	张家界江垭温泉、万福温泉、五道水温泉；湘西永顺不二门温泉、润雅温泉；铜仁九龙温泉、思南温泉、石阡温泉	强竞争
16	酉水画廊	水上产品	湘西古丈、怀化沅陵	弱竞争

续表

序号	争夺案例	争夺领域	参与县市镇及景区	竞合态势
17	茶海	农业旅游	贵州湄潭茶海、松桃茶海、思南茶海	强竞争
18	大峡谷	同质地貌	张家界大峡谷、湘西德夯大峡谷、铜仁大峡谷、恩施大峡谷、重庆阿蓬江大峡谷	强竞争
19	苗族祭祖	同族祖先	湘西凤凰腊尔山、保靖吕洞山、花垣蚩尤文化园；重庆彭水蚩尤九黎城；湖南新化大熊山蚩尤文化园、娄底梅山蚩尤文化园；贵州雷山蚩尤文化旅游园	强竞争
20	沈从文	名人故里	湘西凤凰出生地；贵州铜仁祖籍地	弱竞争
21	无边际泳池	同质水上产品	怀化溆浦枫香瑶寨、鹤城区山下村；张家界马儿山、铜仁朱砂古镇	弱竞争
22	丹霞地貌申遗	同质地貌	湖南崀山和广东丹霞山等中国六省市捆绑丹霞地貌申报世界自然遗产	强合作
23	同质化建筑	同质建筑	苗家吊脚楼、土家族转角楼	强竞争
24	同质化旅游商品	同质商品	银器、姜糖、猕猴桃、牛角梳子、腊肉、山野菜等	强竞争
25	桥梁观光	同类工程旅游	吉首德夯大桥、张家界澧水大桥、恩施四渡河大桥	弱竞争
26	水利工程旅游	同类工程旅游	怀化凤滩水电站、九强溪水电站；湘西碗米坡水电站	弱竞争
27	花海、花谷、草海	农业旅游	湘西吉首吉祥花谷、凤凰塘桥花海；怀化山下村花海；贵州松桃黔东草海	强竞争

资料来源：课题组实地调研整理。

现对武陵山区同类质旅游资源争夺与产品模仿开发的 10 个表现领域具体分析如下：

1. 地域和产权界限模糊的同类质资源容易引起争夺

表现在文学名著中的模糊地域，如陶渊明《桃花源记》中的桃花源，引起重庆酉阳县抢争"桃花源"这一旅游资源，并在湘黔高速的主要路口打出"世界上有两个桃源，一个在酉阳，一个在您心中"的广告语，对原先开发桃花源旅游资源的湖南常德县形成重大威胁，由于桃源县与酉阳县同在湘黔高速线上，这个广告词对桃源的核心旅游吸引物形成较大冲击。武陵山区的名著模糊地还有沈从文的名著《边城》中的地域，从著作内容推测来看，应是湘西花垣县茶峒镇，但是由于没有明示，与茶峒镇一水之隔的重庆洪安镇也争抢"边城"这一名头；由于凤凰古城是沈从文出生地，加之《边城》中描述的许多民俗具有地域特色，凤凰古城也冠已为"边城"；后来《边城》电影拍摄时，张家界温塘镇被选为边城外景地，因此温塘镇也加入争抢边城文旅这顶帽子；而夜郎国之争是古籍或传说中模糊地，引起怀化新晃、贵州黔北之争；名人故里之争在武陵山区并不十分突出，在中国其他地区则争抢相当激烈。

2. 红色旅游资源因对事件理解不同而容易引起争夺

如对红军离开江西进入湖南之后，到底是湖南通道转兵还是贵州黎坪转兵？党史军史有不同的理解，在进行红色旅游资源开发时，就容易引起争夺。类似的还有关于贺龙元帅"两把菜刀闹革命"的红色故事，到底是在桑植还是在慈利？也有争论。

3. 同类质地貌容易引起旅游开发争夺

这是地理地貌同质的毗邻区经旅游资源争抢最常见的现象，如喀斯特溶洞开发、石林、大峡谷等。武陵山区的喀斯特溶洞分布密集，资源品质高，张家界黄龙洞、龙王洞、九天洞、湘西州齐梁洞、兰花洞、惹米洞、风洞、铜仁九龙洞、恩施腾龙洞等，皆先后开发成旅游产品，竞争十分激烈。

4. 地缘毗邻的古城古镇古村古寨旅游开发容易形成同质

武陵山片区由于山同脉、水同源、人同族、民同俗，古城古镇古村古寨大多依山傍水，风景秀丽，民风相似，民俗相近，民居相同，旅游开发容易走向同质化，如武陵山湘鄂渝黔桂许多市州县推出的"土家第一寨"、苗寨、古城、古镇等，皆是吊脚楼或转角楼、石板街等，看多了容易形成"千城千镇千村千寨一面"的印象与感受。

5. 同源文化遗址的旅游开发容易形成同质

如武陵山区的湖南永顺土司城遗址、贵州播州海龙屯遗址、湖北唐崖土司遗址，虽然成功申报了世界非物质文化遗产，但相距三者直线距离不过一两百公里，土司文化本身就是同一文化，地域差异并不很大，难以形成差异化旅游产品。

6. 水上项目容易形成同质化开发

如漂流产品、水上画廊产品、泳池产品、温泉产品等，不仅季节性强，而且同质化竞争相当激烈，在武陵山区半径一两百公里范围内密集了张家界江垭温泉、万福温泉、五道水温泉、湘西永顺不二门温泉、润雅温泉、铜仁九龙温泉、思南温泉、石阡温泉等数十个温泉产品；漂流产品密集了湘西猛洞河、凤凰天门峡漂流；张家界茅岩河、娄江漂流；恩施清江漂流、重庆神龟峡漂流等产品，致使季节性强的水上项目严重供过于求，产品惨淡经营。

7. 农业旅游项目容易形成同质化开发

由于农林牧渔等"农业＋旅游"区，只要有块农地、有片水塘、有处森林，就可开发花海、花谷、果蔬园、植物园、养殖基地、农牧渔家乐等，农林园区项目最容易同质化。

8. 同族祭祖文化旅游资源争夺激烈

武陵山区苗族对蚩尤九黎文化争夺十分激烈，各地打造了许多蚩尤九黎文化园区，湘西凤凰腊尔山、保靖吕洞山、花垣蚩尤文化园；重庆彭水县蚩尤九黎城；湖南新化县大熊山蚩尤文化园、娄底梅山蚩尤文化园；贵州雷山县蚩尤文化旅游园；土家族则对发源地进行争夺，表现为湘西州与恩施州对"土家源"旅游概念争夺。

9. 工程旅游同质化开发

武陵山区主要是桥梁工程旅游和水利工程旅游项目有同质化倾向，桥梁工程旅游有吉首德夯大桥、张家界澧水大桥、恩施四渡河大桥；水利工程旅游有怀化凤滩水电站、九强溪水电站、湘西碗米坡水电站。

10. 旅游商品同质化

武陵山区旅游商品中的银器、姜糖、猕猴桃、牛角梳子、腊肉、山野菜等，在主要景区随处可见，同类质化倾向十分明显。旅游商品同质化与旅游商品生产工业化规模化生产有极大关系，许多旅游商品实质上来源于浙江义乌小商品城，与当地手工艺产品、非遗传承产品和当地道地厂商的产品一起鱼龙混杂，难辨真假，旅游商品的道地性、地域特色性大打折扣。

三、武陵山片区旅游合作绩效评价

区域经济合作的绩效评价，是目前区域经济合作与发展研究中的前沿研究问题。许多学者都是从国家宏观层面，探索区域经济合作绩效的评价，如何一鸣和陈德宁（2007）提出了"制度创新—自由贸易—经济绩效"的关于区域经济合作绩效评价的分析框架。钱学锋和熊平（2007）应用新经济地理学的模型和方法，对实施自由贸易区战略的效果进行了恰当的评估。滕丽和蔡砥（2007）从溢出效应的角度研究区域间的互动关系，探讨区域经济合作的绩效问题。从微观角度，探索区域间某一产业的合作绩效问题，成果还不多见，特别是区域旅游合作绩效评价，一般是凭直观感觉、定性分析，缺乏定量分析，如涂人猛（1994）、尹贻梅（2003）、刘德谦（2008）、宋子千（2008）、张志辰（2008）等学者在不同时段分析过我国区域旅游合作总体绩效不佳的问题。为什么区域旅游合作绩效不尽如人意？除了缺乏对合作主体选择合作决策的过程和机理进行深入分析之外，一个非常重要的原因就是区域旅游合作绩效缺乏量化评价标准，本文试对旅游合作绩效的定量评价方法进行探讨，以解决这方面研究的不足。

（一）区域旅游合作绩效评价标准

倡导、推动和强化区域旅游合作时，需要对目前已存在的合作行为或潜在的合作行为进行绩效评价，判断当前合作状态，确定合作到底处于什么样的程度和水平，以便推进合作。区域旅游合作的选择，需要合作主体研究自身在整个区域中的位置，与其他区域获得绩效进行对比，以便改进和优化。区域旅游合作决策基本过程是这样的：判断区域关系—评价合作绩效—做出合作决策。由此看来，区域合作绩效评价对合作决策是相当重要的，如果没有合作绩效的科学评价，是无法作出合作决策，甚至产生决策失误，或者对合作消极对待，产生不了预期的良好合作效应，或合作效应不明显。

由于区域差异的存在，区域之间双边型、多边型关系交织在一起，呈现出复杂性。因此，合作决策的第一步是在面对多个区域时，须作出区域关系的判断，也就是通常所说的区域定位，确定本区域与哪些区域存在现实的和潜在的联系？归纳起来，区域旅游关系一般有这么几种：单一的客源地与目的地关系；互为目的地的关系；第一目的地与次目的地关系；竞争型目的地关系，包括资源与产品同质竞争型；合作型目的地关系，包括资源与产品异质互补型。

确定区域关系之后，接下来就是对区域合作绩效进行评价，即在已进行的区域合作，成效如何？是紧密型合作，还是松散型合作，合作带来的实际利益高，还是一般，还是较低，甚至区域利益受损？没有进行区域合作，是什么原因没有合作的？有没有合作的潜力？有了这样判断之后，再结合区域自身条件，作出是否合作的决策判断，决定是维持现状，还是强化、弱化或中止合作，还是启动竞争策略。

区域旅游合作绩效评价的关键问题是区分实际合作行动与合作推动行动。两个或多个区域之间，具有实际的旅游线路产品联系，通过旅游企业专门化运作，并产生实际的旅游收益的行动，才能算得上实际合作。政府或非政府组织合作，是合作的推进力量，这种推进力量可以促成实际合作，但并不能保证一定会产生实际合作行动，因此，不能作为产生合作绩效的主要衡量标准。如果只是政府或非政府组织针对区域旅游合和采取的一些行动，如签订合作协议，举办协作会议，没有产生实际的旅游合作行动，如旅游线路实际开辟等，在此并不认定为区域旅游合作实际行动。

（二）区域旅游合作绩效定量评价指标

区域与区域之间、区域内部各部分之间因旅游经济行为而产生的内在联系、这种联系所带来的社会经济效应和这种联系带来的公开信息影响，是本文构建合作绩效评价指标体系的基本依据。

1. 区域旅游合作的联系密度

从区域之间和区域内部各部分之间因旅游经济行为而产生的内在联系的紧密程度，来反映区域旅游合作的绩效。

假设有 i 个区域（$i = 2$，$\cdots$，n），地区之间既存在双边旅游合作关系，又存在多边旅游关系，而且，区域间互为客源地与目的地。f_i 为 i 个区域间开辟的实际旅游线路。

那么 i 个区域之间可开辟的理论旅游线路个数总和为：

$$C_n^2 + C_n^3 + \cdots + C_n^n = \sum_{i=2}^{n} C_n^i \qquad (6-1)$$

很明显，理论开辟线路≥实际开辟线路数

即：$C_n^2 + C_n^3 + \cdots + C_n^n = \sum_{i=2}^{n} C_n^i \geq f_2 + f_3 + \cdots + f_n = \sum_{i=2}^{n} f_i \qquad (6-2)$

实际开辟线路综合评分，要考虑的因素：一是区域间双边及多边实际开辟的线路数。二是合作线路的广泛性：本文认为，多区域多边合作比双边合作的广泛度高，要为这种广泛度给予一定的分值。简便起见，这样给予分值：开辟有贯穿 i 个区域的线路，给予 i（$i = 2$，$\cdots$，n）分。三是合作线路的强弱性：只分析区域间双边及多边是否开辟了线路还是不够的，有些线路开辟出来之后，运作频率很高，有些线路则运作频率很低。可以做这样的区分：全日制线路、具有时间间隔的定期线路、不定期制线路、临时线路、无线路。很明显，全日制线路和定期线路，属于强度很高的紧密型合作，不定期线路和临时线路，属于强度较低的松散型合作，无线路则视同不存在合作关系。综合上述三个因素，可得实际合作线路评分为：

$$\sum_{i=2}^{n} if_i W_i \qquad (6-3)$$

式（6-3）除以式（6-2）即可得反映区域合作紧密程度的综合评价公式：

$$区域旅游合作的综合关系紧密程度 = \frac{\sum_{i=2}^{n} if_i W_i}{\sum_{i=2}^{n} C_n^i} \qquad (6-4)$$

式（6-4）可以进行大区域合作之间的合作关系对比，如环渤海区域合作、长三角合作、泛珠三角区域合作的关系进行对比分析。

$$内部的分区合作关系紧密程度 = \frac{if_i W_i}{\sum_{i=2}^{n} C_n^i} \qquad (6-5)$$

这个公式，可以分析区域内部合作的关系，进行比较，可以看出内部的某一区域与其他区域的关系密切程度。

2. 区域旅游合作的效应强度

从区域与区域之间、区域内部各部分之间因旅游经济行为而产生的内在联系所带来的社会经济效应，来反映区域旅游合作的绩效。线路的开辟为识别是否真实存在合作提供了真实判断的标准，但合作的实际经济效果如何，线路开辟还是不能说明。合作效应的评价，必须通过合作带来的实际收益来评价，这种实际收益可用合作行动之后，实现的旅游人数增量和旅游收入增量来表示。以 $\triangle X$ 表示区域旅游人数或区域旅游收入总增量；$\triangle x$ 表示区域因区域旅游合作原因而实现的旅游人数或旅游收入增量。

$$区域合作的综合效应强度为：\frac{\sum_{i=2}^{n} \Delta x_i}{\sum_{i=2}^{n} \Delta X_i} \qquad (6-6)$$

区域合作的分区效应强度为：$\dfrac{\Delta x_i}{\sum\limits_{i=2}^{n}\Delta X_i}$　　　　　　　　　　　　（6 - 7）

众所周知，旅游区域的旅游人数或旅游收入的增长或降低，既有旅游合作或竞争等原因产生的，也有合作或竞争之外的原因，如本区域提高了营销力度、降低了运营成本、改善了条件等原因带来的。因此，有必要识别和区分旅游人数和旅游收入的增量是由什么因素引起的。

根据把线路产品的开辟作为实际旅游合作的标准，那么仍然可以认定，新增旅游线路而增加的旅游人数和收入就是旅游合作带来的人数和收入。

3. 区域旅游合作的信息量度

从区域与区域之间、区域内部各部分之间因旅游经济行为而产生的内在联系所带来的信息披露量上，也可以反映区域旅游合作的绩效。信息披露的媒体有平面媒体如报纸和期刊、网络媒体、影视媒体等。媒体信息披露量，实际上比较难以统计，特别是平面媒体和影视媒体的信息量，难以统计。李明贤和鲁明勇（2009）等以互联网百度信息搜索量作为区域经济合作的绩效定量依据为本文提供了思路，如表6 - 7。

表6 - 7　泛珠三角"9 + 2"框架内九省份与澳门合作网络信息量披露情况

区域	粤澳	闽澳	川澳	桂澳	琼澳	赣澳	黔澳	湘澳	滇澳
信息量（条）	17400	3600	1720	1070	398	380	255	251	19
比重（%）	69.34	14.35	6.85	4.26	1.59	1.51	1.02	1.00	0.08
排　名	1	2	3	4	5	6	7	8	9

资料来源：作者计算所得。

表6 - 7显示，与澳门合作程度越高，信息披露量也就越大；合作程度低，明显信息披露量就少。其中粤澳排第一、闽澳排第二；川澳、桂澳属于合作程度中排在第二梯队的。湘、滇、黔三省与澳门合作处于较低程度。将各个区域合作的信息量（以 I_i 表示）与区域合作总信息量比较，可得各个区域相对信息量指标：

$$\text{区域旅游合作的信息量度} = \frac{I_i}{\sum_{i=2}^{n} I_i} \qquad (6-8)$$

值得注意的是，由于信息披露受到人为或非人为因素和条件的限制，区域旅游合作的信息披露量，只能作为衡量区域旅游合作绩效的一个参考指标，与其他指标配合使用，也就是说在综合评价时，要赋予较小的权数。

4. 区域旅游合作绩效的综合评价指标

合作联系密度、合作效应强度和合作信息量度，分别从三个不同角度对区域旅游合作的绩效进行评价，但在进行有旅游合作的多个区域之间进行绩效评价，还必须将这三个指标综合，即将式（6-4）、式（6-6）、式（6-8）进行加权平均，得出综合指标：

$$\text{综合评价指标:} Z_1 \cdot \frac{\sum_{i=2}^{n} if_i W_i}{\sum_{i=2}^{n} C_n^i} + Z_2 \cdot \frac{\sum_{i=2}^{n} \Delta x_i}{\sum_{i=2}^{n} \Delta X_i} + Z_3 \cdot \frac{I_i}{\sum_{i=2}^{n} I_i} \qquad (6-9)$$

式（6-9）中的 Z_1，Z_2，Z_3 分别是合作联系密度、合作效应强度和合作信息量度三个指标赋的权数。

长久以来，区域之间一般地方政府签订了旅游合作协议，作为具有实质性合作关系的判断依据，这是不科学的。区域之间，是否具有实质性旅游合作，必须有旅游线路的开辟和运作。政府与政府之间的合作协议只是为实际线路开辟清除障碍，但并不一定能保证有实际旅游线路的开辟。因此，实际旅游线路的开辟、运作频率和运作效率，是判断旅游合作绩效的最基本的依据。本文量化了这个判断依据，提出了"区域旅游合作联系密度"指标，是衡量区域旅游合作绩效的核心指标。合作联系密度指标实际上解决了有合作行动的存在问题，但还不能完全反映合作行动的质量，通过"合作的效应强度"指标，来量化评价合作行动的质量。另外，区域旅游经济合作行动的信息披露量，也可以从另一侧面反映区域旅游合作行动的绩效。因此，本文将这三个指标进行加权综合，得出区域旅游合作的量化评价指标，解决了区域旅游合作绩效定量评价问题。

（三）武陵山片区旅游合作绩效的对比分析

现根据建立的评价指标体系，对武陵山片区旅游合作绩效进行量化评价，并与全国主要的旅游合作区进行数量比较。

1. 分析样本的选择

秦学和桂拉旦（2009）、吴军（2007）等学者对我国旅游合作的区域和数量进行过详细研究。为了科学评价武陵山区旅游合作区的合作绩效，这里选择全国主要旅游合作区进行对比分析。选择样本要有代表性：一是合作区域保证东、中、西部都有样本；二是区域内部和区域间合作都有样本，如省际合作（西南五省区等）、城市间合作（中原城市群等）；三是与武陵山片区相类似的省区交界地带合作（鄂豫皖、陕甘宁等）。主要选择国内比较成熟的旅游合作区，基本标准：一是旅游合作区都存在政府或非政府组织在协调合作；二是这些旅游合作区至少签署有旅游合作协议；三是至少有10篇以上的旅游合作研究论文以这个合作区为例。这样共选择了10个样本，基本情况见表6－8。

表6－8　　　　　　　　　国内主要旅游合作区基本情况

合作区	发展过程	合作区域或城市
珠三角	始于20世纪80年代，随着香港、澳门的回归及2003年广东自费赴港澳游开放之后，1993年"珠三角旅游推广机构"成立，共同打造"珠三角黄金旅游区"	广东、香港、澳门
长三角	1992年长三角15城市成立的"长江三角洲经济协调会"。2003年发表了《长江三角洲旅游城市合作宣言》和2004年"3＋1旅游合作协议"	上海、南京、杭州
环渤海区	20多年来，环渤海区域各地区相继开发并推出各类旅游产品，组合形成了特色各异的旅游线路，共同打造中国北方旅游黄金区域	辽宁、河北、山东、北京、天津
环北部湾区	20世纪90年代以来，"环北部湾城市论坛"和"北部湾旅游协作机构"在推动旅游业合作、打造世界级旅游圈的工作中发挥了重要作用	海南、广西、广东
西南五省区	于20世纪90年代中期开始，"西南五省区旅游协调会"是成立最早的西南旅游合作组织。川、滇、黔三省联合打造世界级茶马古道旅游带	云南、贵州、四川、重庆、西藏
华中区	1995年四省的12个城市在武汉召开了武汉发展大旅游协作研讨会，此后四省多次召开旅游合作会议	湖北、湖南、河南、江西

续表

合作区	发展过程	合作区域或城市
中原城市群	2006 年郑州和开封两市签署了《郑汴一体化旅游合作协议》，编辑了中原城市群旅游一体化发展规划	郑州、洛阳、开封、新乡、焦作、许昌、平顶山、漯河、济源
鄂豫皖	2010 年鄂豫皖三省签署了《大别山区域六市政府红色旅游合作协议》，建立大别山六市政府层面的红色旅游合作机制，推动大别山红色旅游发展	黄冈、孝感、随州、信阳、六安、安庆
武陵山片区	1990 年成立湘桂黔渝毗邻地区经济技术协作区政府联席会，协调包括旅游合作在内的经济合作	怀化、张家界、湘西州、铜仁、黔江区、恩施
陕甘宁青新	2009 年西北五省区旅游局 11 日签署《旅游市场开发战略合作协议》，联合力推"丝绸之路"等五大旅游品牌	陕西、甘肃、宁夏、青海、新疆

资料来源：前七行根据，秦学，桂拉旦. 中国区域旅游合作的总结与展望［J］. 经济问题探索. 2009，（9）：146 – 151）整理，后三行为本书作者根据网络和相关文献整理得出。

2. 数据来源与计算

评价指标体系中的"联系密度""效应强度""信息量度"指标，分别需要掌握各合作区开辟和营运的旅游线路、合作增加的旅游收入或旅游人次、旅游合作信息披露量。

关于各合作区开辟和营运旅游线路，主要通过各地区各大旅行社、各地区政府旅游信息网和社会公众信息网提供的 N 日游线路进行统计整理，主要是区分概念设计和实际营运的线路。关于合作增加的旅游收入和旅游人次，本书主要采用合作增加的旅游人次，因为合作增加的旅游收入由于受物价、地区差异和消费个性等外部影响因素很大，用于衡量合作效应强度的效果没有旅游人次好。但这里的主要困难是很难区分旅游人次的增加是由旅游合作带来的，还是由其他因素带来的，如开发了新景点、服务质量提高或交通变得更快捷等。这是利用旅游人次来测算的主要缺陷。旅游人次的数据来源于 2015 ~ 2017 年中国旅游统计年鉴，缺少的数据以各地区统计年鉴和统计公报补充。关于旅游合作信息披露量，以百度搜索引擎来源为依据。搜索的时间是 2018 年 3 月 18 日，搜索的关键词是各旅游合作区的名称和旅游合作。然后将上述相关数据分别代入式（6 – 4）、式（6 – 6）、式（6 – 8），可得中国主要旅游合作区的联系密度、强度和信息量度指标，见表 6 – 9。

表6-9　　武陵山区旅游合作区与国内主要旅游合作区合作绩效对比分析

合作区	联系密度	效应强度	信息量度	综合指标	绩效排名
计算公式	$\sum_{i=2}^{n} f_i W_i / \sum_{i=2}^{n} C_n^i$	$\sum_{i=2}^{n} \Delta x_i / \sum_{i=2}^{n} \Delta X_i$	$\sum_{i=2}^{n} I_i / \sum_{i=2}^{n} I_i$	Z	—
珠三角	33.04	27.12	30.33	30.16	1
长三角	32.97	25.06	30.18	29.40	2
环渤海	18.01	19.85	16.05	17.97	3
环北部湾	3.65	3.21	8.88	5.25	4
西南五省	2.27	9.94	1.60	4.60	5
华中区	4.05	8.23	1.52	4.60	6
中原城市群	2.36	3.77	2.61	2.91	7
陕甘宁	1.45	1.98	3.22	2.22	8
武陵山片区	1.23	0.32	3.20	1.58	9
鄂豫皖	0.97	0.52	2.41	1.30	10

　　从图6-10的10个合作区的联系密度、效应强度、信息量度三个指标，在测算区域旅游合作绩效时的变化基本一致，因此，这里在进行综合评价时，采用三者的简单平均，得到表6-9的合作绩效评排名。

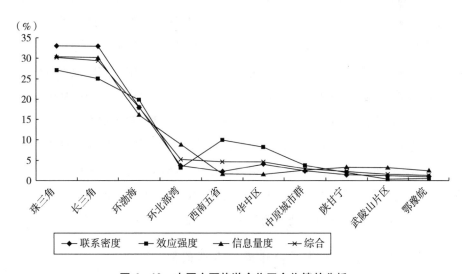

图6-10　中国主要旅游合作区合作绩效分析

3. 评价结论

从前面计算可以发现，中国主要旅游合作区的合作绩效是不均衡的。综合测评的 10 个区域，基本上可以分为三个梯队：第一梯队是珠三角、长三角和环渤海地区，分别列第 1 ~ 3 名；第二梯队是环北部湾、西南五省、华中区和中原城市群，分别列第 4 ~ 7 名；第三梯队属于省际交界地带的旅游合作区，如鄂豫皖、武陵山片区、陕甘宁地区，分别列倒数 1 ~ 3 名。

各个合作区的绩效差距非常明显。从综合指标来看，第一名与倒数第一名差距有 30 多倍。第一梯队在联系密度、效应强度和信息量度三个评价指标方面，都远高于第二、第三梯队，且第一梯队成员在这三大指标之间的排名没有交错，分列第一、第二、第三名。具体来看，珠三角与长三角较接近，而环渤海区域与前一二名差距明显；第二、第三梯队的成员在三个指标排名有交错，图 6 – 10 可看出从环北部湾之后，线条有交叉部分。相比较而言西南五省的华中地区的联密密度并不很高，但效应强度较高，说明旅游合作带动效果较好，而环北部湾虽然联系紧密，但效用强度没有西南五省好。而信息量度却略呈相反变化，西南五省和华中区虽然联系度和效应强度较高，但信息量度却低于环北部湾，甚至低于第三梯队，原因可能是它们较注重合作实绩，而没有刻意宣传。

省际边界地带旅游合作绩效很低，与全国主要旅游合作区相比处于末尾第三梯队位置。排名倒数的陕甘宁边区、武陵山片区、鄂豫皖边区，都属省际毗邻交界地带。这些地区在联系密度和效应强度方面，都远低于第一、第二梯队，而这些地区之间，绩效差别不是很大。但这些地区旅游合作很重视信息披露，信息披露方面倒是比第二梯队里的有些区域高，比较可能的一种解释是第三梯队进行旅游合作概念宣传等方面做得还可以，但实效非常不足。需要特别指出的是武陵山区旅游协作区，这里列倒数第二名，说明旅游合作绩效在全国旅游合作区内处于后列，总体合作绩效很差；分指标来看，武陵山片区有联系密度和信息量高于鄂豫皖边区，而效应强度却低于鄂豫皖边区，说明武陵山片区旅游合作的效应非常弱，处于倒数第一的位置。

（四）武陵山片区旅游合作绩效不佳的原因分析

约束和影响旅游合作绩效的主要因素，主要包括区域通达性、旅游资源性质、经济因素和文化因素等，这些因素综合作用于某个旅游合作区，就会产生不同于其他地区的合作绩效；应用博弈论研究旅游合作与冲突，就要先从博弈论角度简要分析武陵山片区旅游合作绩效不佳的原因。

1. 缺乏强而有力的协调地方政府间博弈行为的区域组织

武陵山片区旅游合作协调组织级别低，无法对地方政府形成硬约束。在分析改革开放以来武陵山片区经济合作行动过程可以看出，武陵山片区曾经出现过"经济协作区政府联席会"等多个组织，专门协调地方政府间进行合作和竞争的博弈行为。但这些协调组织是由平级的各地政府自然发起成立的，轮值地的政府大多属地、市、州级，有时县级行政单位也作轮值主席，靠几乎没有任何强激励和强惩罚的软协议松散地绑在一起"合作"，进入合作和退出合作相当随意，协作会陷入"见面握手，开会拍手，散会分手"的状况，经济合作流于形式。武陵山片区旅游合作属弱弱合作，无法从经济上解决发展的一些共公问题。地方政府代表的区域是贫困区，经济实力极弱。湘西州、恩施州、铜仁地区，以及重庆的石柱、秀山、彭水等地大多是国家重点扶贫县，财力相当有限，靠转移支付勉强度日。这些地区合在一起，要他们拿出相当的财力来解决旅游公共基础设施难度很大。各个地区连合作经费都难以解决，成立于1990年的"经济技术协作区政府联席会"经常发生合作经费短缺而影响工作。目前政府主导的武陵山片区旅游合作属旅游目的地之间的合作，而这种合作的本质是竞争性合作。一般来说，客源地与旅游目的地合作成功的可能性大很多，而旅游目的地之间，往往因为竞争游客而发生矛盾。武陵山片区无论是自然旅游资源还是文化旅游资源，大多数是同质的，相似度很高，各个地区都想把自己的旅游资源开发成精品，吸引更多的游客，尤其是注重政绩的地方政府，更想通过发展旅游增加政绩。因此，大量竞夺同类质旅游资源，重复性、模仿性开发旅游产品，恶性竞争成为实实在在的现实，而旅游合作成为口头的、表面的形式。

2. 旅游企业一直处于散小弱恶性博弈竞争为主的状况

旅游合作区出现大型的旅游集团或旅游联盟，应是区域旅游企业合作走向实质性合作的标志。目前武陵山片区有产生旅游集团或旅游联盟的倾向，但离真正有影响的大区域企业合作还有很大距离。武陵山区景区经营企业合作已初见端倪，但跨省域合作还没开始。从景区经营企业来看，虽然叶文智通过股权收购获得了张家界黄龙洞、天门山、凤凰八大景点和新宁莨山等景点，取得了一系列成功，但影响是局部的，仅限于湖南省西部地区，跨省区整合收购武陵山区旅游景区，目前从企业这个角度来说，还没有影响。整体来看，武陵山景区是各自为政，缺乏整体协调，重复建设，经营单位实力弱小，抗风险能力弱。武陵山区旅行社企业大多从事地接社，处于旅游产业价值链最低的环节，激烈的市场竞争和旅游信息的不对称引起的逆向淘汰，已使武陵山片区旅行社业越来越陷入散小弱恶性博弈竞争状况。张家界虽然成立了旅行社行业协会等推进旅行社企业合作的组织，但要将本地旅行社业整合成具有相当竞争力，路途还很长。其他旅游企业如酒店、旅游购物企业、旅游交通企业，目前跨武陵山片区域进行合作经营的基本上没有。旅游企业是区域旅游实质性合作的主要完成人、政府旅游合作规划的实践者。武陵山片区企业实质性合作没有推动起来，当然会严重影响旅游合作绩效了。

3. 地方政府与旅游企业的博弈行为关系非常不稳定

在武陵山片区旅游业发展得比较好的地区，地方政府与旅游企业建立了比较好的合作关系，如湘西凤凰县政府建立了"政府主导、市场运作、公司经营，群众参与"的合作机制，但是权利责任和利益分配机制一直制约着地方政府与旅游企业的合作博弈行为关系的正常发展。特别是买断景区景点经营权制，在武陵山区旅游合作区推行得比较普遍，一度被认为是比较成功的政府与企业开发旅游非常良好的招商引资合作模式。其主要优点是政府通过一次性企业买断几十年景区经营权之后，企业通过专业化运作，使长期效益低下的景区景点焕发活力，引来了旅游经济热潮。但这种模式随着时间推移，弊端越来越明显。随着专业经营的实施，旅游人数越来越多，企业获得越来越多的收入，政府由于一次性出卖经营权，收入一次性固化，但仍然要承担由于旅游人数增加而增加的额外的社会经济管理成本费用和时间精力，这使得相当一部分政府公务员对当地发展旅游业不满。旅游企业经营过程中，取得了大量门票收入，却不把获得的收益重新投入本地旅游发展，或投到本地消费，挪到其他地区投资其他产业，更为严重的是旅游企业聘用当地就业人员，旅游就业效应受到影响，形成了"旅游经济飞地"现象，这便得旅游业发展对当地经济带动作用不明显。还有一些旅游企业获得景点或景区经营权之后，不再以把心思放在旅游经营上，却把景点景区资源当成资本，转让获得经营权转让价差，严重影响了景点景区经营服务质量，如国家风景名胜区湘西猛洞河漂流资源被企业反复转让,景点建设严重滞后,2007～2008年受到国家建设部的严重警告。

4. 政府、企业和社区居民的利益博弈协调机制很不健全

政府、企业和社区居民是旅游业发展的核心利益相关者,新的权责利关系正在逐步形成,这就需要重新对利益博弈关系进行协调。政府引进企业进行旅游目的地景点景区开发,那么首先得征用城市或农村居民的房屋、土地甚至包括一些私人财产(如文物和手工技艺)。城市、乡村征地拆迁和乡村旅游资源的山水资源使用费的补偿等,是政府、企业和社区居民进行旅游合作开发的利益博弈冲突的主要发生领域。对社区居民补偿比例不合理,是引发冲突的主要原因。武陵山片区旅游发展得比较好的地区如湘西凤凰、吉首德夯、张家界市,发生了多起这方面的矛盾,旅游地城市居民也好,农村居民也好,在合理利益诉求得不到满足时,便采用堵塞旅游交通、敲诈游客、对抗或破坏旅游建设项目和设施等过激行为,不时影响旅游环境和社会和谐发展。旅游企业发展为当地带来了大量的外地游客,推动武陵山片区的一些旅游目的地城市与一二线城市在普通商品和服务、房地产价格上的看齐,也使得本来经济就比较贫困的当地居民怨声四起。另外,旅游发展带来的生态环境问题,对当地社会文化和民族心理的影响问题,都对旅游合作绩效产生显著影响。

第二节　武陵山区旅游合作与冲突治理
策略检验与创新

一、政府主体的旅游合作策略

政府要解决两个问题,一是政府如何推动和保障旅游合作,二是搞好同类质旅游资源争夺的治理。

(一) 武陵山区旅游合作的政府推动措施

1. 突破地理空间分割障碍,建设边区旅游空间合作网络

区域通达性是影响旅游合作的重要因素,地理空间分割是武陵山区旅游合

作的主要障碍，政府作为公共利益的代表，应从推进旅游交通基础设施建设方面入手，首先解决区域通达性问题，这是合作成功的重要保障。武陵山区发展空间结构优化应以畅通湘鄂渝黔交通动脉为依托。建议加快推进交通部和铁道部对武陵山区交通建设进度，实施长（长沙市）渝（重庆市）客运专线、黔（黔江区）—张（张家界市）—常（常德市）铁路、安（安康市）—张（张家界市）—衡（衡阳市）铁路和"一纵两环"公路干线交通网络，即建设从宜昌市经张家界市到桂林市高速公路干线和张家界—花垣—秀山—酉阳—黔江—恩施—宣恩—来凤—龙山—桑植—张家界，以及凤凰—怀化—芷江—万山—铜仁—凤凰的"两环"，最终实现铁路和公路在各个景区联网。

2. 用活关键的区域性政策，加快经济发展推动旅游合作

经济因素是影响旅游合作的重要因素，由于武陵山区各地方政府财力不足，无力承担合作共同成本和私人成本的难题，因此，中央政府应给予更多优惠政策，地方政府应该最大限度利用好优惠政策。免除武陵山区经济协作区基础设施建设项目配套资金。武陵山区 31 个县市为国家扶贫开发工作重点县，项目配套资金难以到位，存在巨大资金缺口。《国务院实施〈中华人民共和国民族区域自治法〉若干规定》第七条规定："国家安排的基础设施建设项目，需要民族自治地方承担配套资金的，适当降低配套资金的比例。民族自治地方的国家扶贫重点县和财政困难县确实无力负担的，免除配套资金。"但是这项民族优惠政策尚未很好地执行，应落实基础设施建设项目资金"零配套"政策，免除武陵山区财政困难市、县基础设施建设项目配套资金。加快实施有利于保护环境的生态补偿政策。近年来，国家实行退耕还林、封山育林、天然林保护、长江防护林建设工程等系列生态建设与保护政策，使武陵山区生态状况局部得到好转，武陵山区为保障国家生态安全做出的贡献。应将武陵山区纳入国家生态功能区转移支付范围，通过资金补助、定向援助、对口支援等多种方式，对生态保护建设造成的利益损失进行补偿。加大武陵山区财政转移支付额度，增加财政支付科目，确保武陵山区生态保护和建设有足够资金。逐步完善西部开发政策和少数民族优惠政策。扶持武陵山区壮大特色产业，在财政转移支付、建设项目投资、金融信贷资金等方面加大支持力度；创新民族贸易和少数民族特需商品生产政策；发展民族文化、教育、卫生、体育等社会事业，把武陵山区建设成为全国民族团结进步示范区，为全国民族地区、贫困地区协作

发展探索新路。

3. 整合旅游资源与产品，打造旅游合作区域整体品牌

武陵山区旅游资源与产品分散，产业集中度不高，反映出区域间同质性开发恶性竞争的现实。政府整合武陵山区旅游资源应处理好以下几大关系：一是理顺武陵山区地州市之间的旅游区域关系。张家界、湘西州、怀化、铜仁、黔江区大的旅游空间协作关系的确定，是搞好旅游合作的关键。二是部门的协调关系。资源整合是一项复杂的系统工程，不仅涉及旅游景点和公司的整合，还涉及地州市县乡镇的城镇建设、交通、林业、环保、水利、规则、文化和金融等部门。统一协调，形成合力，是加快资源整合的保证。三是行政与市场的关系。多年来的旅游发展证明，不通过行政力量，已经无法解决景点建设的根本问题。通过行政权力，强行整合资源，非常必要。但发展旅游是经济行为，光有行政力量推动还不行，还得通过市场运作也就是现代公司运作的形式，实现整合目标，这是现实选择。

（二）武陵山区同类质旅游资争夺的政府治理策略

理性人政府为在个体利益最大化驱动下，展开同类质旅游资源的恶性争夺。为避免武陵山区经济协作区内同类质资源悲剧的恶果，这里提出以下治理措施。

1. 抢占同类质旅游资源开发先机

针对拥有同类质资源但还没有发生争夺的区域发展旅游业，建议抢占同类质资源开发的先机。拥有同类质资源但还没有发生争夺的区域，由于先行开发者首先获得了市场认同感和区域资源品牌，进而获得初期的市场份额，同时也给后开发者增加了开发难度，甚至让后开发者知难而退，因此争先开发变得十分重要。保继刚和侯灵梅（2007）研究喀斯特洞穴旅游竞争时就发现，湖南张家界的洞穴开发中，黄龙洞、龙王洞、九天洞等市场表现并不决定于其资源品质或市场营销，而是取决于开发先机。黄龙洞由于占据最早开发的先机，市场表现一直遥遥领先于其他洞穴，虽然其他洞穴通过"非市场"营销手段，也无法动摇其市场领先地位。

2. 强化区域旅游资源开发的分工协作

针对已经发生同类质资源争夺的区域，仅通过明晰产权是无法根本解决同

类质资源悲剧，区域分工合作进行同类质资源开发是极为有效的治理措施。有三种具体治理手段可运用：一是合并行政区，把利益冲突的多个主体进行合而为一，从源头上解决同类质资源悲剧。国内有许多同类质旅游资源分属于不同的行政区，结果发生开发利益争夺，如黄山、桂林、武陵源等旅游景区，都是通过将原行政区进行合并，成立新的行政区，同类质资源争夺悲剧将不复存在。二是开展区域旅游合作，共同开发同类质旅游资源。区域旅游合作大多数发生在地理位置邻近、具有同类质旅游资源的区域之间。许多区域，在进行旅游合作过程中的一项重要内容，就是解决同类质旅游资源争夺开发的问题。通过旅游合作，形成一个协调组织，组织内成员之间不相互争夺，不再存在争夺成本，而且分担防范成本，相互协调以对组织以外的行为主体进行共同争夺。组织内的成员，对同类质资源竞争开发限制在帕累托最优的范围之内，即区域主体对同类质资源开发不能以牺牲其他区域利益为代价。三是对同类质资源进行创新开发，形成先行开发者互补性旅游产品，与先开发者展开同类质资源差异化的合理竞争，追赶、分流或超越先开发者的市场份额。

二、企业主体旅游合作的策略

武陵山区企业实质性合作没有推动起来，严重影响旅游合作绩效，主要原因是跨武陵山区域进行企业合作还没有；景区经营类企业各自为政，缺乏整体协调；逆向淘汰使武陵山区旅行社业越来越陷入散小弱恶性博弈竞争；其他旅游企业如酒店、旅游购物企业、旅游交通企业，目前跨武陵山区域进行合作经营的基本没有，因此，无法形成武陵山区整体品牌的竞争力。基于上述现实，提出以下合作策略。

（一）促进武陵山区旅游企业横向一体或垂直一体化

武陵山区各行政区进行旅游合作，从整体上看属于旅游目的地之间的合作，而这种合作类型最大的优点是可以集中区内优质旅游资源，合力打造整体品牌，形成旅游资源与产品的整体竞争力。但缺点也是相当明显的，除了区内资源同质容易形成内耗竞争、重复开发的弊端之外，还有一个最大的缺陷就是区域整体作为旅游目的地，容易受制于客源地，即各行政区为了争竞争客源，相互压价，破坏合作。因此，为了摆脱区域整体属于旅游目的地而受制于客源地的困境，避免各地相互竞争客源而竞相压价的弊端，以有利于武陵山区整体旅游目的地在与外部客源地的区域产业关系中，抢夺旅游产业链定价权，其旅游企业非常有必要形成横向一体化企业联盟，或垂直一体化的旅游企业集团。而目前既无联盟也无集团，无论景区类经营企业、旅行社，还是旅游交通公司、酒店或旅游商品企业，联系、联络进行合作少，相互拆台、相互模仿进行竞争多。因此，应以旅游合作的核心主体旅游景区企业和旅行社横向联合为基础，全面推进食、住、行、游、购、娱六要素产业链上的节点企业的垂直纵向合作，以摆脱区域整体属于旅游目的地而受制于客源地的困境，在区域旅游产业关系中抢夺旅游产业链定价权。

1. 促进武陵山区旅游景区类企业的横向合作

禀赋优质、种类繁多的旅游资源是武陵山区经济协作区的重要优势，也是旅游合作的基础。以这一基础开发出来的旅游景区和景点，是经营旅游景区景点类企业向社会提供的核心产品或服务。在武陵山区行政区分割的背景下，这些资源和产品是分开开发的，开发出来之后，也很少有联系或合作，虽然景点门票不断涨价，但由于区域同质竞争，争夺客源，往往打折低价贱卖给旅行社。因此，为防止优质产品贱买的结果，武陵山区旅游景区有必要尽快形成景区或景点联盟，统一向外，整体推出。武陵山区旅游景区省级行政区合作目前还很少见到，旅游景区类企业跨省际合作前景相当广阔。可以建立产品同类型的景区联盟，如武陵山区洞穴旅游产品比较多，则可进行洞穴旅游景区联盟，另还可推漂流旅游景区联盟、古镇旅游景区联盟、民族村寨旅游景区联盟、民族文化旅游景区联盟、山水生态旅游景区联盟，等等。同类型的景区联盟，可以在同类质之间强调差异，让游客产生差异性体验，从而避免竞争。还可以将不同类型的景区进行组合，形成形式多样的"山水风光——民族文化"旅游景区联盟。景区联盟一旦形成，形成较强的约束条件，对新进入者设置较高的进入壁垒；对上游旅行社形成幅度较小的价格折扣机制，这样就有可能获得与武陵山区高品质旅游资源相一致的产品定价，避免景区分散竞争中恶性贱卖。

2. 促进武陵山区各地旅行社的横向合作

武陵山区本地旅行社95%以上是地接业务，与外地旅行社为地接是组团的关系，而且跨区域的旅行社合作没有。在旅游业最好的张家界，大型的旅行社结成联盟，但维持联盟却靠导游的"熟人关系网"，组团社或中间商只认人（导游）不认社（旅行社）。这种联盟是不稳定的，效率也是较低的。从武陵山区协作区旅游合作整体角度来看，应大力推进各地旅行社跨区域横向合作，建立跨武陵山区地、州、市的旅行社集团或联盟。如建立武陵山区旅游协作区地接社联盟，或建立武陵山区旅游协作区组团社联盟。形成整体优势，与外地大型组团社进行价格方面的谈判博弈，提高本地旅行社对旅游价格的话语权。

3. 促进武陵山区旅游产业链企业的垂直纵向合作

武陵山区旅行社、酒店、交通公司、景区、购物公司之间的合作基本情况。武陵山区旅游业发展得较好的张家界市，旅游产业链节点企业的合作是零散的，并没有形成从"组团—交通—地接—酒店—景区—购物"这样基于完整产业链的大型旅游集团。由此看来，武陵山区旅游产业链企业的垂直纵向合作非常薄弱，需要大力推进。为摆脱武陵山区旅游目的地受制客源地的困境，本地旅游企业应高度重视和开发外部客源地市场。可以由本地企业在外部客源地组建旅行社，也加强与外部客源地组团社的合作。要有抢夺产业链上游的主导地位。谁掌握了客源，谁就有话语权；丢掉了客源也就丢掉了市场。为改变武陵山区旅游产业链企业散小弱恶性竞争产业低效的态势，必然要掌控"组团—交通—地接—酒店—景区—购物"整个产业链，进行集团化经营，降低成本，才有可能击败和淘汰散小弱企业，提升旅游产业集中的效率。

（二）以资本运作为核心，多种方式促进合作

旅游企业集团化和旅游企业战略联盟的具体方式，主要有完全收购、控股收购、参股、兼并、接管、供销契约、联合研发、交互许可、供应链整合、渠道共享、代理、租赁、授权经营等。武陵山区可根据自身的情况，借鉴国内许多成功的合作方式，灵活运用。

1. 合资模式

合资（股权参与）模式，即景区和旅行社通过入股、参股的形式构建一个联合体，以资金为纽带，实现长期稳定的战略联盟。广之旅与四川峨眉山风景区管委会合作，以股权参与的形式成立了"四川峨眉广之旅国际旅行社有限公司"。峨眉山此举，主要是看中了广之旅的品牌优势、强大的旅游网络和可观的经济实力。

2. 景区专卖模式

景区专卖模式中，景区会直接参与专卖店的建设，负责品牌推广，但并不排斥其他旅行社经营同类产品。如峨眉山提出了"峨眉山旅游全国专卖"的思路。在接下来的几个月里，更广范围的强强联合在全国乃至海外刮起一阵旋风。当然，这种专营模式需要专业的旅游策划公司通过科学的调研、精确的预算、完善的设计和准确的项目进度控制来策划实施。

3. 线路专营模式

线路专营模式中，旅行社不仅要负责景区在当地市场的宣传还要投入巨资购买航线，但具有特许经营似的排他性。广东国旅假期同神农架林区政府签订《神农架旅游线路广东专营协议》以下简称《协议》，奠定了旅游线路专营模式。《协议》规定，广东国旅假期投入 200 万元对神农架进行包装、宣传、推广；而神农架林区政府为了保障广东国旅假期巨额投入的商业利益，使广东国旅假期在神农架旅游线路的经营上享有酒店、景区、车队和机票的最优惠价格，广东省内其他旅行社经营神农架旅游线路要由广东国旅假期统一批发，否则不享有以上优惠条件。同年，广东国旅假期又和湖北神农架合作开创了这种新模式。

4. 特种旅游项目合作模式

这种模式中，景区与旅行社联手共同打造特种旅游品牌，从而实现双赢。在普通的特种旅游中，景区只负责门票销售，与接待普通旅游者并无不同。但参与组织特种旅游后，景区就成了整个活动的一员，在场地使用和活动组织上提供方便。重庆商通旅游公司与西岭雪山旅游开发公司共同举办了"自驾之旅"活动，在自驾游市场开创了旅行社与景区合作的先河。此次"自驾之旅"活动，主办双方特别组织了篝火晚会等互动性较强的节目，而且提供了全额返还现金、美容金卡、景区门票等奖品。旅行社负责人称，与短期的利润相比，公司看中的是自驾游巨大的增长潜力。

5. 政府搭台模式

这种模式中，政府起引导作用。福建三明盛世桃源三日游首发团拉开了旅行社联合体与景区联合体共同推出三明盛世桃源旅游精品线路的帷幕。在这场联合中，最引人关注的就是政府积极牵头，协调配合，主动参与并协助企业运作。这 5 种营销模式中，景区专卖和线路专营两者既有共同点也有不同点。共同之处在于，合作旅行社将享有景区赋予的优先权和优惠价格，游客也能享受到更高水平的服务，而且促进了旅行社行业垂直分工体系的建立。因此，倡导合作必须务实，双方要建立实质性的合作关系，只有这样，才能实现品牌共创、互动双赢。

三、政府与企业主体的合作策略

在我国当地政府与旅游企业的博弈中，博弈手段正由原来的"单打独斗"向"联盟较量"转变，呈现出不同的合作形式。第五章详细分析了政府与企业合作的深层机理，以此为基础，提出武陵山区旅游企业与政府合作的主要策略如下。

1. 政府引导企业之间组成技术联盟

在当今激烈竞争的环境下，越来越多的旅游企业认识到过度竞争需要支付高昂的竞争费用，而且还会导致两败俱伤的结果。于是，经过"两败俱伤"的博弈惨局后，旅游企业开始寻找更好的竞争模式，与竞争对手结成"技术联盟"成为一种降低风险和成本、提高旅游企业竞争能力的有效手段。在旅游企业结成"技术联盟"的博弈状态下，地方政府的职责更多地表现为引导者、服务者与仲裁者的角色。

2. 当地政府与旅游企业结成利益共同体

当地政府在与中央政府博弈时，有两个主要的策略选择：一是在制度变迁中当地政府必然会利用自己的信息优势，使制度变迁的路径朝着符合自己利益最大化的方向发展；二是在制度创新中，旅游企业和当地政府之间存在着相互依赖关系。这是因为：首先，当地政府对中央政府的讨价还价能力取决于当地的经济实力，而这种实力是由当地旅游企业的竞争能力带来的；其次，旅游企业是以通过当地政府向上级传达其制度创新的需求来充当间接谈判者，这样，当地政府与旅游企业存在着合作博弈，即旅游企业在当地政府帮助下，通过突破进入壁垒获取制度收益，进而当地政府分享这一收益。因此，当地政府与旅游企业结成"利益共同体"，以提升与上级政府的博弈能力。这时，当地政府在这场博弈中承担着独特的中介角色，同时，也扮演着"主动"谋取潜在制度的净收益。

3. 旅游企业结成"组织同盟"协调与政府关系

在旅游企业与当地政府的博弈中，旅游企业会逐渐意识到单个企业与当地政府博弈地位的不对等性，进而以结成"组织同盟"的方式与政府博弈。这里的企业"组织同盟"，是指旅游企业源于利益博弈动机而自发结成的非官办性质的行业性协会，其目的是整合同类企业的力量，增强与当地政府的谈判能力。当今，这一类企业组织同盟的出现，其积极意义已远非简单的力量整合。一方面，它在当地政府与旅游企业间架起了一座桥梁，承担着当地政府与旅游企业沟通、协调与谈判的功能，使当地政府与旅游企业合作博弈的机会大大增加；另一方面，它增加了旅游企业与当地政府的谈判以及利益博弈能力，为旅游企业在博弈中的利益最大化提供了组织保障。

四、多利益相关者的合作策略

武陵山区由于旅游投融资的变化，引起了旅游资源的产权发生改变。根据投资主体的不同，旅游投资形成了政府主导投资、企业（主要是民营企业）主导投资、村民或集体自筹投资及政府—企业—村民或集体合作投资的模式，并逐渐形成和完善成买断经营权制、股份制、村民自主经营制三种产权制度形式。而这三种产权形式决定了旅游利益相关者的分配形式和行为方式。在买断经营权制度形式下，企业获得的收入与游客量有直接关系，未来的客流量越大，其获得的收益就越好，因此，这一制度对企业形成正激励，企业会想方设法尽全力搞好旅游。但对社区居民或政府而言，由于其利益是企业买断经营权时一次性给予的，其收入与游客量已无直接关系，对社区居民形成负激励，社区居民对旅游业漠不关心，甚至有破坏行为发生。在股份制形式下，虽然政府、企业、社区居民按股份比例分配，但由于社区居民资金量小，往往是以劳动力形式折价参与股份，在股权结构中占有比例小，也常有利益和矛盾冲突发生。在社区居民自主经营中，由于缺乏专业开发知识、经验和技能，更缺乏资金，因此，只能开发一些小投资、小规模、低品质的旅游景点。由此看来，当前的旅游产权制度，既有正效应，也有负效应，现实要求我们需要对旅游产权制度进行改进、完善甚至创新。

1. 调整和完善买断经营权合作制度

将政府部门、村民和村集体的收入与客流量挂钩，以调动政府部门、社区居民和村集体积极性。对已经买断旅游经营权的、利益相关者又发生矛盾和冲突的景区景点，可以通过重新协调、协商的形式，对原有协议进行修订或完善。如门票分成方面，给予一定的让步，或者是企业帮助和引导社区居民通过生产、销售旅游商品等方式，让社区居民获得的收入尽量与游客量挂钩，以调动他们的对发展旅游的积极性，获得共赢式发展。对将来还想通过买断经营权的形式招商引资，在签订协议时，就要充分考虑到社区居民的收入要与游客流量挂钩，尽量避免旅游独立于社区之外，造成旅游经济"飞地"的现象。

2. 在股份制合作中科学地确认社区居民股权

股份制在乡村旅游成功开发中的关键问题，在于确认利益各方的股权份额。由于社区居民资金短缺，股份制中，社区居民或村集体现金资产投入少，而主要是以资源产权、乡村有形或无形文化、劳动力折价作为股份投入，而这几部分的价值，又极难评估。一方面，新开发地区或搞得不成功的乡村，可以学习股份制成功的乡村，比照其方法，再结合实际确认村民股权。另一方面，要处理好村民个人与村集体的关系问题。

3. 以乡规民约制度约束武陵山区乡村自主开发旅游

定立乡规民约，并严格执行，约束村民自主开发乡村旅游造成的负面效应。为了防止企业和村民的过度商业化经营和乡村城市化倾向，帮助和教育村民培养文明乡风，搞好乡村文化保护。通过订立旅游乡规民约，并严格执行来实现。现实中，我们看到乡村地区，乡规民约有时比正式法律更有约束作用，因此，通过引导乡村自己定立乡规民约，通过家庭、家族、宗族、社区、村支部、村委会或乡村旅游协会等组织约束村民的行为，给违规者和潜在违规者以道德管制，可能单一的法律制约效果更好。

|第七章|

研究结论

通过区域旅游合作实践和学术研究的关联分析，发现我国区域旅游合作理论研究横切面扩张良好，纵切面深度挖掘不够。我们认为，博弈论与其他理论工具（如共生理论、协同论、利益相关者论等）相比，研究区域旅游合作与竞争更具有优势，更能深化这一研究。现对第三至第六章模型和实证方面的研究结论进行纲要性的总结。

从博弈论视角来看，区域旅游合作是旅游区域具有利益冲突的决策主体（政府、企业、非政府组织、社区居民、旅游者），在约束条件下（区域通达性、旅游资源性质、经济因素、文化因素等），相互把冲突方决策选项作为变量，作出是否达成合作协议或达成协议之后是否履行协议的决策，实现利益最优化。国内对区域旅游合作到底是属于区域之间合作和区域内部合作的界定很有争论，本书参照世界旅游组织对"旅游"行为的技术认定标准（离开常住环境 160 千米为旅游行为），确定区域旅游合作主体空间距离也为 160 千米，即凡是超过 160 千米距离的主体之间的合作，就属于区域旅游合作。

根据一般均衡分析，主体合作决策的决定取决于区域通达性、旅游资源性质、经济因素、文化因素等约束条件下的合作剩余，但在主体决策的交互影响下，合作决策的决定不仅取决于合作剩余，还取决于合作对方的行动。在考虑时间因素的重复博弈过程中，如果旅游业对区域经济的平均贡献率足够大，合作主体一直合作下去的可能性就很大。

在区域旅游合作的核心利益相关者（政府、企业、非政府组织、社区居民、旅游者）的关系中，如果从合作行为最终实现或具有合作实质效用角度看，旅游企业和社区居民是实质性合作的关键性主体，没有旅游企业和旅游目的地社区居民的参与，区域旅游实质性合作难见成效。政府和非政府组织是合作的引导指导、规划规范、推动促进、管理咨询的辅助性主体，没有政府和非政府组织的推动，区域旅游合作阻力重重；区域旅游合作的最终服务对象是旅游者，旅游合作如不充分满足旅游者需求，也很难取得好的合作绩效。

政府是区域旅游合作的主导和推动者。地方政府在区域整体利益和个体利益的交集基础上，进行区域旅游合作的帕累托改进。政府官员在权衡合作能否比不合作带来更多地区利益的时候，还要权衡合作是否会增加另一方政绩而危及自身的晋升机会。在福利型地方政府假设下，政府合作决策决定于旅游合作对区域经济的贡献度；理性人假设下，地方政府合作决策决定于合作给自身带来的政绩大于对方，否则选择竞争。

旅游企业是区域旅游合作的执行主体。在景区企业方面，旅游资源的垄断独占性和同质性造成景区企业涨价行为和景区企业间模仿性开发和重复建设的竞争。在旅行社方面，旅行社产业链与制造业微笑曲线不同，是一条向下倾斜的曲线：产业链下游地接社市场结构趋近完全竞争型，属于劳动密集型，进入壁垒比较低，规模经济不明显；而组团社市场结构表现为相对垄断型，属于资本密集型环节，规模经济明显。在信息不对称条件下，旅行社存在严重的逆向淘汰现象。在酒店企业中，管理公司、分销商、分销技术提供商之间形成共生博弈关系。景区与旅行社、旅行社与交通企业、交通企业与酒店之间可以形成纵向一体化和横向本体化关系，通过企业集团和企业联盟形式展开合作，而合作成员的选择、合作成本分摊、合作收益分配是影响集团和联盟稳定性的重要因素。

地方政府可以与旅游企业组成技术联盟、结成利益共同体进行合作。地方政府招商引资条件决定了与其旅游企业投资中的讨价还价能力；政府对旅游企业的监管力度决定于旅游企业是采用纯开发策略还是采取保护性开发策略。

由于信息不对称和大多数旅游行为的一次性，使旅游景点对旅游者采取涨价行为和旅行社采用低价甚至零团费竞争客源成为现实的利益选择。解决这一难题的关键是政府强化对旅游企业的规范化监管。

声誉激励机制是非政府组织推动区域旅游合作的核心影响因素。旅游行业协会等社会组织，需要声誉激励来促进合作行为；高校等事业单位，更需要声誉激励来提高旅游产学研合作积极性。

在多个利益相关者的博弈过程中，旅游区位条件决定政府招商引资的能力；旅游企业开发策略决定于旅游投资现实盈利性大小；社区居民支持与否决定于对旅游开发对他们社会经济利益的影响程度。三者的利益的交点，是实现旅游合作开发的关键点。

两个或多个区域之间或内部，具有实际的旅游线路产品联系，通过旅游企业专门化运作，并产业实际旅游收益的行动，才能算得上实际合作，这是判断旅游合作绩效的关键性标准。区域旅游合作的联系密度、效应强度和信息量度三个指标（独立或综合），可对区域旅游合作绩效进行定量评价。

区域旅游合作的最大难题是协调不同区域之间对同类质旅游资源抢夺性开发。由于个体理性和资源稀缺性，同类质资源争夺是不可避免的，先开发者处于竞争的有利位置。用单一的"公地悲剧"产权治理措施无法解决区域间同类质旅游资源的争夺，必须采用合作、协调和差异化创新等方式。通过文献计量和旅游发展现状的关联分析，发现旅游学术研究的广深度与区域旅游的发达程度成正相关关系，与旅游目的地生命周期呈共同演化趋势，这给从事旅游研究的学者三点启发：一是要选择旅游发达区域、热点区域，避开冷僻区域；二是要选择熟悉和邻近的区域作案例区；三是把握好每个时期内区域旅游发展的主要矛盾和问题。

参 考 文 献

[1] CHRIS RYAN. 游憩旅游学：旅游需求与影响 [M]. 南开大学出版社，2010.

[2] 安凌飞.6人游携程10个月告吹：供应商与在线巨头争什么，http：//www. sohu. com/a/140798758_118622.

[3] 毕剑. 旅游"井喷"背景下的"名人故里之争"研究 [J]. 河南理工大学学报（社会科学版），2013，14（4）：423 – 428.

[4] 曹芳东，黄震方，吴丽敏，徐敏. 基于时间距离视域下城市旅游经济联系测度与空间整合——以长江三角洲地区为例 [J]. 经济地理，2012，32（12）：157 – 162.

[5] 曹华盛. 旅游目的地促销的政（府）企（业）合作分析——以长江三峡为例 [J]. 资源开发与市场，2008（9）：773 – 776.

[6] 曹宁，郭舒. 大数据时代旅游产业链的重构、产业趋势与对策 [J]. 渤海大学学报（哲学社会科学版），2015，37（4）：64 – 67.

[7] 陈超，刘家明，马海涛，王润，周彬，陈楠. 中国农民跨省旅游网络空间结构研究 [J]. 地理学报，2013，68（4）：547 – 558.

[8] 陈朝隆，陈敬堂. 区域旅游产业链的构建与优化：理论解释与分析 [A]. 中国区域科学协会区域旅游开发专业委员会、海南省旅游发展委员会、海南大学. 区域旅游：创新与转型——第十四届全国区域旅游开发学术研讨会暨第二届海南国际旅游岛大论坛论文集 [C]. 中国区域科学协会区域旅游开发专业委员会、海南省旅游发展委员会、海南大学：中国区域科学协会区域旅游开发专业委员会，2009：6.

[9] 陈春泉，陆利军，陈国生. 从利益相关者理论视角看风景区的发展机制 [J]. 开发研究，2008（4）：59 – 62.

［10］陈浩，陆林，郑嬗婷．国内外旅游合作关系研究进展［J］．地域研究与开发，2010，29（1）：65 - 70.

［11］陈立群．全产业链理论视角下我国乡村旅游产业发展路径［J］．农业经济，2016（10）：52 - 53.

［12］陈秋华，修新田．海峡两岸旅游共同市场内涵研究［J］．福建论坛（人文社会科学版），2011（1）：142 - 145.

［13］陈显富．产业价值链视域下贵州旅游产业融合发展研究［J］．改革与开放，2017（18）：10 - 12.

［14］陈岩峰．基于利益相关者理论的旅游景区可持续发展研究［D］．西南交通大学，2008.

［15］陈永昶，徐虹，郭净．满意均衡——基于供应链视角对游客满意与旅游购物问题的探讨［J］．旅游学刊，2013，28（3）：80 - 86.

［16］陈喆芝，赵黎明，许静．基于微分博弈的旅游供应链低碳合作研究［J］．旅游学刊，2016，31（6）：38 - 49.

［17］陈志钢，蔡泽辉．非均衡性旅游地空间竞争中搭便车问题研究［J］．地理与地理信息科学，2006（5）：70 - 74 + 80.

［18］陈志辉．基于产品层次模型的旅游服务主体及其社会责任研究［J］．湖南商学院学报，2014，21（4）：83 - 89.

［19］程晓丽，胡文海．安徽省旅游发展空间错位的模型分析［J］．地球信息科学学报，2015，17（5）：607 - 613.

［20］程晓丽，史杜芳．皖南国际文化旅游示范区文化资源丰度评价［J］．地理科学，2017，37（5）：766 - 772.

［21］程子彪，蒲小梅，陈国柱，曹娜．移动互联时代旅游产业链优化研究［J］．内江师范学院学报，2013，28（2）：61 - 65.

［22］崔峰，李亚涛．旅行社恶性竞争：政府规制动因的经济学分析［J］．旅游论坛，2009，2（6）：868 - 872.

［23］崔晓明，Chris RYAN，滕荆康．基于旅游产品差异化的欠发达地区旅游合作研究［J］．人文地理，2010，25（4）：156 - 160.

［24］戴斌，束菊萍．旅游产业关联：分析框架与北京的实证研究［J］．北京第二外国语学院学报，2005（5）：13 - 21.

［25］单婷婷，史安娜．区域旅游合作发展的非对称进化博弈研究［J］．求索，2013（12）：233 + 23.

［26］邓爱民，张馨方．西方旅游本真性研究的知识图谱——基于CiteSpace Ⅲ 的计量分析［J］．旅游学刊，2018，33（1）：95 – 104.

［27］邓小海，曾亮，罗明义．产业链视域下旅游扶贫问题诊断及对策研究［J］．当代经济管理，2014，36（11）：56 – 59.

［28］邓小海，曾亮，肖洪磊．我国扶贫旅游产业链优化研究［J］．世界地理研究，2015，24（3）：167 – 175.

［29］董保民，王运通等．合作博弈论［M］．北京：中国市场出版社，2008（4）：8.

［30］董学荣．滇池公地悲剧及其治理策略探讨［J］．云南社会科学，2015（1）：154 – 159.

［31］段德忠，刘承良．基于城市腹地的乡镇通达性的时空格局及其演化——以湖北荆州市 112 个乡镇为例［J］．长江流域资源与环境，2015，24（4）：548 – 556.

［32］方世敏，周荃，苏斌．湖南"红三角"区域旅游协作的经济与政策分析［J］．湖南社会科学，2007（5）：130 – 132.

［33］方叶林，黄震方，陆玮婷，彭倩．中国市域旅游经济空间差异及机理研究［J］．地理与地理信息科学，2013，29（6）：100 – 104 + 110 + 129.

［34］费巍．历史文化名镇名村生态旅游开发利益相关者博弈行为研究［J］．生态经济，2015，31（6）：143 – 146.

［35］丰向红．竞争与（不）平等：湖南凤凰苗寨游家庭餐馆的个案研究［J］．旅游学刊，2016（3）：26 – 34.

［36］傅煜．湖南新晃欲斥资 50 亿重建"夜郎古国"［EB/OL］．http：//news. ifeng. com/mainland/ detail_2010_10/16/2804829_0. shtml.

［37］高明．基于博弈视角的区域旅游竞合研究——以环北部湾旅游圈为例［J］．桂海论丛，2008（3）：57 – 60.

［38］高燕，郑焱．旅游线路开发决策演化博弈分析——兼论旅游线路开发中外部性问题的解决［J］．北京第二外国语学院学报，2007（7）：71 – 76 + 49.

［39］阎友兵，肖瑶．旅游景区利益相关者共同治理的经济型治理模式研究［J］．社会科学家，2007（3）：108 – 112.

［40］葛立诚，邹益民，等．中国区域旅游合作问题研究［J］．商业经济与管理，2007（1）：70 – 75.

［41］龚永辉，郭辉．地方政府旅游资源合作开发研究［J］．软科学，2007（5）：94 – 96 + 111.

［42］关晶，张朝枝．遗产旅游研究知识图谱——基于 CiteSpace 的分析［J］．旅游论坛，2017，10（5）：56 – 68.

［43］郭丽华，吴郭泉，欧阳斐．基于利益相关者的旅游规划优化模式研究［J］．湖州师范学院学报，2006，28（2）：56 – 61.

［44］韩春鲜．基于旅游资源优势度差异的新疆旅游经济发展空间分析［J］．经济地理，2009，29（5）：871 – 875.

［45］何小东．区域旅游合作主体的职能定位研究［J］．旅游论坛，2009，2（3）：325 – 329.

［46］贺瑞．旅游景区价格宰客现象的法律规制——以"天价虾"事件为逻辑展开［J］．中国物价，2017（1）：60 – 62.

［47］贺小荣，胡强盛．湖南省旅游产业集群与区域经济的互动机制［J］．经济地理，2018，38（7）：209 – 216.

［48］候雯娜，胡巍，尤劲．景中村的管理对策分析——以西湖景区为例［J］．安徽农业科学，2007，35（5）.

［49］胡北明，雷蓉．经营权转让与遗产地公地悲剧及其治理分析［J］．商业研究，2014（3）：10 – 15.

［50］胡北明，雷蓉．社区自治型遗产旅游地公地悲剧及其治理——以民族村寨型景区为例［J］．西南民族大学学报（人文社会科学版），2014（2）：150 – 154.

［51］胡北明，雷蓉．政府强权干预与遗产旅游地"公地悲剧"现象的治理——以世界遗产地九寨沟治理经验为例［J］．四川师范大学学报（社会科学版），2014（4）：54 – 60.

［52］胡大江，陈学梅，牟红．基于演化博弈的三峡旅游区域合作研究［J］．现代管理科学，2011（8）：91 – 93.

［53］胡文海，孙建平，余菲菲. 安徽省区域旅游经济发展的时空格局演变［J］. 地理研究，2015，34（9）：1795－1806.

［54］胡亚光，吴志军，胡建华. 旅游市场主体间博弈行为下的消费陷阱问题研究［J］. 江西社会科学，2016，36（6）：80－87.

［55］黄爱莲. 空间正义与中越跨境旅游合作［J］. 旅游学刊，2017，32（4）：5－6.

［56］黄昆. 利益相关者共同参与的景区环境管理模式研究［J］. 湖北社会科学，2013（9）：81－82.

［57］黄少安. 经济学研究重心的转移与"合作"经济学构想［J］. 经济研究，2000（5）：60－67.

［58］黄晓杏，胡振鹏，傅春，余达锦. 生态旅游主要利益相关者演化博弈分析［J］. 生态经济，2015，31（1）：142－146＋171.

［59］黄晓燕，曹小曙，李涛. 海南省区域交通优势度与经济发展关系［J］. 地理研究，2011，30（6）：985－999.

［60］克里斯·库珀，约翰·弗莱彻. 旅游学原理与实践［M］. 北京：高等教育出版社，2006：10.

［61］旷雄杰. 生态旅游发展中利益相关者格局及其角色的定位分析［J］. 中南林业科技大学学报，2010，30（9）：81－84.

［62］兰晓原，郑向敏. 开放大陆居民赴台旅游新形势下海西旅游发展的思考［J］. 福建论坛（人文社会科学版），2008（8）：116－118.

［63］李朝军，郑焱. 区域旅游合作影响因素研究：长株潭案例［J］. 青岛科技大学学报（社会科学版），2013，29（4）：74－79.

［64］李成，赵军. 基于 Web of Science 的旅游管理研究信息可视化分析［J］. 旅游学刊，2014，29（4）：104－113.

［65］李付娥. 中原城市群旅游合作实现机制的博弈分析［J］. 中国商界（下半月），2009（4）：199.

［66］李国梁. 旅游资源开发恶性竞争冲突治理策略研究——以湘西州为例［D］. 吉首大学，2016.

［67］李厚忠. 乡村旅游地开发中的"公地悲剧"与"反公地悲剧"研究——以济南市南部山区为例［J］. 山东社会科学，2011（11）：146－149.

［68］李建州，张运来，李惠璠．移动互联网在旅游业中的应用研究
［J］．旅游学刊，2011，26（10）：89－94.

［69］李金保，冷俊峰．皖南与皖北旅游产业合作主观博弈分析［J］．经
济地理，2014，34（7）：177－181.

［70］李乐乐，白建军，宋冰洁．西安市交通网络综合通达性研究［J］.
人文地理，2014，29（5）：88－93.

［71］李连璞．区域旅游发展"同步—错位"诊断及差异分析——基于中国
31省（区、直辖市）国内旅游统计数据［J］．人文地理，2008（2）：87－90.

［72］李明亮，郑耀星．区域旅游合作评价及合作模式探究——以大武夷
旅游区为例［J］．资源开发与市场，2014，30（8）：1010－1012.

［73］李山，王铮，钟章奇．旅游空间相互作用的引力模型及其应用
［J］．地理学报，2012，67（4）：526－544.

［74］李树民．区域旅游合作的行为模式与动力机制［J］．旅游学刊，
2005，20（3）：10.

［75］李涛，王次臣，李华康．知识图谱的发展与构建［J］．南京理工大
学学报，2017，41（1）：22－34.

［76］李万立．历史文化名城收费分析及改进路径探讨——以凤凰古城为
例［J］．现代城市研究，2014（5）：98－103.

［77］李雨生．基于全生态链的旅游宰客现象分析与解决对策［J］．佳木
斯职业学院学报，2016（2）：450－451.

［78］李悦铮，李欢欢．基于利益相关者理论的海岛旅游规划探析——以
大连长山群岛旅游度假区规划为例［J］．2010，27（7）：108－112.

［79］梁佳，吕兴洋，曲颖．形象趋同与个性趋异：资源同质目的地品牌
差异化定位研究［J］．人文地理，2016（5）：113－118.

［80］梁艺桦，杨新军，马晓龙．区域旅游合作演化与动因的系统学分
析——兼论"西安咸阳旅游合作"［J］．地理与地理信息科学，2004（3）：
105－108.

［81］梁智．我国旅行社业挂靠经营现象的市场监管博弈分析［J］．旅游
科学，2006（4）：29－32.

［82］廖艳丽．中国—东盟区域经济合作背景下的广西旅游发展思路与对

策分析 [J]. 中小企业管理与科技（上半月），2008（5）：22 – 23.

[83] 林水富，刘晓蕾，陈秋华. 福建省旅游经济发展区域差异与区域合作探讨 [J]. 福建农林大学学报（哲学社会科学版），2011，14（6）：59 – 64 + 77.

[84] 刘承良，段德忠，余瑞林. 武汉城市圈城乡道路网通达性的空间演化 [J]. 经济地理，2013，33（9）：43 – 50 + 64.

[85] 刘承良，薛帅君，段德忠. 乡镇综合通达性时空格局及其与 SERE 系统的耦合机理——以湖北省荆州市为例 [J]. 世界地理研究，2017，26（6）：49 – 60.

[86] 刘德光，邓颖颖. 旅游目的地营销中政府行为分析 [J]. 贵州社会科学，2013（9）：35 – 39.

[87] 刘德谦. 关于区域旅游合作中的思考——当前中国区域旅游合作的难点与机遇 [J]. 旅游学刊，2008（3）：13 – 18.

[88] 刘晗. 从两大主体的角色定位看区域旅游合作 [J]. 生产力研究，2009（22）：247 – 248.

[89] 刘慧宏. 区域旅游合作利益协调机制分析 [J]. 宁波大学学报（人文科学版），2009，22（6）：109 – 113.

[90] 刘建军，陈颖彪，千庆兰，韩富状. 广州市交通网络的综合通达性及其空间特征 [J]. 经济地理，2016，36（2）：45 – 52 + 73.

[91] 刘丽梅. 内蒙古杭锦旗旅游资源的评价分析 [J]. 内蒙古财经学院学报，2009（2）：80 – 84.

[92] 刘晓英，陈国生，陈晓亮. 湘黔渝川边缘地区民俗生态旅游合作开发研究 [J]. 经济地理，2013（2）：189 – 192.

[93] 柳春锋. 旅游联盟成员兼容性研究 [J]. 企业活力，2008（3）：24 – 25.

[94] 卢亮. 区域旅游的适度整合研究——以长江三角洲地区为例 [J]. 江苏商论，2005（3）：97 – 98.

[95] 卢世菊，张咪. 基于 Citespace Ⅲ 的国内近 10 年民族地区乡村旅游发展研究的可视化分析 [J]. 中国农业资源与区划，2017，38（8）：230 – 236.

[96] 鲁明勇. 区域旅游合作的博弈研究——以武陵山区为例 [M]. 中南

大学出版社，2011（6）：250－261.

［97］鲁明勇．区域旅游合作绩效的定量评价方法探讨［J］．统计与决策，2011（16）：36－38.

［98］鲁明勇．区域旅游合作行动与理论研究的关联及演化特征［J］．旅游论坛，2011，4（4）：23－29.

［99］鲁明勇，尹贻梅．区域旅游开发中的"同类质资源悲剧"博弈分析［J］．中国地质大学学报（社会科学版），2011，11（2）：108－113.

［100］鲁小波，陈晓颖，王万山等．基于利益相关者的自然保护区生态旅游健康度评价方法［J］．干旱区资源与环境，2017，31（7）：189－194.

［101］陆林．都市圈旅游发展研究进展［J］．地理学报，2013，68（4）：102－116.

［102］陆林，汤云云．珠江三角洲都市圈国内旅游者空间行为模式研究［J］．地理科学，2014，34（1）：10－18.

［103］吕宛青．利益相关者共同参与的民族地区家庭旅馆经营及管理模式研究［J］．思想战线，2007，33（5）：35－42.

［104］吕宛青，张冬，李露露．乡村旅游产业链内涵与特征研究［J］．旅游论坛，2018（1）：30－37.

［105］吕兴洋，徐虹，殷敏．基于渠道权力理论的旅游供应链企业关系博弈分析［J］．旅游学刊，2010，25（12）：23－27.

［106］罗春燕．江苏省农业生态旅游生态产业链建设研究［J］．农业经济，2017（7）：27－29.

［107］罗富民，郑元同．地方政府在川西南、滇西北区域旅游合作中的博弈分析［J］．特区经济，2008（10）：167－168.

［108］罗浩，陈浩，曹靖．基于伯特兰德均衡和智猪博弈的寡头景区竞合策略研究［J］．地理科学，2012，32（7）：784－789.

［109］罗洁．对我国区域旅游合作若干问题的探讨［J］．商场现代化，2009（8）：220.

［110］罗明义．关于"旅游产业范围和地位"之我见［J］．旅游学刊，2007（10）：5－6.

［111］罗章．民族乡村旅游开发中三组博弈关系及其博弈改善——以贵

州省 XJ 苗寨为例［J］. 社会科学家，2015（1）：83 – 89.

［112］骆高远，陆林. 中非旅游合作的现状和未来［J］. 地理科学，2009，29（2）：200 – 205.

［113］麻学锋，刘雨婧. 张家界旅游竞争力时空演化及结构协调性与合理性［J］，统计与信息论坛，2015（9）：81 – 88.

［114］马道明，陈子晗. 外包制乡村旅游"公地悲剧"的产生机制及调控路径——基于安徽黟县 N 村的调查［J］. 河海大学学报（哲学社会科学版），2016（5）：60 – 65.

［115］马蔷. 互联网平台企业竞合战略选择的多案例研究［D］. 吉林大学，2017.

［116］马晓冬，司绪华，朱传耿. 1990 年代以来我国区域旅游合作研究进展［J］. 人文地理，2007（4）：16 – 20.

［117］马耀峰，梁雪松，李君轶，白凯. 跨国丝绸之路旅游合作研究［J］. 开发研究，2006（2）：67 – 70.

［118］马耀峰，刘军胜. 中国丝绸之路世界遗产旅游发展战略研究［J］. 陕西师范大学学报（自然科学版），2015（6）：71 – 76.

［119］孟凯，李佳宾，陈险峰等. 乡村旅游地发展过程中"公地悲剧"的演化与治理［J］，旅游学刊，2018（8）：19 – 28.

［120］莫帮洪，史本凤. 浅析区域旅游合作［J］. 商场现代化，2005（3）：221 – 222.

［121］牛树海. 高速公路网络化的时空收敛效应研究［J］. 人文地理，2005（6）：106 – 110.

［122］欧瑞秋，王则柯. 图解经济博弈论：经济博弈论［M］. 中国人民大学出版社，2017.

［123］潘安娥，杨青. 基于主成分分析的武汉市经济社会发展综合评价研究［J］. 中国软科学，2005（7）：118 – 121.

［124］潘彦江，方朝阳，缪理玲，高丹. 基于交通状态分析的南昌市区区际联系通达性研究［J］. 地理研究，2014，33（12）：2325 – 2334.

［125］彭惠军，黄翅勤. 利益相关者视角下宗教名山旅游景区可持续发展研究——以南岳衡山为例［J］. 市场论坛，2017（6）：65 – 66.

［126］彭睿娟．欠发达地区旅游经济差异的空间分析——以甘肃省为例
［J］．干旱区地理，2017，40（3）：664－670.

［127］齐邦锋，江冲，刘兆德．山东省旅游经济差异及旅游空间结构构
建［J］．地理与地理信息科学，2010，26（5）：98－102.

［128］祁凯，杨志．政府参与下旅游公共危机演化的三方博弈分析［J］．
旅游学刊，2018，33（4）：46－58.

［129］钱林晓．解决旅游宰客问题的探讨［J］．桂林旅游高等专科学校
学报，1999（2）：34－37.

［130］钱夙伟．争夺西门庆故里太离谱［N］．法制日报，2016－6－14
（7）.

［131］乔花芳，谢双玉，曾菊新．湖北省旅游经济的空间非均衡性演化
及影响因素［J］．地域研究与开发，2018，37（5）：100－105.

［132］任耘．我国乡村文化遗产开发的竞合博弈与策略［J］．统计与决
策，2018（2）：68－70.

［133］申怀飞，沈宁娟，林英豪，田庆久，刘琴琴．中原经济区干线公
路路网通达性研究［J］．地域研究与开发，2017，36（3）：7－11＋35.

［134］史春云．旅行模式对目的地旅游经济影响的空间差异——以长三
角世博旅游线路为例［J］．旅游学刊，2013，28（6）：102－110.

［135］史春云，张捷，沈正平．区域旅游竞合研究进展［J］．地理与地
理信息科学，2005（5）：85－89.

［136］舒小林，王爱忠，麻新华．区域旅游竞争与合作关系的初步分析
［J］．云南地理环境研究，2007（2）：115－118.

［137］宋河有．创意旅游开发视角下草原非物质文化产业链延伸研
究——以蒙古族“男儿三艺”为例［J］．西南民族大学学报（人文社科版），
2015，36（9）：153－157.

［138］宋慧林，蒋依依，王元地．政府旅游公共营销的实现机制和路径
选择——基于扎根理论的一个探索性研究［J］．旅游学刊，2015，30（1）：
22－31.

［139］宋慧林，马运来．基于空间分析的中国省域旅游经济差异［J］．经
济管理，2010，32（10）：114－118.

［140］宋玉蓉. 四川古镇空间结构特征及区域旅游合作分析［J］. 资源开发与市场, 2009, 25（8）: 764 - 766.

［141］宋子千. 对区域旅游合作研究的几个基本问题的认识［J］. 旅游学刊, 2008（6）: 74 - 78.

［142］苏洁. 区域旅游竞合利益均衡及合作稳定机制构建［J］. 统计与决策, 2016（15）: 56 - 59.

［143］孙根年, 冯茂娥. 西部入境旅游市场竞争态与资源区位的关系［J］. 西北大学学报（自然科学版）, 2003（8）: 459 - 464.

［144］孙根年, 潘潘. 陕西十地市旅游业发展的地区差异及其影响因素分析［J］. 干旱区资源与环境, 2013, 27（11）: 184 - 191.

［145］孙国峰. 产权改革与体制低效的"反公地悲剧"现象分析［J］. 当代经济管理, 2014（7）: 1 - 4.

［146］孙九霞, 黄秀波. 民族旅游地社区参与中的空间协商与利益博弈——以丽江白沙村为例［J］. 广西民族大学学报（哲学社会科学版）, 2017, 39（2）: 40 - 48.

［147］覃峭, 张林, 李丹枫. 利用品牌延伸整合旅游产业链的模式研究［J］. 人文地理, 2009, 24（1）: 98 - 101.

［148］汤静. 博弈, 而非行政主导［J］. 旅游学刊, 2011, 26（2）: 6 - 7.

［149］唐仲霞, 马耀峰, 魏颖. 青藏地区入境旅游共生关系检验研究［J］. 干旱区地理, 2012, 35（4）: 671 - 677.

［150］陶春峰, 谌贻庆. 论区域旅游产业模块化发展的利益协调机制［J］. 江淮论坛, 2013（6）: 68 - 74.

［151］滕梦秦. 基于空间竞争关系的古镇旅游创新发展策略——以凤凰古城与镇远古镇为例［J］. 甘肃科技, 2017（15）: 4 - 8.

［152］田里, 田媛, 钟晖. 基于 CiteSpace 的国内高铁旅游研究可视化分析［J］. 资源开发与市场, 2018, 34（5）: 715 - 719 + 734.

［153］田敏娜. 超低价旅游现象探究［J］. 商业经济研究, 2017（3）: 201 - 202.

［154］涂人猛. 区域旅游理论研究［J］. 社会科学家, 1994（5）: 83 - 88.

［155］汪德根, 牛玉, 王莉. 高铁对旅游者目的地选择的影响——以京

沪高铁为例 [J]. 地理研究, 2015, 34 (9): 1770-1780.

[156] 汪明林, 陈向红. "反公地悲剧" 与我国遗产旅游地管理体制改革 [J]. 生态经济, 2014 (2): 184-187.

[157] 汪珠, 吴扬, 金永洪. 基于 GIS 的城市影响腹地划分及特征分析——以长江三角洲城市区域为例 [J]. 城市规划, 2010, 34 (S1): 40-43.

[158] 王德刚, 贾衍菊. 成本共担与利益共享——旅游开发的利益相关者及其价值取向研究 [J]. 旅游科学, 2008, 22 (1): 9-14.

[159] 王欢喜. 基于利益相关者理论的政府信息公开绩效评价模式研究 [J]. 情报科学, 2013 (5): 46-50.

[160] 王会战, 李树民, 陈实, 温秀. 丝绸之路旅游合作国内研究述评 [J]. 旅游科学, 2015, 29 (2): 60-73.

[161] 王凯. 我国省际旅游资源禀赋及地域结构分析 [J]. 地理学与国土研究, 1998 (3): 78-81.

[162] 王起静. 转型时期我国旅游产业链的构建 [J]. 山西财经大学学报, 2005 (5): 68-72.

[163] 王素洁. 旅游目的地利益相关者管理战略研究——基于社会网络视角 [J]. 山东大学学报 (哲学社会科学版), 2012, 2012 (1): 59-64.

[164] 王维艳. 社区参与下的旅游景区竞合关系演变机理及调控——基于纵向价值链的演化博弈分析 [J]. 经济管理, 2018, 40 (6): 134-152.

[165] 王先甲, 全吉, 刘伟兵. 有限理性下的演化博弈与合作机制研究 [J]. 系统工程理论与实践, 2011, 31 (S1): 82-93.

[166] 王雪芳. 基于系统理论的区域旅游合作研究——以环北部湾为例 [J]. 商业研究, 2008 (6): 45-49.

[167] 王永刚, 李萌. 旅游一体化进程中跨行政区利益博弈研究——以长江三角洲地区为例 [J]. 旅游学刊, 2011, 26 (1): 24-30.

[168] 王兆峰. 旅游产业集群与其利益相关者——政府博弈研究 [J]. 湖南大学学报 (社会科学版), 2008, 22 (6): 63-67.

[169] 王兆峰, 腾飞. 西部民族地区旅游利益相关者冲突及协调机制研究 [J]. 江西社会科学, 2012 (1): 196-201.

[170] 王兆峰, 徐赛, 邓楚雄. 基于交通网络视角的跨界旅游区合作的微

观机制研究——以武陵山区为例 [J]. 地理研究, 2018, 37 (2): 250 – 262.

[171] 魏后凯. 论我国区际收入差异的变动格局 [J]. 经济研究, 1992 (4).

[172] 魏昕伊. 乡村旅游开发中反公地悲剧与治理机制研究 [J]. 怀化学院学报, 2018 (6): 45 – 49.

[173] 魏玲丽. 生态农业与农业生态旅游产业链建设研究 [J]. 农村经济, 2015 (10): 84 – 88.

[174] 乌兰. 协调发展背景下的区域旅游合作 [J]. 山东社会科学, 2007 (5): 81 – 84.

[175] 吴殿廷. 西部地区旅游开发战略规划研究 [C]. 征求意见稿, 2002.

[176] 吴恒. 网络环境下旅游产业链的思考 [J]. 科技进步与对策, 2005 (10): 163 – 165.

[177] 吴军. 中国区域旅游合作时空演化特征分析 [J]. 旅游学刊, 2007 (8): 35 – 41.

[178] 吴三忙. 旅游业融合发展中政府的作用 [J]. 旅游学刊, 2011, 26 (6): 7 – 8.

[179] 吴文智, 赵磊. 旅游系统非线性成长机制 [J]. 经济管理, 2012, 34 (3): 103 – 114.

[180] 武真真, 章锦河. 安徽省旅游景区空间分布差异分析 [M]. 云南: 云南地理环境研究. 2010 (4): 70 – 75.

[181] 夏赞才. 利益相关者理论及旅行社利益相关者基本图谱 [J]. 湖南师范大学社会科学学报, 2013, 32 (3): 72 – 77.

[182] 谢守红, 何家凤. 长江三角洲旅游经济的空间差异分析 [J]. 华东经济管理, 2008 (10): 4 – 8.

[183] 熊晓琳, "互联网 + 旅游" 企业的并购效果分析——以携程为例 [J]. 对外经贸, 2016 (5): 109 – 110.

[184] 熊鹰, 王克林, 郭娴, 胡卫星. 湖南省地市经济差异综合评价及分区研究 [J]. 地域研究与开发, 2004 (3): 37 – 40.

[185] 熊元斌, 李红. 区域旅游合作组织的柔性管理研究 [J]. 经济管

理，2007（10）：69－74.

［186］徐现祥，李郇，等．区域一体化、经济增长与政治晋升［J］．经济学（季刊），2007（7）：1075－1093.

［187］薛莹．对区域旅游合作研究中几个基本问题的认识［J］．桂林旅游高等专科学校学报，2001（2）：26－29.

［188］薛莹．20世纪80年代以来我国区域旅游合作研究综述［J］．人文地理，2003（1）：29－34.

［189］颜醒华，郑中．旅游项目合作的诚信缺失博弈与约束机制研究［J］．东北财经大学学报，2007（2）：31－34.

［190］阳晓伟，庞磊，闭明雄．对公地悲剧理论适用边界的探讨［J］．河北经贸大学学报，2016（7）：36－44.

［191］阳晓伟，庞磊，闭明雄．"反公地悲剧"问题研究进展［J］．经济学动态，2016（9）：101－114.

［192］杨春华，吴晋峰，周芳如，吴宝清．铁路通达性变化对区域旅游业的影响——以京津冀、长三角地区对比为例［J］．经济地理，2018，38（2）：188－196.

［193］杨春宇，黄震方，毛卫东．基于系统科学的旅游地演化机制及规律性初探［J］．旅游学刊，2009，24（3）：55－62.

［194］杨春宇，黄震方，舒小林．旅游地利益主体博弈关系变迁的演进论解释［J］．中国人口·资源与环境，2009，19（1）：104－109.

［195］杨春宇．旅游地适应性管理模式：一个演化博弈的视角［J］．经济管理，2009，31（8）：136－143.

［196］杨春宇．中国旅游业管理制度变迁机制及多元动态博弈模型构建研究［J］．旅游学刊，2011，26（6）：12－20.

［197］杨国佐，李达，张峰，郭雨涵．互联网旅游企业并购策略——以携程为例［J］．经济问题，2018（2）：118－122.

［198］杨丽娥．旅游产业链刍议［J］．经济问题探索，2008（6）：122－124.

［199］杨琴，田银华．反公共地悲剧：乡村旅游经营行为研究［J］．旅游学刊，2018（8）：29－36.

［200］杨晓霞，向旭．论我国政府在旅游业发展中的职能［J］．旅游论

坛，2008（5）：227 – 230 + 241.

［201］杨效忠，张捷，彭敏. 跨界旅游区合作的特征及影响机制研究 ［J］. 地理科学，2011，31（10）：1189 – 1194.

［202］杨效忠，张捷，乌铁红. 跨界旅游区的组织网络结构与合作模型——以大别山天堂寨 ［J］. 地理学报，2009，64（8）：978 – 988.

［203］杨瑜婷，何建佳，刘举胜. "乡村振兴战略"背景下乡村旅游资源开发路径演化研究——基于演化博弈的视角 ［J］. 企业经济，2018（1）：24 – 30.

［204］姚国荣，陆林. 旅行社联盟形成的蜈蚣博弈模型分析 ［J］. 管理世界，2014（5）：182 – 183.

［205］殷江滨，黄晓燕，洪国志，曹小曙，高兴川. 交通通达性对中国城市增长趋同影响的空间计量分析 ［J］. 地理学报，2016，71（10）：1767 – 1783.

［206］尹贻梅. 对旅游空间竞争与合作的思考 ［J］. 桂林旅游高等专科学校学报，2003（1）：56 – 60.

［207］尹贻梅，邢相勤，刘志高. 旅游空间合作研究进展 ［J］. 地理学与国土研究，2002（4）：54 – 58.

［208］余颖杰. 从南北宰客事件谈我国旅游消费中的安全问题——以"三亚宰客事件"和"哈尔滨天价鱼事件"为例 ［J］. 黑龙江生态工程职业学院学报，2017，30（2）：19 – 20 + 122.

［209］岳晓娜，毕静. 基于战略联盟形式的旅游景区竞合发展 ［J］. 安徽农业科学，2008（1）：255 – 256.

［210］詹军. 长江三角洲城市群旅游经济差异及影响因素研究 ［J］. 世界地理研究，2018，27（3）：120 – 130.

［211］张兵，刘芳. 少数民族社区旅游开发实证研究——以玉溪新平县漠沙镇大沐浴花腰傣民族文化生态村为例 ［J］. 云南社会主义学院学报，2008，39（3）：48 – 52.

［212］张朝枝，邓曾，游旺. 基于旅游体验视角的旅游产业价值链分析 ［J］. 旅游学刊，2010，25（6）：19 – 25.

［213］张冬，倪向丽. 产业链视角下特困民族地区旅游扶贫效益研究——以云南省会泽县为例 ［J］. 当代经济，2018（1）：58 – 61.

［214］张帆. 基于负责任旅游的政府管理行为 ［J］. 旅游科学，2012，

26（2）：10－18.

[215] 张广海，陈冉．旅游景区利益相关者共生机制研究——以济南九顶塔景区为例［J］．经济研究导刊，2016（24）：178－180.

[216] 张河清．基于博弈论的"泛珠三角"区域旅游协作问题研究［J］．旅游学刊，2009，24（6）：36－41.

[217] 张河清，苏斌．区域旅游协作的利益博弈及策略研究［J］．开发研究，2017（5）：81－84.

[218] 张红梅，沈山，戴先杰．江苏省县域经济差异探析［J］．地域研究与开发，2005，24（1）：54－57.

[219] 张宏伟．中国入境旅游的文化差异效应测度研究——基于引力模型的分析［J］．财贸研究，2009（4）：56－61.

[220] 张洪，孙雨茜，司家慧．基于知识图谱法的国际生态旅游研究分析［J］．自然资源学报，2017，32（2）：342－352.

[221] 张环宙，黄克己，吴茂英．基于博弈论视角的滨海文化旅游可持续发展研究——以普陀山为例［J］．经济地理，2015，35（4）：202－208.

[222] 张捷，钟士恩，卢韶婧．旅游规划中的共性与多样性博弈——乡村旅游规划规范及示范的若干思考［J］．旅游学刊，2014，29（6）：10－11.

[223] 张金鸽，周灿芳，刘序等．广东乡村旅游电子商务平台建设发展现状与对策分析［J］．广东农业科学，2014，41（23）：184－187.

[224] 张俐．基于博弈视角的旅游景区开发利益平衡研究——以三峡库区旅游景区为例［J］．特区经济，2012（9）：143－145.

[225] 张凌云，杨晶晶．隔离与融合：新疆喀纳斯景区旅游规划中的利益博弈［J］．人文地理，2012，27（2）：140－144.

[226] 张朋柱等．合作博弈理论与应用［M］．上海：上海交通大学出版社，2006：45.

[227] 张维迎．博弈论与信息经济学［M］．上海：上海三联书店、上海人民出版社，1996：5.

[228] 张维迎．企业理论与中国企业改革［M］．北京：北京大学出版社，1999：429.

[229] 张曦．海南海岛旅游开发模式研究［D］．安徽大学，2017.

[230] 张烨. 旅游企业合作研究综述 [J]. 社会科学家, 2005 (S2):
187 – 188.

[231] 章尚正, 马贤胜. 旅游资源开发与保护中的制衡机制失衡与政府
规制优化 [J]. 旅游科学, 2009, 23 (5): 1 – 7.

[232] 赵承华. 我国乡村旅游产业链整合研究 [J]. 农业经济, 2007
(5): 18 – 19.

[233] 赵黎明, 陈喆芝, 刘嘉玥. 低碳经济下地方政府和旅游企业的演
化博弈 [J]. 旅游学刊, 2015, 30 (1): 72 – 82.

[234] 赵梦元, 师谦友. 陕西省旅游经济的时空演进格局分析 [J]. 资源
开发与市场, 2016, 32 (1): 87 – 90.

[235] 赵蜀蓉, 张红. 震后四川旅游危机管理中的政府角色定位 [J]. 中
国行政管理, 2010 (6): 119 – 121.

[236] 赵小芸. 旅游产业的特殊性与旅游产业链的基本形态研究 [J].
上海经济研究, 2010 (6): 42 – 47.

[237] 郑鹏, 马耀峰, 李天顺, 唐仲霞. 基于声誉理论的区域旅游合作
"声誉信息系统" 构建 [J]. 旅游论坛, 2010, 3 (1): 50 – 54.

[238] 郑世卿. 相关者利益博弈: 另一种视角看旅游与民生 [J]. 旅游学
刊, 2010, 25 (8): 8 – 9.

[239] 郑向敏, 付业勤, 王新建. 名人旅游资源开发研究——以海峡两
岸郑成功主题旅游为例 [J]. 西北农林科技大学学报 (社会科学版), 2011,
11 (6): 99 – 106.

[240] 郑向敏, 林美珍. 论区域旅游发展中旅游区与行政区的矛盾与融
合 [J]. 人文地理, 2006, 21 (3): 110 – 114.

[241] 郑燕萍, 罗敏. 两广旅游合作机制形成的博弈分析 [J]. 桂林旅
游高等专科学校学报, 2008 (3): 366 – 369.

[242] 郑耀星. 区域旅游合作是旅游业持续发展的新路——制订《闽西
南五市旅游合作发展规划纲要》的深层思考 [J]. 福建师范大学学报 (哲学
社会科学版), 1999 (2): 34 – 37.

[243] 钟少颖, 郭叶波. 中国高速铁路建设对城市通达性影响分析 [J].
地域研究与开发, 2013, 32 (2): 46 – 51.

［244］周大庆. 旅游景区治理绩效: 政府与利益相关者的博弈［J］. 经济地理, 2013, 33（8）: 188 – 192.

［245］周辉, 陈淑凌, 崔亚梅. 基于演化博弈的旅游市场监管机制研究［J］. 系统工程学报, 2016, 31（5）: 618 – 624 + 709.

［246］周黎安. 晋升博弈中政府官员的激励与合作［J］. 经济研究, 2004（6）: 33 – 40.

［247］朱彬, 刘谨. 政府主导与市场主导的博弈［N］. 经济参考报, 2005 – 8 – 9.

［248］朱静. 我国区域旅游合作中的政府间博弈［J］. 经济管理, 2007（13）: 62 – 66.

［249］庄晓平, 尹书华, 孙艺萌. 旅游地居民对政府信任的影响因素实证研究——以世界文化遗产地开平碉楼与村落为例［J］. 旅游学刊, 2018, 33（6）: 24 – 35.

［250］邹光勇, 何建民. 在线旅游企业的低价竞争与纵向约束控制及其规制研究［J］. 旅游学刊, 2017, 32（3）: 11 – 19.

［251］邹光勇, 刘明宇. 区域旅游一体化能实现吗?——基于 Salop 模型的 SPNE 研究［J］. 旅游学刊, 2013, 28（12）: 46 – 53.

［252］左冰. 分配正义: 旅游发展中的利益博弈与均衡［J］. 旅游学刊, 2016, 31（1）: 12 – 21.

［253］Accinelli E. , Brida J. G, Carrera E. , and Punzo L. F. 2006b. Emergence of Long Run Behavirours in a Game Theoretic Setting with Host and Guest Populations: Residents and Tourists［C］. International Tourism Conference, Antalya, Turkey. 2006（3）: 108 – 112.

［254］Aceinelli E. , Brida J. G, and Carrera E. 2006a. A good Policy of Sustainable Tourism. http: //Papers. ssrn. eom/so13/Papers. cfm? abstract id = 901205.

［255］Bastakis C. , Buhalis D. , and Butler R. 2004. The Perception of Small and Medium Sized Tourism Accommodation Providers on the Impacts of the Tour Operators, Power in the Eastern Mediterranean［J］. Tourism Management, 2004, 25: 151 – 170.

［256］Beritelli P, Bieger T, Laesser C, Wittmer A. Challenging 'Common

Knowledge' in Tourism-A Partial Polemic [M]. Springer Fachmedien Wiesbaden, 2015: 23 – 38.

[257] Beritelli P, Strobl A, Peters M. Interlocking directorships against community closure: a trade-off for development in tourist destinations [J]. Tourism Review, 2013, 68 (1): 21 – 34.

[258] Bimonte S. , and Punzo L. F. 2007. The Evolutionary Game between Tourist and Resident Populations and Tourism Carrying Capacity [J]. International Journal of Technology and Globalisation, 2006, 3 (1): 73 – 87.

[259] Bramwell B. Political economy and the emergence of a hybrid mode of governance of tourism planning [J]. Tourism Management, 2015, 50: 316 – 327.

[260] Bramwell B. Theoretical activity in sustainable tourism research [J]. Annals of Tourism Research, 2015, 54: 204 – 218.

[261] Bramwell B. The temporal evolution of tourism institutions [J]. Annals of Tourism Research, 2018, 69: 42 – 52.

[262] Bramwell B. Tourism product development and product diversification in destinations [J]. Tourism Management, 2015, 50: 213 – 214.

[263] Byrd ET, Gustke L. Usingdecision trees to identify tourism stakeholders: The case of two Eastern North Carolina counties [J]. Tourism & Hospitality Research, 2007, 7 (3/4): 176 – 193.

[264] Caccomo J-L. , and Solonandrasna B. 2001. Tourism Activities and Price Differences: imperfect Information and Asymmetric competition [C]. The 28th Annual conference of the European Association for Research in Industrial Economics, Aug. 30 – Spt. 2, Dublin, Ireland. 2001 (11) 82 – 87.

[265] Candela G. , and Cellini R. 2006. Investment in Tourism Market: A dynamic Model of Differentiated Oligopoly [J]. Environmental & Resource Economics, 2006, 35: 41 – 58.

[266] Chung K. Y. 2000. Hotel Room Rate Pricing Strategy for Market Share in Oligopolistic Competition-Eight-year Longitudinal Study of Super Deluxe Hotels in Seoul [J]. Tourism Management, 2000 (21): 135 – 145.

[267] Dredge D, Gyimóthy S. The collaborative economy and tourism: critical

perspectives, questionable claims and silenced voices [J]. Tourism Recreation Research, 2015, 40 (3): 286 - 302.

[268] Dredge D. Policy networks and the local organisation of tourism [J]. Tourism Management, 2006, 27 (2): 269 - 280.

[269] FariaJ. R. 2008. Demographie and Technological Growth in the Tourism Market [J]. Tourism Economies, 2008, 14 (1): 115 - 121.

[270] Friedman D. Evolutionary Games in Economics [J]. Econometrica, 1991, 59 (3): 637 - 666.

[271] Garcia D. , and Tugores M. 2006. Optimal Choice of Quality in Hotel Services [J]. Annuals of Tourism Research, 2006, 33 (2): 456 - 469.

[272] Hall C. M. A Citation Analysis of Tourism Recreation Research [J]. Tourism Recreation Research, 2010, 35 (3): 305 - 309.

[273] Hall C. M, Ekant Veer. The DMO is dead. Long live the DMO (or, why DMO managers don't care about post-structuralism) [J]. Tourism Recreation Research, 2016, 41 (3): 354 - 357.

[274] Hall C. M. Tourism and biological exchange and invasions: a missing dimension in sustainable tourism? [J]. Tourism Recreation Research, 2015, 40 (1): 81 - 94.

[275] Han Q. , Dellaert B. G. C. , Van Raaij W. F. , and Timmermans H. J. P. 2003. Supporting Tourism Activity Planning Decisions from an Urban Tourism management Perspective [J]. Tourism Analysis, 2003, 8 (2): 153 - 157.

[276] Hardin, G. Essats on science and society: Extensions of The Tragedy of the Commons [J]. Science, 1998: 682.

[277] Khalilzadeh J, Wang YC. The economics of attitudes: A different approach to utility functions of players in tourism marketing coalitional networks [J]. Tourism Management, 2018, 65: 14 - 28.

[278] Lemmetyinen A. Coordinating Cooperative Cultural Networks: The Case of Culture Finland [M]. Palgrave Macmillan UK, 2015: 213 - 228.

[279] Lemmetyinen A, Go FM. The key capabilities required for managing tourism business networks [J]. Tourism Management, 2009, 30 (1): 31 - 40.

［280］Lemmetyinen A，Halkier H. The role of the DMO in creating value in EU-funded tourism projects ［J］. Scandinavian Journal of Hospitality & Tourism，2010，10（2）：129 – 152.

［281］Lew A A，McKercher B. Trip destinations，gateways and itineraries：The example of Hong Kong ［J］. Tourism Management，2002，23（6）：609 – 621.

［282］Machel E. Porter. Competitive Strategy：Techniques for Analyzing Industries and Competitors ［M］. Free Press；1 edition，1998.

［283］Marina Novelli，Birte Schmitz，Trisha Spencer. Networks，clusters and innovation in tourism：A UK experience ［J］. Tourism Management，2006，27（6）：1141 – 1152.

［284］MM Mariani，R Baggio，D Buhalis，C Longhi. Tourism management，marketing and development：the importance of networks and ICTs ［M］. Post-Print，2014.

［285］MM Okello，Novelli M. Tourism in the East African Community（EAC）：challenges，opportunities，and ways forward ［J］. Tourism & Hospitality Research，2014，14（1）：53 – 66.

［286］Morgan M. S. ，and Trivedi M. 2007. Service Intermediaries：A Theoretical Modeling Framework with an Application to Travel Agents ［J］. Journal of Modelling in Management，2007，2（2）：143 – 156.

［287］Mulkeen DA，Diebel E，Erben I，etal. Deutsche Gesellschaft für Internationale Zusammenarbeit GmbH（GIZ）［J］. Deutsche Gesellschaft Für Internationale Zusammenarbeit Gmbh，2012.

［288］Novelli M，Burgess LG，Jones A，Ritchie BW. ' No Ebola … still doomed' – The Ebola-induced tourism crisis ［J］. Annals of Tourism Research，2018，70：76 – 87.

［289］Novelli M，Klatte N，Dolezal C. The ASEAN community-based tourism standards：looking beyond certification ［J］. Tourism Planning & Development，2017，14：1 – 22.

［290］Novelli M，Morgan N，Mitchell G，Ivanov K. Travel philanthropy and sustainable development：the case of the Plymouth-Banjul Challenge. ［J］. Journal of Sustainable Tourism, 2015, 17 (6): 1 – 22.

[291] Novelli M, Morgan N, Mitchell G. Travel philanthropy and sustainable development: the case of the Plymouth-Banjul Challenge [J]. Journal of Sustainable Tourism, 2016, 24 (6): 824 – 845.

[292] Pan C-M. 2006. A Nash Bargaining Model for Average Daily Rates [J]. Tourism Economies, 12 (3): 469 – 474.

[293] Piga, Claudio & Poyago-Theotoky, Joanna, 2005. Endogenous R&D spillovers and Locational Choice [J]. Regional Science and Urban Economics, Elsevier, March vol. 2005, 35 (2): 127 – 139.

[294] Pintassilgo R. , and Silva J. A. 2007. 'Tragedy of the Commons, in the Tourism Accommodation Industry [J]. Tourism Economics, 2007, 13 (2): 209 – 224.

[295] Quintano C, Pagliuca M M, Rosciano M. Comparisons of stakeholder perceptions of sustainable tourism in Naples. [J]. Social Science Electronic Publishing, 2012.

[296] RuiSu, BramwellB. Cultural political economy and urban heritage tourism [J]. Annals of Tourism Research, 2018, 68: 39 – 40.

[297] Ryan, Anthony P. The role and impact of stakeholders in elite sport: comparing England with Australia and France [D]. Staffordshire University, 2007.

[298] Simmons DG. Community participation in tourism planning [J]. Tourism Management, 1994, 15 (2): 98 – 108.

[299] Taylor P. 1998. Mixed Strategy Pricing Behaviour in the UK Package TourIndustry [J]. International Journal of the Economics of Business, 1998, 5 (1): 29 – 46.

[300] Tkaczynski A, Prebensen N K. Tourism in the new golden age: an application of two step cluster analysis to French residents interest in Norwegian nature-based tourism [C]. 22nd Annual CAUTHE Conference 2012. CAUTHE, 2012: 585 – 589.

[301] Valente F, Dredge D, Lohmann G. Leadership and governance in regional tourism [J]. Journal of Destination Marketing & Management, 2015, 4

（2）：127－136.

［302］Valente FJ，Dredge D，Lohmann G. Leadership capacity in two Brazilian regional tourism organisations ［J］. Tourism Review，2014，69（1）：10－24.

［303］Wachsman Y 2006. Strategic Interactions among Firms in Tourist Destinations ［J］. Tourism Eeonomics，2006，12（4）：531－541.

［304］Wang YC，Fesenmaier DR. Collaborative destination marketing：A case study of Elkhart county，Indiana ［J］. Tourism Management，2007，28（3）：863－875.

［305］Wheel G T，Nix T W，Whitehead C J，et al. Beyond the Squeaky Wheel：Strategles.

［306］Wie B-W. 2005. A Dynamic Game Model of Strategic Capacity Investment in the Cruise Line Industry ［J］. Tourism Management，2005，26：203－217.

［307］Wie B-W. 2004. Open-loop and Closed-loop Models of Dynamic Oligopoly in the Cruise Line Industry ［J］. Asia-Pacific Journal of Operational Research，2004，21（4）：517－541.

［308］YiWang，Bramwell B. Heritage protection and tourism development priorities in Hangzhou，China：A political economy and governance perspective ［J］. Tourism Management，2012，33（4）：988－998.

［309］Yuksel F，Bramwell B，Yüksel A. Stakeholder interviews and tourism planning at Pamukkale，Turkey. ［J］. Tourism Management，2015，20（3）：351－360.

后 记

本书是国家自然科学基金项目《基于演化博弈的区域旅游合作与冲突治理：以武陵山区为例》（编号 71463016）的最终研究成果，也是湖南西部经济研究基地、湖南民族经济研究基地、"武陵山片区扶贫与发展"湖南省 2011 协同创新中心、吉首大学应用经济学湖南省重点学科、吉首大学中国乡村旅游研究院、湖南乡村振兴研究中心的重要成果。

要特别致谢中国科学院地理科学与资源研究所刘志高研究员的大力帮助，从课题论证到立项到成果生产，全程给予指导，倾注了大量心血；特别致谢和无尽怀念英年早逝的学术挚友尹贻梅博士，世纪之初我们一起研究旅游合作，共同完成了多篇高质量论文，这本专著得以完成，应是您在冥冥中支持和支撑着我们，成果出版告慰您在天之灵，愿天堂永安。

本研究期间，团队深入武陵山区开展了 60 余次调研。衷心感谢武陵山毗邻区域的湘西自治州、张家界市、怀化市、铜仁市、恩施自治州、重庆渝东南各县区、遵义湄潭等市州县的党委、政府、人大、政协及涉旅管理部门对课题调研的大力支持和帮助。

衷心感谢吉首大学党委书记校长白晋湘教授、原正校级督导张建永教授的倾情关怀；衷心感谢吉首大学科技处、社科处、发展规划与学科建设处、武陵山区发展研究院、研究生处、旅游与管理工程学院、商学院、信息科学与工程学院、图书馆、财务处、资产处的大力支持和帮助。

欧芳、段佳丽、贾莉、刘国梁、黄洁、汪洋、覃琴、聂梦怡、李清、庄静、张海慧 11 位研究生直接参与研究，深入调查，收集大量资料，并根据课题子项目完成了硕士毕业论文，前 6 位同学已完成了研究生学业，取得了硕士学位；后 5 位在读研究生还在努力学习，钻研此课题。同学们为课题完成作出了贡献，深表谢意。

课题研究还得到许多领导、专家、同事、朋友和家人的大力支持和关心；因为专注于研究，课题组全体成员很少有时间陪伴家人，深表愧疚；本书出版得到经济科学出版社大力支持，范莹老师付出了很多心血，深表感谢。

作 者

2018 年 10 月于吉首大学